A DOBRA
LEIBNIZ E O BARROCO

GILLES DELEUZE

tradução
Luiz B.L. Orlandi

A DOBRA

LEIBNIZ E O BARROCO

PAPIRUS EDITORA

Título original em francês: *Le pli: Leibniz et le baroque*
Les Éditions de Minuit, 1988

Tradução	Luiz B.L. Orlandi
Capa	Francis Rodrigues
Diagramação	DPG Editora
Copidesque	Niuza Maria Gonçalves
Revisão	Ademar Lopes Jr., Maria Lúcia A. Maier, Regina Ferreira de Castilho e Vilma A. Albino

Dados Internacionais de Catalogação na Publicação (CIP)
(Câmara Brasileira do Livro, SP, Brasil)

Deleuze, Gilles, 1925-1995
    A dobra: Leibniz e o barroco/Gilles Deleuze; tradução Luiz B.L. Orlandi. – 6ª ed. – Campinas, SP: Papirus, 2012.

Título original: Le pli: Leibniz et le baroque.
ISBN 978-85-308-0171-7

1. Estética moderna – Século 17   2. Leibniz, Gottfried Wilhelm Freiherr von 1646-1716 I. Título.

12-09629   CDD-193

Índice para catálogo sistemático:

1. Leibniz e o barroco: Filosofia   193

6ª Edição – 2012
10ª Reimpressão – 2025
Tiragem: 120 exs.

Exceto no caso de citações, a grafia deste livro está atualizada segundo o Acordo Ortográfico da Língua Portuguesa adotado no Brasil a partir de 2009.

Proibida a reprodução total ou parcial da obra de acordo com a lei 9.610/98. Editora afiliada à Associação Brasileira dos Direitos Reprográficos (ABDR).

DIREITOS RESERVADOS PARA A LÍNGUA PORTUGUESA:
© M.R. Cornacchia Editora Ltda. – Papirus Editora
R. Barata Ribeiro, 79, sala 316 – CEP 13023-0   – Vila Itapura
Fone: (19) 3790-1300 – Campinas – São Paulo – Brasil
E-mail: editora@papirus.com.br – www.papirus.com.br

BARROCO*

homenagem a Deleuze

obra
se diz d'obra
que se desdobra

ORL VAN ANDI
maio/abril de 1991

---

*   OPNI – Objeto poético não identificado.

GLOSSÁRIO DA TRADUÇÃO

acordo/acorde -> accord (para manter na tradução o que um só termo francês permite a Deleuze: marcar a ressonância entre acordos não musicais e acordes musicais)

atualizante -> actualisant

Cada-um -> Chacun

conceitismo -> concettisme

concertação -> concertation

conexão -> connexion

contradobra -> contre-pli

correlação -> relation

curvada -> ployée

desdobra -> dépli

desdobramento -> dépliement

desdobrar -> déplier

desdobrável -> dépliable

desenrolar (o d.) -> déploiement

despregamento -> déploiment

dobra -> pli

dobra conforme dobra -> pli selon pli

dobradura -> pliure

dobragem -> pliage

dobramento -> plissement

drapeado -> drapé

duplicação -> dédoublement

duplicar -> dédoubler; doubler

entredobras -> entre-pli

exceler -> exceller

extensão -> extension

extensidade -> extensité

extenso -> étendue

icnogtáfico -> ichnographique

inesão -> inhésion

intensóes -> intensions

molabilidade -> Em alguns casos de generalização da ideia de ressort (= mola)

objéctil -> objectile

objetivar -> objectiver

pertença -> appartenance

ponto-dobra -> point-pli

preender -> préhendre

preensão -> préhension

pregueado -> plissé

pregueadura -> plissure

preguear -> plisser

primeiridade -> priméité

prodútica -> productique

rebote -> rebroussement

recurvar -> reployer

redobrar -> replier

reduplicar -> redoubler

relação -> rapport

repregar -> reployer

reversão -> renversement

ruga -> fronce

sub-jecto -> sub-jet

substanciados -> substanciats

superjecto -> superjet

unário -> unaire

uns aos outros -> les uns les autres

vice-dicção -> vice-diction

SUMÁRIO

PARTE I – A DOBRA

1. AS REDOBRAS DA MATÉRIA 13

A dobra que vai ao infinito 13

A casa barroca 15

O andar de baixo: Matéria, forças elásticas, molas 16

Organismo e forças plásticas 20

As dobras orgânicas 22

Por que é necessário um outro andar? Problema da alma animal 26

*A elevação das almas racionais e suas consequências
orgânicas e inorgânicas* 27

2. AS DOBRAS NA ALMA 31

A inflexão – As singularidades 31

*A matemática barroca e a variação:
Número irracional, quociente diferencial* 36

Família de curvas. Novo estatuto do objeto 37

O perspectivismo: Variação e ponto de vista.
Novo estatuto do sujeito 39

Da inflexão à inclusão 44

O departamento. A mônada, o mundo e a condição de clausura 46

3. QUE É BARROCO? 53

O compartimento sem janelas 53

O interior e o exterior, o alto e o baixo 55

Heidegger, Mallarmé e a dobra 58

A luz barroca 61

Pesquisa de um conceito 64

As seis características estéticas do barroco.
A arte moderna ou o informal: Texturas e formas dobradas 66

PARTE II – AS INCLUSÕES

4. RAZÃO SUFICIENTE 75

Acontecimentos ou predicados 75

As quatro classes de seres, os gêneros de predicado,
a natureza dos sujeitos, os modos de inclusão, os casos de infinito,
os princípios correspondentes 76

Coisas e substâncias 88

O predicado não é um atributo 93

Maneiras e fundo 95

As relações internas 96

Os cinco critérios da substância 97

O maneirismo de Leibniz 100

O jogo dos princípios 102

5. INCOMPOSSIBILIDADE, INDIVIDUALIDADE, LIBERDADE .. 105

A incompossibilidade ou a divergência das séries 105

O relato barroco 108

Singularidades pré-individuais e indivíduo 111

Individuação e especificação 113

O jogo do mundo barroco 117

Otimismo, miséria do mundo e maneirismo 121

A questão da liberdade humana 122

Fenomenologia dos motivos 123

A inclusão do predicado e o presente vivo. Leibniz e Bergson:
O movimento que está em execução. A condenação barroca 125

6. QUE É UM ACONTECIMENTO? 133

Whitehead sucessor 133

Extensão, intensidade, indivíduo 134

As preensões e as mônadas. 138

Objetos eternos 139

O concerto 141

O leibnizianismo moderno: Supressão da condição
de clausura, o neobarroco. 142

PARTE III – TER UM CORPO

7. A PERCEPÇÃO NAS DOBRAS 147

A exigência de ter um corpo 147

Primeira etapa da dedução: Do mundo à percepção na mônada 149

As pequenas percepções: O ordinário e o relevante.
Relações diferenciais 151

Recapitulação das singularidades 157

Mecanismo psíquico da percepção alucinatória.
Poeiras e dobras na alma 160

Segunda etapa da dedução: Da percepção ao corpo orgânico. 163

A que "se assemelha" a percepção? 164

Órgãos e vibrações: Mecanismo físico da excitação.
Redobras da matéria. O estatuto do cálculo 167

8. OS DOIS ANDARES 171

As duas metades: Uns aos outros, os "cada-um".
Matemática das metades. Papel dos extrema 171

Virtual-atual, possível-real: O acontecimento 179

Leibniz e Husserl: Teoria das pertenças 183

Alma e corpo: A pertença revertida, as pertenças provisórias 184

Dominação e vínculo 189

As três espécies de mônada: Dominantes, dominadas, degeneradas.
Multidões, organismos e amontoados 189

A força. Privado e público 201

Por onde passa a dobra? 204

9. A NOVA HARMONIA 207

Vestimenta barroca e matéria vestida 207

A dobra ao infinito: Pintura, escultura, arquitetura e teatro 208

A unidade das artes 210

O mundo em cone: Alegoria, emblema e divisa 213

O conceitismo de Leibniz 216

A música ou a unidade superior 219

Harmônica: A mônada como número 220

Teoria dos acordos/acordes 223

Os dois aspectos da harmonia: Espontaneidade e concertação 226

Harmonia, melodia e música barroca 231

ÍNDICE ONOMÁSTICO 237

Parte I
A DOBRA

1
AS REDOBRAS DA MATÉRIA

A dobra que vai ao infinito

O barroco remete não a uma essência, mas sobretudo a uma função operatória, a um traço. Não para de fazer dobras. Ele não inventou essa coisa: há todas as dobras vindas do Oriente, dobras gregas, romanas, românicas, góticas, clássicas... Mas ele curva e recurva as dobras, leva-as ao infinito, dobra sobre dobra, dobra conforme dobra. O traço do barroco é a dobra que vai ao infinito. Primeiramente, ele diferencia as dobras segundo duas direções, segundo dois infinitos, como se o infinito tivesse dois andares: as redobras da matéria e as dobras na alma. Embaixo, a matéria é amontoada de acordo com um primeiro gênero de dobra, sendo, depois, organizada de acordo com um segundo gênero, uma vez que suas partes constituem órgãos "dobrados diferentemente e mais ou menos desenvolvidos".[1] No alto, a alma canta a glória de Deus, uma vez que percorre suas próprias

---

1. *Système nouveau de la Nature et de la communication des substances*, § 7.

dobras, sem chegar a desenvolvê-las inteiramente, "pois elas vão ao infinito".[2] Diz-se que um labirinto é múltiplo, etimologicamente, porque tem muitas dobras. O múltiplo é não só o que tem muitas partes, mas o que é dobrado de muitas maneiras. Um labirinto corresponde precisamente a cada andar: o labirinto do contínuo, na matéria e em suas partes, e o labirinto da liberdade, na alma e em seus predicados.[3] Se Descartes não soube resolvê-los, foi porque procurou o segredo do contínuo em percursos retilíneos e o segredo da liberdade em uma retidão da alma, ignorando a inclinação da alma tanto quanto a curvatura da matéria. Há necessidade de uma "criptografia" que, ao mesmo tempo, enumere a natureza e decifre a alma, que veja nas redobras da matéria e leia nas dobras da alma.[4]

É certo que os dois andares se comunicam (razão pela qual o contínuo remonta à alma). Há almas embaixo, sensitivas, animais, ou até mesmo um andar de baixo nas almas, e estas são rodeadas, envolvidas pelas redobras da matéria. Quando aprendemos que as almas não podem ter janela que dê para fora, devemos compreender isso, pelo menos inicialmente, em relação às almas de cima, racionais, que ascenderam ao outro andar ("elevação"). É o andar superior que não tem janela: câmara ou gabinete escuro, apenas guarnecido de uma tela estendida, "diversificada por dobras", como derme em carne viva. Essas dobras, cordas ou molas constituídas sobre a tela opaca representam os conhecimentos inatos mas que passam ao ato sob as solicitações da matéria, dado que esta, por intermédio de "algumas pequenas aberturas" que existem no andar inferior, desencadeia "vibrações ou oscilações" na extremidade inferior das cordas. Leibniz opera uma grande montagem barroca entre o andar de baixo, perfurado

---

2. *Monadologie*, § 61. E *Principes de la Nature et de la Grâce fondés en raison*, § 13.
3. *De la liberté* (Foucher de Careil, *Nouvelles lettres et opuscules*).
4. Sobre a criptografia como "arte de inventar a chave de uma coisa envolvida", cf. *Fragment, Un livre sur l'art combinatoire...* (Couturat, *Opuscules*). E *Nouveaux essais sur l'entendement humain*, IV, cap. 17, § 8: as redobras da Natureza e os "compêndios".

de janelas, e o andar de cima, cego e fechado mas que é, em troca, ressoante como um salão musical, salão que traduziria em sons os movimentos visíveis de baixo.[5] Objetar-se-á, dizendo-se que esse texto não exprime o pensamento de Leibniz, mas o máximo de sua conciliação com o de Locke. Nem por isso deixa de ser ele uma maneira de representar o que Leibniz afirmará sempre: uma correspondência e mesmo uma comunicação entre os dois andares, entre os dois labirintos, entre as redobras da matéria e as dobras na alma. Uma dobra entre as duas dobras? E a mesma imagem, a das veias de mármore, aplica-se às duas, sob condições diferentes: ora as veias são as redobras de matéria que rodeiam os viventes agarrados na massa, de modo que a placa de mármore é como um lago ondulante cheio de peixes, ora as veias são as ideias inatas na alma, como as figuras dobradas ou as estátuas em potência presas no bloco de mármore. A matéria é marmoreada e a alma é marmoreada, mas de duas maneiras diferentes.

A casa barroca

Wölfflin apontou certo número de traços materiais do barroco: o alargamento horizontal da base, o abaixamento do frontão, os degraus baixos e curvos que avançam; o tratamento da matéria por massas ou agregados, o arredondamento dos ângulos, evitando-se o ângulo reto, a substituição do acanto denteado pelo acanto arredondado, a utilização do travertino para produzir formas esponjosas, cavernosas, ou a constituição de uma forma de turbilhão que se nutre sempre de novas turbulências e só termina como a crina de um cavalo ou a espuma de uma vaga; a tendência da matéria para transbordar o espaço, para conciliar-se com o fluído, ao mesmo tempo que as próprias águas se repartem em massas.[6]

---

5. *Nouveaux essais*, II, cap. 12, § 1. Nesse livro, Leibniz "refaz" os *Essais* de Locke. Ora, a câmara escura era invocada por Locke, mas não as dobras.

6. Cf. Wölfflin, *Renaissance et Baroque*, Ed. Monfort.

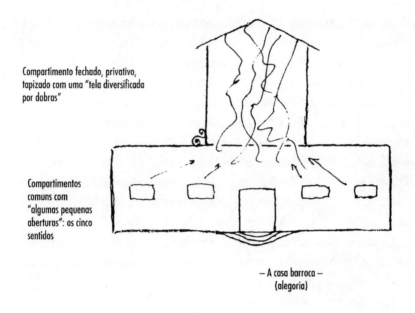

— A casa barroca —
(alegoria)

O andar de baixo: Matéria, forças elásticas, molas

Huyghens desenvolve uma física matemática barroca, tendo a curvatura como objeto. Em Leibniz, a curvatura do universo prolonga-se de acordo com três outras noções fundamentais: a fluidez da matéria, a elasticidade dos corpos, a mola como mecanismo. Em primeiro lugar, é certo que a matéria não iria por si própria em linha curva: ela seguiria a tangente.[7] Mas o universo é como que comprimido por uma força ativa que dá à matéria um movimento curvilíneo ou de turbilhão, segundo uma curva sem tangente no limite. E a divisão infinita da matéria faz com que a força compressiva relacione toda porção de matéria aos ambientes, às partes circunvizinhas que banham e penetram o corpo considerado, determinando-lhe a curva. Dividindo-se incessantemente, as partes da matéria formam pequenos turbilhões em um turbilhão

---

7. *Nouveaux essais*, prefácio.

e, neles, outros turbilhões ainda menores, e mais outros ainda nos intervalos côncavos dos turbilhões que se tocam. A matéria apresenta, pois, uma textura infinitamente porosa, esponjosa ou cavernosa, sem vazio; sempre uma caverna na caverna: cada corpo, por menor que seja, contém um mundo, visto que está esburacado de passagens irregulares, rodeado e penetrado por um fluido cada vez mais sutil, assemelhando-se o conjunto do universo a "um tanque de matéria que contém diferentes flutuações e ondas".[8] Todavia, em segundo lugar, não se trata de concluir daí que a matéria, mesmo a mais sutil, seja perfeitamente fluida e que ela perca, desse modo, sua textura, conforme uma tese que Leibniz atribui a Descartes. Sem dúvida, o erro de Descartes, que reencontraremos em diferentes domínios, foi acreditar que a distinção real entre partes trazia consigo a separabilidade: o que define um fluido absoluto é, precisamente, a ausência de coerência ou de coesão, isto é, a separabilidade das partes, que, de fato, só convém a uma matéria abstrata e passiva.[9] Segundo Leibniz, duas partes de matéria realmente distintas podem ser inseparáveis, como é mostrado não só pela ação dos circunvizinhos que determinam o movimento curvilíneo de um corpo mas também pela pressão dos circunvizinhos que determinam sua dureza (coerência, coesão) ou a inseparabilidade de suas partes. Portanto é preciso dizer que um corpo tem um grau de dureza assim como um grau de fluidez, ou que ele é essencialmente elástico, sendo a força elástica dos corpos a expressão da força compressiva ativa que se exerce sobre a matéria. À certa velocidade do barco, a onda torna-se tão dura quanto um muro de mármore. A hipótese atomista de uma dureza absoluta e a hipótese cartesiana de uma fluidez absoluta juntam-se tanto melhor por comungarem no mesmo erro, estabelecendo mínimos separáveis, seja sob a forma de corpos finitos, seja, no infinito, sob a forma de pontos (a linha cartesiana como lugar de seus pontos, a equação punctual analítica).

---

8. Lettre à Des Billettes, dezembro de 1696 (Gerhardt, *Philosophie*, VII, p. 452).

9. *Table de définitions* (C, p. 486). E *Nouveaux essais*, II, cap. 23, § 23.

É isso que Leibniz explica em um texto extraordinário: um corpo flexível e elástico tem ainda partes coerentes que formam uma dobra, de modo que elas não se separam em partes de partes, mas dividem-se até o infinito em dobras cada vez menores, dobras que sempre guardam certa coesão. Do mesmo modo, o labirinto do contínuo não é uma linha que se dissolveria em pontos independentes, como a areia fluida dissolve-se em grãos, mas é como um tecido ou folha de papel que se divide em dobras até o infinito ou que se decompõe em movimentos curvos, sendo cada um deles determinado pela circunvizinhança consistente ou conspirativa. "A divisão do contínuo deve ser considerada não como a da areia em grãos, mas como a de uma folha de papel ou a de uma túnica em dobras, de tal modo que possa haver nela uma infinidade de dobras, umas menores que outras, sem que o corpo jamais se dissolva em pontos ou mínimos".[10] Sempre uma dobra na dobra, como uma caverna na caverna. A unidade da matéria, o menor elemento do labirinto é a dobra, não o ponto, que nunca é uma parte, mas uma simples extremidade da linha. Eis por que as partes da matéria são massas ou agregados, partes tidas como o correlato da força elástica compressiva. A desdobra, portanto, não é o contrário da dobra, mas segue a dobra até outra dobra. "Partículas reviradas em dobras" e que um "esforço contrário muda e torna a mudar".[11] Dobras de ventos, de águas, do fogo e da terra, e dobras subterrâneas de filões na mina. Os dobramentos sólidos da "geografia natural" remetem, inicialmente, à ação do fogo e, depois, à ação das águas e dos ventos sobre a terra, um sistema de interações complexas; e os filões das minas são semelhantes às curvaturas das cônicas, terminando algumas vezes em círculo ou em elipse, prolongando-se outras vezes em hipérbole ou parábola.[12] A ciência da matéria tem como modelo o origami, diria o filósofo japonês, ou a arte de dobrar o papel.

---

10. *Pacidius Philalethi* (C, pp. 614-615).
11. Lettre à Des Billettes, p. 453.
12. *Protogaea* (Dutens II; e tr. fr. de Bertrand de Saint-Germain, 1850, Ed. Langlois). Sobre os filões e as cônicas, cap. 8.

Derivam-se daí duas consequências que levam a pressentir a afinidade da matéria com a vida, com o organismo. Certamente, as dobras orgânicas têm sua especificidade, como é testemunhado pelos fósseis. Mas, de um lado, a divisão das partes na matéria é inseparável de uma decomposição do movimento curvo ou da flexão: nota-se isso no desenvolvimento do ovo; nele, a divisão numérica é apenas a condição dos movimentos morfogenéticos, e dá invaginação como dobramento. Por outro lado, a formação do organismo continuaria sendo um mistério improvável ou um milagre se a matéria se dividisse ao infinito em pontos independentes; mas essa formação torna-se cada vez mais provável e natural quando se considera uma infinidade de estados intermediários (já redobrados), comportando cada um deles uma coesão no seu nível. Da mesma maneira, é improvável que se forme uma palavra pela junção casual de letras separadas, mas é muito mais provável formá-la , ainda casualmente, com sílabas ou flexões.[13]

Em terceiro lugar, torna-se evidente que o mecanismo da matéria é a mola. Se o mundo é infinitamente cavernoso, se há mundos nos menores corpos, é porque há "molabilidade por toda parte na matéria", o que dá testemunho não só da divisão infinita das partes mas também da progressividade na aquisição e na perda do movimento, realizando-se, ao mesmo tempo, a conservação da força. A matéria-dobra é uma matéria-tempo, cujos fenômenos são como a descarga contínua de uma "infinidade de arcabuzes ao vento".[14] Aí também se adivinha a afinidade da matéria com a vida, uma vez que

---

13. Esse tema será desenvolvido por Willard Gibbs. Leibniz supõe que Deus não trace "os primeiros delineamentos da terra ainda tênue" sem produzir algo de "análogo à estrutura do animal ou da planta" (*Protogaea*, cap. 8).

14. Lettre à Des Billettes; e Lettre à Bayle, dezembro de 1698 (GPh, III, p. 57). Cf. Gueroult, *Dynamique et métaphysique leibniziennes*, Les Belles Lettres, p. 32: "Como conceber a molabilidade se não se supõe que o corpo seja composto e que, desse modo, possa ele contrair-se, afastando dos seus poros as partículas de matéria sutil que o penetram, e sem supor que essa matéria mais sutil, por sua vez, possa expulsar dos seus poros uma outra matéria ainda mais sutil etc. até o infinito?".

é quase uma concepção muscular da matéria que põe a molabilidade em toda parte. Invocando a propagação da luz e a "explosão no luminoso", fazendo dos espíritos animais uma substância elástica, inflamável e explosiva, Leibniz volta as costas ao cartesianismo, reata com a tradição de Van Helmont, inspira-se nas experiências de Boyle.[15] Em resumo, uma vez que dobrar não se opõe a desdobrar, trata-se de tender-distender, contrair-dilatar, comprimir-explodir (não condensar-rarefazer, que implicaria o vazio).

Organismo e forças plásticas

O andar de baixo, portanto, é também feito de matéria orgânica. Um organismo define-se por dobras endógenas, ao passo que a matéria inorgânica tem dobras exógenas, sempre determinadas de fora ou pela circunvizinhança. Assim, no caso do vivente, há uma dobra formadora interna que se transforma com a evolução, com o desenvolvimento do organismo: daí a necessidade de uma pré-formação. A matéria orgânica não é, todavia, o contrário da inorgânica (e a distinção de uma matéria primeira e uma segunda nada tem que ver aqui). Inorgânica ou orgânica, é a mesma matéria, mas não são as mesmas forças ativas que se exercem sobre ela. Certamente, são forças perfeitamente materiais ou mecânicas, não sendo ainda o caso de fazer com que as almas intervenham: no momento, o vitalismo é um estrito organicismo. O que dá conta da dobra orgânica são forças materiais, que devem apenas distinguir-se das precedentes,

---

15. Sobre a elasticidade e a detonação, que inspiram o conceito de reflexo em Willis (1621-1675), sobre as diferenças desse modelo com o de Descartes, cf. Georges Canguilhem, *La formation du concept de réflexe aux XVIIe et aux XVIIIe siècles*, PUF, pp. 60-67. Malebranche tenta conciliar o tema da mola e da dissensão com o cartesianismo, ao mesmo tempo no inorgânico e no organismo: *Recherche de la vérité*, VI, caps. 8 e 9 ("nenhum corpo duro que não comporte um pouco de molabilidade"...).

acrescentar-se a elas, e que são suficientes, ali onde se exercem, para fazer da matéria única uma matéria orgânica. Leibniz denomina-as "forças plásticas", diferenciando-as das forças compressivas ou elásticas. Elas organizam as massas, mas, embora estas preparem ou tornem possíveis os organismos à força de molabilidade, nunca se passa das massas aos organismos, pois os órgãos sempre supõem essas forças plásticas que os pré-formam, forças que se distinguem das forças de massas, a tal ponto que todo organismo nasce de um órgão preexistente.[16] Nem mesmo os fósseis na matéria explicam-se pela nossa faculdade de imaginação, como quando vemos uma cabeça de Cristo nas manchas de uma parede, mas remetem a forças plásticas que passam por organismos que existiram.

Se as forças plásticas distinguem-se, não é porque o vivente transborda o mecanismo, mas é porque os mecanismos não são suficientemente máquinas. A insuficiência do mecanismo não está em ser artificial em demasia para dar conta do vivente, mas em não ser artificial o bastante, em não ser suficientemente maquinado. Com efeito, os mecanismos são compostos de partes que, por sua vez, não são máquinas, ao passo que o organismo é infinitamente maquinado, é máquina cujas partes ou peças são todas elas máquinas, é máquina apenas "transformada por diferentes dobras que ela recebe".[17] Portanto as forças plásticas são muito mais maquínicas do que mecânicas e permitem definir máquinas barrocas. Objetar-se-á que os mecanismos da natureza inorgânica vão já ao infinito, dado que a molabilidade tem uma composição por sua vez infinita, ou que a dobra remete sempre

---

16. Lettre à Lady Masham, julho de 1705 (GPh, III, p. 368). E *Considérations sur les principes de vie et sur les natures plastiques* (GPh, VI, pp. 544 e 553): os princípios de vida são imateriais, mas não "as faculdades plásticas". Sobre os fósseis, cf. *Protogaea*, cap. 28.

17. *Système nouveau de la Nature*, § 10. *Monadologie*, § 64 "O dente de uma roda de latão tem partes ou fragmentos que já não são para nós alguma coisa de artificial; eles nada mais têm que marque a máquina em relação ao uso a que era destinada a roda. Mas as máquinas da natureza, isto é, os corpos viventes, são máquinas ainda mesmo nas suas menores partes, até o infinito". Lettre à Lady Masham, p. 374: "A força plástica está na máquina".

a outras dobras. Mas, a cada vez, é preciso uma determinação externa ou a ação direta do ambiente para se passar de um nível a outro, sem o que seria preciso parar, como nos mecanismos. O organismo vivente, ao contrário, em virtude da pré-formação, tem uma determinação interna que o faz passar de dobra em dobra ou que constitui máquinas de máquinas, até o infinito. Dir-se-ia que entre o orgânico e o inorgânico há uma diferença de vetor, indo o segundo em direção a massas cada vez maiores, em que operam mecanismos estatísticos, e indo o primeiro em direção a massas cada vez menores e polarizadas, nas quais se exerce uma maquinaria individuante, uma individuação interna. Pressentimento, em Leibniz, de vários aspectos que só muito mais tarde serão desenvolvidos?[18] É certo que, segundo Leibniz, a individuação interna só se explicará no nível das almas: é que a interioridade orgânica é apenas derivada, tendo tão somente um envoltório de coerência e de coesão (não de inerência ou de "inesão"). É uma interioridade de espaço, não ainda de noção. É uma interiorização do exterior, uma invaginação do fora que não se produziria sozinha se não houvesse verdadeiras interioridades *alhures*. Sem dúvida, é o corpo orgânico que, assim, confere à matéria um interior graças ao qual o princípio de individuação se exerce sobre ela: daí a invocação das folhas de árvore, não havendo duas que se igualem pelas nervuras e pelas dobras.

As dobras orgânicas

Dobrar-desdobrar já não significa simplesmente tender-distender, contrair-dilatar, mas envolver-desenvolver, involuir-evoluir. O organismo define-se pela sua capacidade de dobrar suas próprias partes ao infinito e de desdobrá-las não ao infinito, mas até o grau de desenvolvimento consignado à espécie. Desse modo, um

---

18. Sobre a concepção tecnológica de Leibniz, sua oposição a de Descartes e sua modernidade, cf. Michel Serres, *Le système de Leibniz*, PUF, II, pp. 491-510, 621.

organismo está envolvido na semente (pré-formação dos órgãos), e as sementes, como bonecas russas, estão envolvidas umas nas outras até o infinito (encaixe de germes): é a primeira mosca que contém todas as moscas futuras, destinando-se cada uma delas, por sua vez, chegado o momento, a desdobrar suas próprias partes. E, quando um organismo morre, nem por isso é aniquilado, mas involui e, bruscamente, redobra-se no germe readormecido, saltando as etapas. O mais simples é dizer que desdobrar é aumentar, crescer, e que dobrar é diminuir, reduzir, "entrar no afundamento de um mundo".[19] Todavia uma simples mudança métrica não daria conta da diferença entre o orgânico e o inorgânico, entre a máquina e a mola, e faria sobretudo esquecer que se vai não apenas de partes em partes, maiores ou menores, mas de dobra em dobra. Quando uma parte de máquina é ainda máquina, não se trata da mesma máquina simplesmente menor que o todo. Quando Leibniz invoca as vestes superpostas de Arlequim, a veste de baixo não é a mesma que a de cima. Eis por que há metamorfose, ou "metaesquematismo", mais do que mudança de dimensão: todo animal é duplo, mas de modo heterogêneo, de modo heteromórfico, como a borboleta dobrada na lagarta e que se desdobra. O duplo será, inclusive, simultâneo, uma vez que o óvulo não é um simples envoltório, mas fornece uma parte, estando a outra parte no elemento macho.[20] De fato, o inorgânico é que se repete, exceto na diferença de dimensão, pois é sempre um meio exterior que penetra o corpo; o organismo, ao contrário, envolve um meio interior que contém necessariamente *outras* espécies de organismos, que, por sua vez, envolvem meios interiores que contêm outros organismos ainda: "os membros de um corpo vivente estão repletos de outros viventes, plantas, animais...".[21] Portanto a dobra

---

19. Lettre à Arnauld, abril de 1687 (GPh, II, p. 99).
20. *Nouveaux essais*, III, cap. 6, § 23. Portanto Bonnet (*Palingénésie philosophique*) erra quando censura seu mestre Leibniz por ater-se a variações de tamanho.
21. *Monadologie*, §§ 67-70.

inorgânica é que é simples e direta, ao passo que a dobra orgânica é sempre composta, cruzada, indireta (mediatizada por um meio interior).[22]

A matéria dobra-se duas vezes, uma sob as forças elásticas, outra sob as forças plásticas, sem que se possa passar das primeiras às segundas. Assim, o universo não é um grande vivente, não é o Animal em si: Leibniz recusa essa hipótese, do mesmo modo que recusa a de um Espírito universal, e os organismos guardam uma individualidade irredutível, e as linhagens orgânicas guardam uma pluralidade irredutível. Seja como for, os dois tipos de força, os dois tipos de dobra, as massas e os organismos, são estritamente coextensivos. Não há menos viventes do que partes de matéria inorgânica.[23] O meio exterior não é certamente um vivente, mas é um lago ou tanque, isto é, um viveiro de peixes. A invocação do lago ou do tanque ganha aqui um novo sentido, pois o tanque, assim como a placa de mármore, remete não às ondulações elásticas que o percorrem como dobras inorgânicas mas aos peixes que o povoam como dobras orgânicas. No próprio vivente, os meios interiores que ele contém são outros tantos viveiros cheios de peixes: um "rebuliço". As dobras inorgânicas dos meios passam entre duas dobras orgânicas. Em Leibniz, como no barroco, os princípios da razão são verdadeiros gritos: nem tudo é peixe, mas há peixes por toda parte... Não há universalidade, mas ubiquidade do vivente.

Dir-se-á que foi há muito abandonada a teoria da pré-formação e do encaixe, tal como é confirmado ao microscópio. Desenvolver, evoluir, teve seu sentido revertido, pois agora designa a epigênese, isto é, o aparecimento de organismos e de órgãos que nem são pré-formados, nem encaixados, mas formados a partir de outra coisa que não se assemelha a eles: o órgão remete não a um órgão preexistente

---

22. Cf. Serres, I, p. 371.
23. Lettre à Arnauld, setembro de 1687 (p. 118).

mas a um esboço muito mais geral e menos diferenciado.[24] O desenvolvimento não vai do pequeno ao grande, por crescimento ou aumento, mas do geral ao especial, por diferenciação de um campo inicialmente indiferenciado, seja sob a ação do meio exterior, seja sob a influência de forças internas, que são diretrizes, direcionais, e não constituintes ou pré-formantes. Todavia visto que o pré-formismo vai além das simples variações métricas, ele tende a se aproximar de uma epigênese, assim como a apigênese é forçada a manter uma espécie de pré-formação virtual ou potencial. O essencial não está aí. O essencial é que as duas concepções têm em comum conceber o organismo como dobra, dobradura ou dobragem originais (e jamais a biologia renunciará a uma determinação do vivente, como é testemunhado pelo dobramento fundamental da proteína globular). O pré-formismo é a forma sob a qual se percebe essa verdade no século XVII, estando em relação com os primeiros microscópios. Portanto não é surpreendente reencontrar os mesmos problemas do lado da epigênese e do lado da pré-formação: todos os modos de dobragem, pergunta-se, são modificações ou graus de desenvolvimento de um mesmo Animal em si ou há tipos de dobragens irredutíveis, como acredita Leibniz, de uma perspectiva pré-formista, mas também Cuvier e Baër, de uma perspectiva epigenesista?[25] Subsiste certamente uma grande

---

24. Em nome da epigênese, Dalcq pode dizer: "Um apêndice caudal pode ser obtido a partir de um sistema de ação e reação... no qual nada é caudal *a priori*" (*L'oeuf et son dynamisme organisateur*, Ed. Albin Michel, p. 194).

25. Geoffroy Saint-Hilaire, partidário da epigênese, é um dos maiores pensadores da dobragem orgânica. Para ele, sendo as diferentes dobras modificações de um mesmo Animal, pode-se passar de umas às outras ainda por dobragem (unidade do plano de composição). Se se dobra um vertebrado "de tal modo que sejam aproximadas as duas partes da sua espinha dorsal, sua cabeça estará na direção dos seus pés, sua pélvis na direção da sua nuca e suas vísceras estarão colocadas como nos cefalópodes", o que suscita a oposição de Baër, em nome da própria epigênese, e também a cólera de Cuvier, que estabelece a diversidade dos eixos de desenvolvimento ou dos planos de organização (cf. Geoffroy, *Principes de philosophie zoologique*). Todavia, apesar do seu monismo, Geoffroy pode dizer-se leibniziano sob outros aspectos: ele explica o organismo por uma força material que não muda a natureza dos corpos mas que

oposição entre os dois pontos de vista: para a epigênese, a dobra orgânica produz-se, abre-se ou acrescenta-se a partir de uma superfície relativamente estável ou unida (como poderiam ser prefiguradas uma duplicação, uma invaginação, uma tubuladura?), ao passo que para o pré-formismo uma dobra orgânica deriva sempre de uma outra dobra, pelo menos no interior de um mesmo tipo de organização: toda dobra vem de uma dobra, *plica ex plica*. Se aqui podemos retomar termos heideggerianos, digamos que a dobra da epigênese é *Einfalt*, ou que ela é a diferenciação de um indiferenciado, mas que a dobra da pré-formação é *Zwiefalt*, não uma dobra em duas, dado que toda dobra o é necessariamente, mas uma "dobra de dois", "entre-dois", no sentido de que é a diferença que se diferencia. Desse ponto de vista, não estamos seguros de que o pré-formismo não tenha futuro.

Por que é necessário um outro andar? Problema da alma animal

Portanto as massas e os organismos, os amontoados e os viventes ocupam o andar de baixo. Então por que é necessário um outro andar, visto que as almas sensitivas ou animais já estão ali, inseparáveis dos corpos orgânicos? Cada uma parece até mesmo localizável em seu corpo, agora como um "ponto" em uma gota, ponto que subsiste em uma parte da gota quando esta se divide ou diminui de volume: assim, na morte, a alma permanece onde estava, em uma parte do corpo, por mais reduzida que seja essa parte.[26] O ponto de vista está em um

---

lhes acrescenta novas formas e novas correlações. É uma força impulsiva elétrica, ou atrativa à maneira de Kepler, capaz de "repregar" os fluidos elásticos e que opera a distâncias muito curtas no "mundo dos detalhes" ou no infinitamente pequeno, não mais por soma de partes homogêneas mas por enfrentamento de partes homólogas (*Notions synthétiques et historiques de philosophie naturelle*).

26. Lettre à Des Bosses, março de 1706 (em Christiane Fremont, *L'être et la relation*, Ed. Vrin). E Lettre à Arnauld, abril de 1687 (p. 100): sendo um inseto cortado em mil pedaços, sua alma permanece "em certa parte ainda viva, parte que será sempre tão pequena quanto for necessário para estar a salvo da ação daquele que dilacera"...

corpo, diz Leibniz.[27] Seguramente, tudo se faz de maneira mecânica nos corpos, de acordo com forças plásticas que são materiais, mas essas forças explicam tudo, menos os *graus de unidade* variáveis aos quais elas tornam a conduzir as massas que elas próprias organizam (uma planta, um verme, um vertebrado...). As forças plásticas da matéria agem sobre as massas, mas submetendo-as a unidades reais que elas próprias supõem. Elas fazem a síntese orgânica, mas supõem a alma como *unidade da síntese* ou como "princípio imaterial de vida". É somente aí que um animismo se liga ao organicismo, do ponto de vista da unidade pura ou da união, independentemente de toda ação causal.[28] Seja como for, os organismos não teriam por conta própria o poder causal de dobrar-se ao infinito, não teriam o poder de subsistir na cinza sem as almas-unidades que são inseparáveis deles e das quais eles próprios são inseparáveis. É a grande diferença com relação a Malebranche: não há somente pré-formação dos corpos, mas preexistência das almas nas sementes.[29] Não há só o vivente em toda parte, mas as almas estão em todas as partes na matéria. Então, quando um organismo é chamado a desdobrar suas próprias partes, sua alma animal ou sensitiva abre-se a todo um teatro, teatro em que ela percebe e sente de acordo com sua unidade, independentemente do seu organismo e, todavia, inseparável dele.

A elevação das almas racionais e suas consequências orgânicas e inorgânicas

Mas aí está o problema: que acontece aos corpos destinados, desde a semente de Adão, que os envolve, a se tornar corpos humanos?

---

27. Lettre à Lady Masham, junho de 1704 (p. 357).
28. *Principes de la Nature et de la Grâce*, § 4: "uma infinidade de graus" nas almas. E *Système nouveau de la Nature*, § 11.
29. *Monadologie*, § 74.

Dir-se-ia, juridicamente, que eles carregam em germe "uma espécie de ato selado" que marca seu destino. E, quando chega para eles a hora de desdobrar suas partes, de atingir o grau de desenvolvimento orgânico próprio do homem, ou de formar dobras cerebrais, sua alma animal torna-se ao mesmo tempo racional, ganhando um grau de unidade superior (espírito): "o corpo organizado receberia ao mesmo tempo a disposição do corpo humano, e sua alma elevar-se-ia ao grau de alma racional, não estando eu aqui decidindo se isso ocorre por uma operação ordinária ou extraordinária de Deus".[30] Ora, de qualquer modo, esse devir é uma elevação, uma exaltação: mudança de teatro, de reino, de platô ou de andar. O teatro das matérias dá lugar ao dos espíritos, ou de Deus. No barroco, a alma tem com o corpo uma relação complexa: sempre inseparável do corpo, ela encontra nele uma animalidade que a atordoa, que a trava nas redobras da matéria, mas nele encontra também uma humanidade orgânica ou cerebral (o grau de desenvolvimento) que lhe permite elevar-se e que a fará ascender a dobras totalmente distintas. Não está eliminada a possibilidade de a alma racional recair na morte e remontar no juízo final, como um ludião. A tensão ocorre entre um afundamento, como diz Leibniz, e a elevação ou a ascensão que perfuram em certos locais as massas organizadas. Passa-se das figuras tumulares da basílica de São Lourenço às figuras do teto de Santo Inácio. Objetar-se-á que a gravidade física e a elevação religiosa são completamente diferentes e que não pertencem ao mesmo mundo. Todavia, são dois vetores que se repartem como tais na distinção de dois andares de um só e mesmo mundo, de uma só e mesma casa. É que, por mais que alma e corpo se esforcem por ser inseparáveis, nem por isso deixam de ser realmente distintos (já o vimos em relação às partes da matéria). Assim, a localização da alma em uma parte do corpo, por menor que seja, é sobretudo uma *projeção* do alto sobre o baixo, uma projeção da alma

---

30. *La cause de Dieu plaidée par sa justice*, §§ 81-85. E *Théodicée*, § 91, 397.

em um "ponto" do corpo, de acordo com a geometria de Desargues, segundo uma perspectiva barroca. Em resumo, a primeira razão de um andar superior é esta: há almas no andar inferior, mas algumas delas são chamadas a se tornar racionais e, portanto, a mudar de andar.

Ora, não se pode parar aí. A reciprocação do princípio leibniziano vale não apenas para as almas racionais mas para as próprias almas animais ou sensitivas: se duas coisas realmente distintas podem ser inseparáveis, duas coisas inseparáveis podem ser realmente distintas, pertencer a dois andares, e a localização de uma na outra pode ser apenas uma projeção em um ponto ("não penso que seja conveniente considerar as almas como se estivessem em pontos; talvez se possa dizer... que elas estão em um lugar por uma correspondência"). Como graus de unidade, as almas animais já estão, portanto, no outro andar, ao mesmo tempo em que se fazem maquinicamente no próprio animal, no andar de baixo. As forças plásticas ou maquínicas fazem parte das "forças derivativas" que se definem em relação à matéria que elas organizam. Mas as almas, ao contrário, são "forças primitivas" ou princípios imateriais de vida, que só se definem de dentro, em si, e por "analogia com o espírito". É possível deter-se ainda menos, dado que essas almas, com seu organismo reduzido, estão por toda parte na matéria inorgânica. Portanto é a matéria inorgânica que, por sua vez, remete a almas cujo sítio está em outra parte, mais elevada, almas que, do alto, projetam-se tão somente sobre essa matéria. Sem dúvida, um corpo, por menor que seja, segue uma curva apenas sob o impulso da segunda espécie de forças derivativas, as forças compressivas ou elásticas, que determinam a curva pela ação mecânica dos corpos exteriores do ambiente: sozinho, o corpo seguiria a reta tangente. Porém, também nesse caso, as leis mecânicas ou o determinismo extrínseco (o choque) explicam tudo, salvo a *unidade* de um movimento concreto, por mais variável e irregular que ele seja. A unidade de movimento é sempre caso de uma alma, quase de uma consciência, como Bergson descobrirá. Assim como o conjunto da matéria remete a uma curvatura que já não é determinável de fora, assim também a curva seguida por um corpo qualquer sob a ação do exterior remete a uma unidade "superior", interna e individuante, no outro andar, e que contém a "lei de curvatura", a lei das dobras ou das mudanças de direção.[31] É o mesmo movimento que é sempre determinado de fora, por choques, visto que relacionado com a força derivativa, mas que é unificado por dentro, uma vez que está relacionado com a força primitiva. Sob a primeira relação, a curvatura é acidental e deriva da reta, mas, sob a segunda, ela é primeira. Assim sendo, a molabilidade é ora explicada mecanicamente pela ação de um ambiente sutil, ora compreendida de dentro, como interior ao corpo, "causa do movimento que já está no corpo" e que só espera de fora a supressão de um obstáculo.[32]

Portanto, a necessidade de um outro andar afirma-se por toda a parte como sendo propriamente metafísica. É a própria alma que constitui o outro andar ou o interior de cima, ali onde não mais se encontram janelas abertas a influências externas. Mesmo pela física, passamos das redobras materiais extrínsecas a dobras interiores animadas, espontâneas. São estas que é preciso agora examinar em sua natureza e em seus desdobramentos. Tudo se passa como se as redobras da matéria não tivessem sua razão nelas mesmas. Seria o caso de se pensar, pergunta-se, que a Dobra está sempre entre duas dobras e que esse entre-duas-dobras parece passar por toda parte: entre os corpos inorgânicos e os orgânicos, entre os organismos e as almas animais, entre as almas animais e as racionais, entre as almas e os corpos em geral?

---

31. *Eclaircissement des difficultés que M. Bayle a trouvées dans le système nouveau...* (GPh, IV, pp. 544 e 558). Gueroult mostrou como o determinismo externo e a espontaneidade interna conciliavam-se perfeitamente, já em relação aos corpos físicos: ... ("a elasticidade é considerada agora como a expressão da espontaneidade primeira, da força ativa primitiva").

32. *Système nouveau de la Nature,* § 18; *De la reforme de la philosophie première et de la notion de substance.*

2
AS DOBRAS NA ALMA

A inflexão – As singularidades

O elemento genético ideal da curvatura variável ou da dobra é a inflexão. Esta é o verdadeiro átomo, o ponto elástico. É ela que Klee extrai como elemento genético da linha ativa, espontânea, dando assim testemunho da sua afinidade com o barroco e com Leibniz, opondo-se a Kandinsky, cartesiano, para quem os ângulos são duros e duro é o ponto posto em movimento por uma força exterior. Mas, para Klee, o ponto, como "conceito não conceitual da não contradição", percorre uma inflexão. Ele é o próprio ponto de inflexão, ali onde a tangente atravessa a curva. É o ponto-dobra. Klee começa por uma sucessão de três figuras.[1] A primeira desenha a inflexão. A segunda mostra que não há figura exata e sem mistura, como dizia Leibniz, não há "reta sem curvaturas entremeadas", mas também não há "curva de uma certa natureza finita sem mistura de alguma outra, e isso

---

1. Klee, *Théorie de l'art moderne*, Ed. Gonthier, p. 73.

tanto nas partes menores como nas maiores", de modo que "nunca se poderá consignar determinada superfície precisa a algum corpo, como se poderia fazer se houvesse átomos".[2] A terceira figura marca com uma sombra o lado convexo e assim destaca a concavidade e seu centro de curvatura, os quais mudam de lado de uma parte a outra do ponto de inflexão.

Linha ativa brincando livremente. Passear por passear, sem objetivo particular. Agente: um ponto em movimento (*figura 1*).

Figura 1
Essa mesma linha com formas de acompanhamento (Figuras 2 e 3)

Figura 2, acima e Figura 3 (abaixo)

Figuras de Klee

---

2. Lettre à Arnauld, setembro de 1687 (GPh, II, p. 119).

Bernard Cache define a inflexão ou o ponto de inflexão como singularidade intrínseca. Contrariamente aos *extrema* (singularidades extrínsecas, máximo e mínimo), ela não remete a coordenadas: não está no alto nem no baixo, nem à direita nem à esquerda, nem regressão nem progressão. A inflexão corresponde ao que Leibniz denomina "signo ambíguo". Ela está em imponderabilidade; mesmo os vetores de concavidade nada têm que ver ainda com um vetor de gravidade, pois os centros de curvatura que eles determinam oscilam em torno dela. Do mesmo modo, a inflexão é o puro Acontecimento da linha ou do ponto, o Virtual, a idealidade por excelência. Efetuar-se-á segundo eixos de coordenadas, mas, por enquanto, não está no mundo: ela é o próprio Mundo, ou melhor, seu começo, dizia Klee, "lugar da cosmogênese", "ponto não dimensional", ponto "entre as dimensões". Um acontecimento que seria espera de acontecimento? É como tal que ela já passa por transformações possíveis, por três espécies de transformação, segundo Cache.[3]

As primeiras são vetoriais, ou por simetria, com um plano de reflexão ortogonal ou tangente. Operam de acordo com leis ópticas e transformam a inflexão em ponto de rebote ou em ogiva. A ogiva expressa a forma de um móvel que adere à configuração das linhas de escoamento do fluido; o rebote expressa o perfil de um fundo de vale, quando as águas estão dispostas sob a unidade de um só curso:

---

3. Bernard Cache, *L'ameublement du territoire*. De inspiração geográfica, arquitetural e sobretudo mobiliária, esse texto parece-nos essencial para toda teoria da dobra.

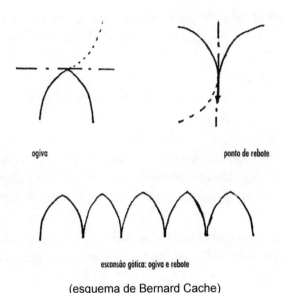

(esquema de Bernard Cache)

As segundas transformações são projetivas: expressam a projeção, sobre o espaço externo, de espaços internos definidos por "parâmetros ocultos" e por variáveis ou singularidades de potencial. As transformações de Thom, nesse sentido, remetem a uma morfologia do vivente e propiciam os sete acontecimentos elementares: a *dobra*, a ruga, a cauda de andorinha, a borboleta, o umbigo hiperbólico, elíptico, parabólico.[4]

Finalmente, em si mesma, a inflexão é inseparável de uma variação infinita ou de uma curvatura infinitamente variável. É a curva de Koch, que se obtém à força de um arredondamento dos ângulos, conforme a exigência barroca, fazendo-os proliferar segundo uma lei de homotetia: ela passa por um número infinito de pontos angulosos e não admite tangente em nenhum desses pontos, envolve um mundo

---

4. Sobre o liame da teoria das catástrofes com uma morfogênese orgânica, cf. René Thom, *Morphologie et imaginaire,* Circé 8-9 (e a apresentação das sete singularidades ou catástrofes-acontecimentos, p. 130).

infinitamente esponjoso ou cavernoso, constitui mais que uma linha e menos que uma superfície (a dimensão fractal de Mandelbrot como número fracionário ou irracional, não dimensão, interdimensão).[5] A homotetia ainda faz a variação coincidir com uma mudança de escala, como no caso da extensão de uma costa geográfica. Tudo muda quando se faz com que a flutuação intervenha mais do que a homotetia interna. Trata-se não mais da possibilidade de determinar um ponto anguloso entre dois outros, por mais próximos que estejam, mas de sempre acrescentar-se um rodeio, fazendo-se de todo intervalo o lugar de um novo dobramento. É aí que se vai de dobra em dobra, não de ponto em ponto; é aí que todo contorno esfuma-se em proveito das potências formais do material, potências que ascendem à superfície e apresentam-se como outros tantos rodeios e redobras suplementares. A transformação da inflexão não admite simetria nem plano privilegiado de projeção. Ela se torna turbulenta e ocorre mais por atraso, por adiamento, do que por prolongamento ou proliferação: com efeito, a linha redobra-se em espiral para adiar a inflexão em um movimento suspenso entre o céu e a terra, movimento que se distancia ou se aproxima indefinidamente de um centro de curvatura e que a cada instante "levanta seu voo ou corre o risco de abater-se sobre nós".[6] Mas a espiral vertical não retém, não adia a inflexão sem, inclusive, prometê-la e torná-la irresistível na transversal: nunca uma turbulência se produz sozinha, e sua espiral segue um modo de constituição fractal, de acordo com o qual sempre novas turbulências intercalam-se entre as primeiras.[7] É a turbulência que se nutre de turbulências

---

5. Mandelbrot, *Les objets fractals*, Flammarion (sobre os esponjosos ou cavernosos, cf. o texto de Jean Perrin citado por M., pp. 4-9). De pontos de vista diferentes, Mandelbrot e Thom possuem forte inspiração leibniziana.

6. Hocquenghem e Scherer descrevem assim a espiral barroca, segundo a estátua de Permozer, "Apothéose du prince Eugène" (1718-1721): *L'âme atomique*, Ed. Albin Michel, pp. 196-197.

7. Da inflexão à turbulência, cf. Mandelbrot, cap. 8, e Cache, que insiste nos fenômenos do diferido.

e, no apagamento do contorno, ela só acaba em espuma ou crina. É a própria inflexão que se torna turbulenta, ao mesmo tempo em que sua variação abre-se à flutuação, torna-se flutuação.

A matemática barroca e a variação: Número irracional, quociente diferencial

A definição da matemática barroca aparece com Leibniz: seu objeto é uma "nova afecção" das grandezas variáveis, que é a própria variação. Com efeito, em um número fracionário, ou mesmo em uma fórmula algébrica, a variabilidade não é considerada como tal, pois cada termo tem ou deve ter um valor particular. Isso não acontece no caso do número irracional e no cálculo das séries que lhe corresponde, no caso do quociente diferencial e no cálculo das diferenças, nos quais a variação torna-se atualmente infinita, sendo o número irracional o limite comum de duas séries convergentes, das quais uma não tem máximo e a outra não tem mínimo, e sendo o quociente diferencial o limite comum da relação entre duas quantidades que estão em via de desaparecer. Nos dois casos, porém, deve-se assinalar a presença de um elemento de curvatura que age como causa. O número irracional implica a queda de um arco de círculo sobre a linha reta dos pontos racionais e denuncia essa última como um falso infinito, como um simples indefinido que implica uma infinidade de lacunas; eis por que o contínuo é um labirinto e não pode ser representado por uma linha reta, devendo a reta estar sempre entremeada de curvaturas.

Entre os dois pontos A e B, por mais próximos que estejam, há sempre a possibilidade de se traçar o triângulo retângulo isósceles (*figura 4*), cuja hipotenusa vai de A a B e cujo vértice C determina um círculo que corta a reta entre A e B. O arco de círculo é como um ramo de inflexão, elemento de labirinto, que faz do número irracional um ponto-dobra no encontro da curva e da reta. O mesmo

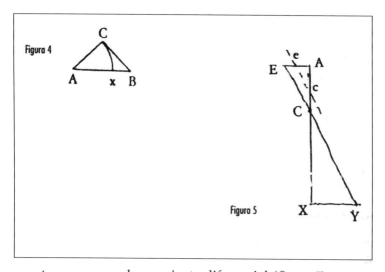

Figura 4

Figura 5

acontece, no caso do quociente diferencial (*figura 5*), com o ponto-dobra A, que conserva a relação c/e quando essas duas grandezas desaparecem (é também essa a relação entre um raio e uma tangente que se encontram no ângulo C).[8] Em resumo, há sempre uma inflexão que faz da variação uma dobra e que leva a dobra ou a variação ao infinito. A dobra é a potência como condição da variação, como se vê no número irracional que passa por uma extração de raiz e no quociente diferencial que passa pela relação de uma grandeza e de uma potência. A própria potência é ato, é o ato da dobra.

Família de curvas. Novo estatuto do objeto

Quando a matemática toma a variação como objeto, é a noção de função que tende a se destacar, mas também muda a noção de objeto, tornando-se funcional. Em textos matemáticos particularmente importantes, Leibniz expõe a ideia de uma família de curvas

---

8. *Justification du calcul des infinitésimales par celui de l'algèbre ordinaire*, Gerhardt, Mathématiques, IV, p. 104.

dependentes de um ou vários parâmetros: "Em vez de procurar a reta única tangente a uma curva dada em um ponto único, trata-se de procurar a curva tangente a uma infinidade de curvas em uma infinidade de pontos; a curva não é tocada, é tocante; a tangente já não é reta, nem única, nem tocante, mas torna-se curva, família infinita, tocada" (problema do inverso das tangentes).[9] Portanto, há uma série de curvas que não implicam somente parâmetros constantes para cada uma e para todas, mas a redução das variáveis a "uma só e única variabilidade" da curva tocante ou tangente: a dobra. O objeto já não se define por uma forma essencial, mas atinge uma funcionalidade pura, declinando uma família de curvas enquadradas por parâmetros, inseparável de uma série de declinações possíveis ou de uma superfície de curvatura variável que ele próprio descreve. Denominemos *objéctil* esse novo objeto. Como mostra Bernard Cache, trata-se de uma concepção muito moderna do objeto tecnológico: ele nem mesmo remete ao início da era industrial, quando a ideia do padrão ainda mantinha uma feição de essência e impunha uma lei de constância ("o objeto produzido pelas massas e para as massas"), mas remete, isso sim, a nossa situação atual, quando a flutuação da norma substitui a permanência de uma lei, quando o objeto ocupa lugar em um contínuo por variação, quando a prodútica, a máquina que funciona por controle numérico, substitui a prensa. Pelo seu novo

---

9. Michel Serres, I, p. 197. Os dois principais textos de Leibniz a esse respeito são GM, V: *D'une ligne issue de lignes* e *Nouvelle application du calcul différentiel* ("Comparando entre elas as curvas da série, ou considerando a transposição de uma curva sobre outra, certos coeficientes são muito constantes ou permanentes, ficando não apenas sobre uma mas sobre todas as curvas da série, sendo as outras variáveis. Certamente, para que a lei da série de curvas seja dada, é necessário que somente uma única variabilidade subsista nos coeficientes, a tal ponto que, se diversas variáveis aparecem para todas as curvas em uma equação principal que explica sua natureza comum, é preciso que sejam dadas outras equações acessórias, equações que expressem entre si a dependência dos coeficientes variáveis e graças às quais todas as variáveis poderiam ser suprimidas da equação principal, salvo uma"... trad. Peyroux, *Oeuvre de Leibniz concernant le calcul infinitésimal*, Librairie Blanchard).

estatuto, o objeto é reportado não mais a um molde espacial, isto é, a uma relação forma-matéria, mas a uma modulação temporal que implica tanto a inserção da matéria em uma variação contínua como um desenvolvimento contínuo da forma. Na modulação, "nunca há interrupção para desmoldagem, porquanto a circulação do suporte de energia equivale a uma desmoldagem permanente; modulador é um molde temporal contínuo... Moldar é modular de maneira definitiva; modular é moldar de maneira contínua e perpetuamente variável".[10] Quando Leibniz diz que a lei da série situa as curvas como "o traço da mesma linha" em movimento contínuo, continuamente tocada pela curva que lhe é concorrente, não é a modulação que ele está definindo? É uma concepção não só temporal mas qualitativa do objeto, visto que os sons, as cores, são flexíveis e tomados na modulação. É um objeto maneirista e não mais essencialista: torna-se acontecimento.

O perspectivismo: Variação e ponto de vista. Novo estatuto do sujeito

Se o objeto muda profundamente de estatuto, isso também acontece com o sujeito. Passamos da inflexão ou da curvatura variável aos vetores de curvatura do lado da concavidade. Partindo de um ramo da inflexão, determinamos um ponto que já não é o que percorre a inflexão nem o próprio ponto de inflexão, mas aquele em que se encontram as perpendiculares às tangentes em um estado da variação. Não é exatamente um ponto, mas um lugar, uma posição, um sítio, um "foco linear", linha saída de linhas:

---
10. Gilbert Simondon, *L'individu et sa genèse physico-biologique*, PUF, pp. 41-42.

Esse lugar é chamado *ponto de vista*, na medida em que representa a variação ou inflexão. É esse o fundamento do perspectivismo. Este não significa uma dependência em face de um sujeito definido previamente: ao contrário, será sujeito aquele que vier ao ponto de vista, ou sobretudo aquele que se instalar no ponto de vista. Eis por que a transformação do objeto remete a uma transformação correlativa do sujeito: este não é um sub-jecto, mas um *superjecto*, como diz Whitehead. Ao mesmo tempo em que o objeto vem a ser objéctil, o sujeito torna-se superjecto. Entre a variação e o ponto de vista há uma relação necessária: não simplesmente em razão da variedade dos pontos de vista (embora haja tal variação, como veremos), mas, em primeiro lugar, porque todo ponto de vista é ponto de vista sobre uma variação. Não é o ponto de vista que varia com o sujeito, pelo menos em primeiro lugar; ao contrário, o ponto de vista é a condição sob a qual um eventual sujeito apreende uma variação (metamorfose) ou algo = x (anamorfose).[11] Em Leibniz, como também em Nietzsche, em William e Henry James e em Whitehead, o perspectivismo é certamente um relativismo, mas não é o relativismo em que comumente se pensa. Trata-se não de uma variação da verdade de acordo com um sujeito, mas da condição sob a qual a verdade de uma variação aparece ao sujeito. É a própria ideia da perspectiva barroca.

Todavia, objeta-se que, com o lado da concavidade, o ponto de vista salta: não haveria uma contradição, pergunta-se, entre a continuidade da variação infinita e a descontinuidade do ponto de vista, e não seria essa a mesma contradição que muitos autores (depois de Kant) denunciaram em Leibniz entre a lei da continuidade e o princípio dos indiscerníveis? De modo nenhum, se se tem, desde o início, o cuidado de não confundir continuidade e

---

11. Sobre a anamorfose, cf. *Théodicée*, § 147; *Nouveaux essais*, II, cap. 29, § 8.

contiguidade.[12] As singularidades, os pontos singulares, pertencem plenamente ao contínuo, embora não sejam contíguas. Os pontos de inflexão constituem um primeiro tipo de singularidade no extenso e determinam dobras que entram na medida do comprimento das curvas (dobras cada vez menores...). Os pontos de vista são um segundo tipo de singularidade no espaço e constituem envoltórios de acordo com relações indivisíveis de distância. Mas nem os pontos de inflexão, nem os pontos de vista contradizem o contínuo: há tantos pontos de vista cuja distância é cada vez indivisível quanto há inflexões na inflexão cujo comprimento é cada vez maior. O contínuo é feito de distâncias entre pontos de vista não menos que do comprimento de uma infinidade de curvas correspondentes. O perspectivismo é sem dúvida um pluralismo, mas, como tal, implica a distância e não a descontinuidade (não há certamente vazio entre dois pontos de vista). Leibniz pode definir o extenso (*extensio*) como "a repetição contínua" do *situs*, ou da posição, isto é, do ponto de vista: não que o extenso seja, então, o atributo do ponto de vista, sendo, isso sim, o atributo do espaço (*spatium*) como ordem das distâncias entre pontos de vista que torna possível essa repetição.[13]

O ponto de vista sobre uma variação vem substituir o centro de uma figura ou de uma configuração. O exemplo mais sério é o das cônicas: nelas, a ponta do cone é o ponto de vista ao qual são

---

12. Gueroult, depois de Russell, insistiu muito em uma pretensa contradição continuidade-indiscerníveis (cf. *Descartes selon l'ordre des raisons*, Aubier, I, p. 284). Isso é ainda mais curioso quando se sabe que ele retoma em outro lugar a tese de Russell segundo a qual Leibniz teria esboçado a noção de distância como relação indivisível, irredutível ao comprimento e à medida: o espaço é feito de relações de distância, ao passo que o extenso consiste em grandezas mensuráveis. Ora, essa tese assegura uma perfeita conciliação dos pontos de vista com o contínuo (cf. Gueroult, "Espace, point et vide chez Leibniz", *Revue philosophique*, 1946, e já Russell, *La philosophie de Leibniz*, Gordon et Breach, pp. 124-126).

13. *Entretien de Philarète et d'Ariste...* (GPh, VI, p. 585): "Assim, o extenso, *quando atributo do espaço*, é a difusão ou a continuação da situação ou da localidade, como o extenso do corpo é a difusão da antitipia ou da materialidade".

reportados o círculo, a elipse, a parábola, a hipérbole e mesmo a reta e o ponto, como outras tantas variantes, de acordo com a inclinação do plano de corte ("cenografias"). Todas essas figuras tornam-se outras tantas maneiras de dobrar-se um "geometral". E esse geometral não é exatamente o círculo, que só devia tal privilégio à velha concepção da perspectiva, mas é o objéctil, que declina ou descreve agora uma família de curvas, as curvas do segundo grau das quais o círculo faz parte. Esse objéctil ou geometral é como uma desdobra. Mas a desdobra não é o contrário das dobras, como tampouco o invariante é o contrário da variação: é um invariante de transformação. Será designada por um "signo ambíguo".[14] Com efeito, a desdobra está envolvida na variação, assim como a variação está envolvida no ponto de vista. Ela não existe fora da variação, como a variação não existe fora do ponto de vista. Eis por que, considerando a base dessa nova teoria das cônicas, Desargues denominava "involução" a relação ou a lei envolvida por uma variação (por exemplo, supondo que um triângulo gire em torno de um eixo, as disposições dos pontos definidos sobre o eixo pela projeção dos três vértices e pelo prolongamento dos três lados).[15]

---

14. Sobre a equação com signo ambíguo, que compreende os diferentes casos da seção cônica, cf. *De la méthode de l'universalité*, C, p. 97 ss.
15. Cf. René Taton, *L'oeuvre mathématique de Desargues*, Ed. Vrin, p. 110. Yvonne Toros comenta essa noção de involução de Desargues não só em relação a Leibniz como também em relação a Espinosa, cujo grande interesse pela teoria das cônicas ela prova: disso resulta uma luz muito nova sobre o espinosismo e o "paralelismo" *(L'optique de Spinoza)*.

Ninguém melhor do que Michel Serres destacou as consequências como também os pressupostos da nova teoria das cônicas: em um mundo do infinito, ou da curvatura variável, que perdeu todo o centro, a importância de substituir o centro enfraquecido pelo ponto de vista; o novo modelo óptico da percepção e da geometria na percepção, que repudia as noções táteis, contato e figura, em proveito de uma "arquitetura da visão"; o estatuto do objeto, que só existe agora através das suas metamorfoses ou na declinação dos seus perfis; o perspectivismo como verdade da relatividade (e não relatividade do verdadeiro). Acontece que o ponto de vista, em cada domínio de variação, é *potência de ordenar os casos*, condição da manifestação do verdadeiro: assim, a série alternada das cônicas a partir do vértice do cone (ponto finito, reta infinita, círculo finito, parábola infinita, elipse finita, hipérbole infinita), ou então a série das potências de 2 a partir do vértice do triângulo aritmético e, para todo e qualquer domínio, a necessidade de assinalar o ponto de vista sem o qual não se pode encontrar a verdade, isto é, seriar a variação ou determinar os casos.[16] Em todos os domínios, Leibniz constrói a "tábua" dos casos, tábua que remete ao ponto de vista como jurisprudência ou arte de julgar. Encontrar sempre o bom ponto de vista, ou sobretudo o melhor, aquele sem o qual só haveria desordem e mesmo o caos. Quando invocávamos Henry James, seguíamos a ideia leibniziana do ponto de vista como segredo das coisas, foco, criptografia, ou melhor, como determinação do indeterminado pelos signos ambíguos: *isso* de que lhe falo, e *no que* você também pensa, está você de acordo em dizê-lo *dele,* com a condição de que se saiba a que se ater sobre *ela* e que se esteja também de acordo sobre quem é *ele* e quem é *ela?* Só um ponto de vista nos dá as respostas e os casos, como em uma anamorfose barroca.

---

16. Serres, I, pp. 156-163, II, pp. 665-667, 690-693.

Da inflexão à inclusão

Passamos da curvatura variável ao foco de curvatura (do lado côncavo), da variação ao ponto de vista, da dobra ao envolvimento, em resumo, da inflexão à inclusão. A transição é insensível, assim como não se mede um ângulo reto por meio de um grande arco, mas por meio de um arco o menor que seja e o mais próximo que esteja do vértice: é já no vértice "que se encontra o ângulo ou a inclinação das duas linhas".[17] Todavia hesita-se em dizer que o visível está no ponto de vista. Seria necessário uma intuição mais natural para levar-nos a admitir essa passagem ao limite. Ora, trata-se de uma intuição muito simples: por que alguma coisa seria dobrada se não fosse para ser envolvida, para ser posta em outra coisa? Vê-se que o envoltório adquire aqui seu sentido último, ou melhor, final: já não é um envoltório de coerência ou de coesão, como o ovo, no "envolvimento recíproco" das partes orgânicas. Mas tampouco é uma envoltória matemática de aderência ou de adesão, na qual é ainda uma dobra que envolve dobras, como na envolvente que toca uma infinidade de curvas e uma infinidade de pontos. Trata-se de um envoltório de inerência ou de "inesão" unilateral: a inclusão, a inerência, é a *causa final da dobra*, de modo que se passa insensivelmente desta àquela. Produz-se entre as duas um deslocamento que faz do envoltório a razão da dobra: o que está dobrado é o incluído, o inerente. Dir-se-á que o que está dobrado é somente virtual e que só existe atualmente em um envoltório, em algo que o envolve.

Logo, não é exatamente o ponto de vista que inclui; ou, pelo menos, ele só o faz a título de agente, mas não de causa final ou de ato acabado (enteléquia). A inclusão, a inerência, tem uma *condição de clausura ou de fechamento*, que Leibniz enuncia em sua fórmula célebre

---

17. Lettre à la princesse Sophie, junho de 1700 (GPh, VII, p. 554). *Justification du calcul...*, igualmente, mostrava como o ponto *A* continha e conservava a relação c/e.

"não há janelas", e que o ponto de vista não basta para preencher. Aquilo em que a inclusão se faz e não para de fazer-se, ou aquilo que inclui no sentido de ato acabado não é o sítio ou o lugar, não é o ponto de vista, mas aquilo que permanece no ponto de vista, aquilo que ocupa o ponto de vista e sem o qual o ponto de vista não seria. É necessariamente uma alma, um sujeito. É sempre uma alma que inclui o que ela apreende do seu ponto de vista, isto é, a inflexão. *A inflexão é uma idealidade ou virtualidade que só existe atualmente na alma que a envolve.* Assim, é a alma que tem dobras, que está cheia de dobras. As dobras estão na alma e só existem atualmente na alma. Isto já é verdadeiro no caso das "ideias inatas": são puras virtualidades, puras potências, cujo ato consiste em hábitos ou disposições (dobras) na alma, e cujo ato acabado consiste em uma ação interior da alma (despregamento interno).[18] Mas isso não é menos verdadeiro em relação ao mundo: o mundo inteiro é apenas uma virtualidade que só existe atualmente nas dobras da alma que o expressa, alma que opera desdobras interiores pelas quais ela dá a si própria uma representação do mundo incluída. Vamos da inflexão à inclusão em um sujeito, como do virtual ao atual, e a inflexão define a dobra, enquanto a inclusão define a alma ou o sujeito, isto é, o que envolve a dobra, sua causa final e seu ato acabado.

Daí a distinção de três tipos de ponto como três tipos de singularidade.[19] *O ponto físico é* o que percorre a inflexão ou o próprio ponto de inflexão: nem é um átomo nem um ponto cartesiano, mas

---

18. É nesse sentido que Leibniz distingue: a virtualidade ou ideia; a modificação, inclinação, disposição ou hábito, que é como o ato da potência na alma; a tendência à ação e a própria ação como última atualização do ato. Isso equivale a dizer, segundo a metáfora da escultura: a figura de Hércules; as veias do mármore; o trabalho sobre o mármore para destacar essas veias. *Cf. Nouveaux essais, prefácio* e 11, cap. 1, § 2 ("além da disposição, há uma tendência à ação"...).

19. *Système nouveau de la Nature,* § 11. Sobre as concepções escolásticas do ponto e dos diferentes casos em que Leibniz se inspira, cf. Boehm, *Le viticulum substantiale chez Leibniz,* Ed. Vrin, pp. 62-81.

um ponto-dobra, elástico ou plástico. Desse modo, ele não é exato. Mas o importante é que, de um lado, ele desvaloriza o ponto exato e, de outro, leva o *ponto matemático* a ganhar um novo estatuto, rigoroso sem ser exato. De um lado, com efeito, o ponto exato não é uma parte do extenso, mas uma extremidade convencional da linha. Por outro lado, o ponto matemático, por sua vez, perde exatidão para tornar-se posição, sítio, foco, lugar, lugar de conjunção dos vetores de curvatura, ponto de vista, em resumo. Portanto, o ponto de vista adquire um valor genético: o puro extenso será a continuação ou a difusão do ponto, mas de acordo com as relações de distância que definem o espaço (entre dois pontos quaisquer) como "lugar de todos os lugares". Todavia, se o ponto matemático deixa de ser assim a extremidade da linha, para tornar-se a intimidade do foco, nem por isso deixa de ser uma simples "modalidade". Ele está no corpo, na coisa extensa.[20] Contudo vimos que, como tal, o ponto matemático é apenas a projeção de um terceiro ponto no corpo. É o *ponto metafísico*, a alma ou o sujeito, aquele que ocupa o ponto de vista, aquele que se projeta no ponto de vista. Desse modo, em um corpo, a alma não está em um ponto, mas é ela própria um ponto superior e de outra natureza, ponto correspondente ao ponto de vista. *Distinguir-se-á, portanto, o ponto de inflexão, o ponto de posição, o ponto de inclusão.*

O departamento. A mônada, o mundo e a condição de clausura

Sabe-se que nome dará Leibniz à alma ou ao sujeito como ponto metafísico: mônada. Ele encontra esse nome entre os neoplatônicos, os quais se serviam dele para designar um estado do Uno: a

---

20. Lettre à Lady Masham, junho de 1704 (GPh, III, p. 357): "Deve-se colocar a alma no corpo, onde está seu ponto de vista segundo o qual ela representa para si o universo presentemente. Querer algo mais e fechar as almas nas dimensões é querer imaginar as almas como corpos".

unidade, uma vez que envolve uma multiplicidade, que, por sua vez, desenvolve o Uno à maneira de uma "série".[21] Mais exatamente, o Uno tem uma potência de envolvimento e de desenvolvimento, ao passo que o múltiplo é inseparável das dobras que ele faz quando envolvido e das desdobras que faz quando desenvolvido. Mas, assim, os envolvimentos e desenvolvimentos, as implicações e as explicações são ainda movimentos particulares; estes devem ser compreendidos em uma universal Unidade que "complica" todos eles e que complica todos os Unos. Giordano Bruno levará o sistema das mônadas ao nível dessa complicação universal: Alma do mundo que complica tudo. As emanações neoplatônicas, portanto, dão lugar a uma vasta zona de imanência, mesmo que os direitos de um Deus transcendente ou de uma Unidade ainda superior sejam formalmente respeitados. Explicar-implicar-complicar formam a tríade da dobra, de acordo com as variações da relação Uno-múltiplo.[22] Mas se se pergunta por que o nome mônada ficou ligado a Leibniz, a resposta está em que, de dois modos, Leibniz fixou-lhe o conceito. De um lado, a matemática da inflexão permitia-lhe estabelecer a série do múltiplo como série convergente infinita. Por outro lado, a metafísica da inclusão permitia-lhe estabelecer a unidade envolvente como unidade individual irredutível. Com efeito, uma vez que as séries permaneciam finitas ou indefinidas, os indivíduos corriam o risco de ser relativos, chamados a se fundirem em um espírito universal ou alma capaz de complicar todas as séries. Mas, se o mundo é uma série infinita, ele constitui a esse título a compreensão lógica de uma noção ou de um conceito que só pode ser individual, estando, pois, envolvido por uma infinidade de almas individuadas, cada uma das quais guarda seu ponto de vista irredutível. O acordo dos pontos de vista singulares, ou a harmonia, é que substituirá a universal

---

21.   Cf. Proclo, *Eléments de théologie*, Ed. Aubier, § 21, 204.
22.   Bruno, *De triplici minimo*. A teoria da *complicatio* já tinha sido desenvolvida por Nicolau de Cusa: cf. Maurice de Gandillac, *La philosophie de Nicolas de Cues*, Ed. Aubier.

complicação e conjurará os perigos de panteísmo ou de imanência: daí a insistência de Leibniz em denunciar a hipótese, ou melhor, a hipóstase de um Espírito universal, que faria da complicação uma operação abstrata na qual se abismariam os indivíduos.[23]

Tudo isso permanece obscuro. Com efeito, se Leibniz, levando ao extremo uma metáfora esboçada por Plotino, faz da mônada uma espécie de ponto de vista sobre a cidade, seria preciso compreender, pergunta-se, que uma certa forma corresponde a cada ponto de vista?[24] Por exemplo, uma rua de tal ou qual forma? Nas cônicas, não há um ponto de vista ao qual se remeteria a elipse, um outro para a parábola e um outro para o círculo. O ponto de vista, o vértice do cone, é a condição sob a qual é apreendido o conjunto da variação das formas ou a série das curvas do segundo grau. Não basta nem mesmo dizer que o ponto de vista apreende uma perspectiva, um perfil que a cada vez apresentaria a cidade à sua maneira, pois ela também faz com que apareça a conexão de todos os perfis entre si, a série de todas as curvaturas ou inflexões. O que se apreende de um ponto de vista não é, pois, nem uma rua determinada nem sua relação determinável com as outras ruas, que são constantes, mas a variedade de todas as conexões possíveis entre percursos de uma rua qualquer a outra: a cidade como labirinto ordenável. A série infinita das curvaturas ou inflexões é o mundo, e o mundo inteiro está incluído na alma sob um ponto de vista.

O mundo é a curva infinita que toca, em uma infinidade de pontos, uma infinidade de curvas, a curva de variável única, a série convergente de todas as séries. Mas, então, por que não há um único ponto de vista universal? Por que Leibniz nega com tanta força "a doutrina de um

---

23. *Considérations sur la doctrine d'un esprit universel unique* (GPh, VI). Eis por que Leibniz não retoma o termo *complicatio,* apesar da atração que sente pelas palavras e noções que traduzem a dobra.

24. Cf. a frase concisa de Plotino: "Multiplicamos a cidade sem que ela funde essa operação"... (*Ennéades,* VI, 6, 2).

espírito universal"? Por que há vários pontos de vista e várias almas irredutíveis, uma infinidade? Consideremos a série dos doze sons: ela é suscetível, por sua vez, de muitas variações não somente conformes a ritmos e melodias mas também de acordo com o movimento contrário ou retrógrado. Com mais razão, uma série infinita, mesmo que a variável seja única, é inseparável de uma infinidade de variações que a constituem: ela é necessariamente considerada de acordo com todas as ordens possíveis, privilegiando-se sucessivamente tal ou qual sequência parcial. É somente aí que uma forma, uma rua, recupera seus direitos, mas com relação à série inteira: cada mônada, como unidade individual, inclui toda a série; assim, ela expressa o mundo inteiro, mas não o faz *sem expressar mais claramente uma pequena região do mundo, um "departamento", um bairro da cidade, uma sequência finita.* Duas almas não têm a mesma ordem, mas tampouco têm a mesma sequência, a mesma região clara ou iluminada. Dir-se-á mesmo que, uma vez que a alma está repleta de dobras ao infinito, ela pode, todavia, desdobrar um pequeno número delas no interior dela própria, aquelas que constituem seu departamento ou seu bairro.[25] Não é ainda o caso de ver nisso uma definição da individuação: se só existem indivíduos, não é porque eles incluem a série em certa ordem e de acordo com tal região. É o inverso disso. Portanto, no momento, temos apenas uma definição nominal do indivíduo. Todavia basta mostrar que há necessariamente uma infinidade de almas e uma infinidade de pontos de vista, embora cada alma inclua e cada ponto de vista apreenda a série infinitamente infinita. Cada qual a apreende ou a inclui em uma ordem e segundo um bairro diferente. Retornemos ao esquema elementar dos dois focos da inflexão: na verdade, cada um deles é um ponto de vista sobre a inflexão inteira, mas em uma ordem inversa (movimento retrógrado) e segundo um departamento oposto (um dos dois ramos).

---

25. *Discours de métaphysique*, §§ 15 e 16. *Monadologie*, §§ 60, 61, 83 ("sendo cada espírito uma divindade em seu departamento").

Mas, por que é necessário *partir* do mundo ou da série? Porque, caso contrário, o tema do espelho e do ponto de vista perderia todo o sentido. Vamos das inflexões do mundo à inclusão em sujeitos: como é isso possível, posto que o mundo só existe em sujeitos que o incluem? São as primeiras cartas a Arnauld que detalham a conciliação de duas proposições essenciais a esse respeito. De uma parte, o mundo em que Adão pecou só existe em Adão pecador (e em todos os outros sujeitos que compõem esse mundo). De outra parte, Deus criou não Adão pecador mas o mundo em que Adão pecou. Em outros termos, se o mundo está no sujeito, nem por isso o sujeito deixa de ser *para o mundo*. Deus produz o mundo "antes" de criar as almas, pois ele as cria para esse mundo que ele coloca nelas. É mesmo nesse sentido que a lei da série infinita, a "lei das curvaturas", não está na alma, embora a série o esteja, embora as curvaturas aí estejam. É também nesse sentido que a alma é uma "produção", um "resultado": ela resulta do mundo que Deus escolheu. Dado que o mundo está na mônada, cada uma inclui toda a série dos estados do mundo; mas, dado que a mônada é para o mundo, nenhuma contém claramente a "razão" da série, da qual todas elas resultam e que lhes permanece exterior como o princípio do seu acordo.[26] Portanto passa-se do mundo ao sujeito, ao preço de uma torção que faz com que o mundo só exista atualmente nos sujeitos, mas que faz também com que todos os sujeitos sejam reportados a esse mundo como à virtualidade que eles atualizam. Quando Heidegger se esforça para ultrapassar a intencionalidade como determinação ainda demasiado empírica da relação sujeito-mundo, ele pressente que a fórmula leibniziana da mônada sem janelas é uma via para esse ultrapassamento, posto que o *Dasein*, diz ele, já está aberto desde sempre, não tendo necessidade de janelas pelas quais lhe adviria uma

---

26. *Monadologie*, § 37. Sobre a "lei das curvaturas", cf. *Eclaircissement des difficultés que M. Bayle a trouvées dans le système nouveau...* (GPh, IV, p. 544): sem dúvida, pode-se dizer que a lei da série está envolvida confusamente na alma; mas o que está na alma, nesse sentido, é menos a lei do que "o poder de executá-la".

abertura. Mas, desse modo, ele desconhece a condição de clausura ou de fechamento enunciada por Leibniz, isto é, a determinação de um ser-para o mundo em vez de um ser-no mundo.[27] A clausura é a condição do ser para o mundo. A condição de clausura vale para a abertura infinita do finito: ela "representa finitamente a infinidade". Ela dá ao mundo a possibilidade de recomeçar em cada mônada. É preciso colocar o mundo no sujeito, a fim de que o sujeito seja para o mundo. É essa torção que constitui a dobra do mundo e da alma e é ela que dá à expressão seu traço fundamental: a alma é a expressão do mundo (atualidade), mas porque o mundo é o expresso pela alma (virtualidade). Assim, Deus só cria almas expressivas, porque ele cria o mundo que elas expressam ao incluí-lo: da inflexão à inclusão. Finalmente, para que o virtual encarne-se ou se efetue, é necessário algo mais do que essa atualização na alma; não seria também necessário uma realização na matéria, de modo que as redobras dessa matéria viessem reduplicar as dobras na alma? Não podemos sabê-lo ainda, embora o capítulo precedente convide a acreditar que sim.

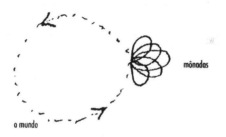

---

27. Heidegger, *Les problèmes fondamentaux de la phénoménologie*, Gallimard, p. 361 ("a título de mônada, o *Dasein* não tem necessidade de janela para ver o que está fora, não por já ser acessível ao interior da caixa tudo o que é, como acredita Leibniz..., mas porque a mônada, o *Dasein*, já está fora, em conformidade com seu ser próprio"). Merleau-Ponty tem uma melhor compreensão de Leibniz, quando simplesmente diz: "Nossa alma não tem janelas, isto quer dizer *In der Welt Sein...*" (*Le visible et l'invisible*, Gallimard, pp. 264 e 276). Desde a *Phénoménologie de la perception*, Merleau-Ponty invocava a dobra para opô-la aos buracos sartreanos; e, no *Le visible et l'invisible*, trata-se de interpretar a dobra heideggeriana como um "quiasma ou entrelaço", entre o visível e o vidente.

3
QUE É BARROCO?

O compartimento sem janelas

As mônadas "não têm janelas pelas quais algo possa entrar ou sair", não têm "buracos nem portas".[1] Arriscamo-nos a compreender isso de maneira muito abstrata se não tentamos determinar a situação. Um quadro tem ainda um modelo exterior, é ainda uma janela. Se o leitor moderno invoca o desenrolar de um filme no escuro, sabe que o filme foi rodado. Então trata-se de invocar as imagens numéricas, sem modelo, saídas de um cálculo? Ou, mais simplesmente, deve-se invocar a linha de inflexão infinita, que vale por uma superfície, como a encontrada em Pollock, em Rauschenberg? Precisamente, a propósito de Rauschenberg, pode-se dizer que a superfície do quadro deixava de ser uma janela aberta ao mundo para tornar-se uma tábua opaca de informação sobre a qual se inscreve a linha cifrada.[2]

---

1. *Monadologie*, § 7; Lettre à la princesse Sophie, junho de 1700 (GPh, VII, p. 554).
2. Leo Steinberg, *Other criteria*, Nova York: "o plano *flatbed* do quadro".

O quadro-janela é substituído pela tabulação, pela tábua na qual são inscritos linhas, números, caracteres cambiantes (o objéctil). Leibniz não para de armar tábuas lineares e numéricas com as quais guarnece as paredes internas da mônada. Os buracos são substituídos pelas dobras. Ao sistema janela-campo opõe-se o par cidade-tábua de informação.[3] A mônada leibniziana seria uma tábua desse tipo, ou sobretudo um compartimento, um apartamento inteiramente coberto de linhas de inflexão variável. Seria a câmara escura dos *Nouveaux essais*, guarnecida por uma tela distendida e diversificada por dobras moventes, viventes. O essencial da mônada é ter um *fundo sombrio*: dele ela tira tudo, e nada vem de fora ou vai para fora.

Nesse sentido, não é necessário invocar situações muito modernas, a não ser que sejam aptas para fazer compreender o que já era o empreendimento barroco. Desde há muito, há lugares nos quais o que se tem para ver encontra-se dentro: cela, sacristia, cripta, igreja, teatro, sala de leitura ou de estampas. É por tais lugares que o barroco se interessa, para deles extrair a potência e a glória. Primeiramente, a câmara escura tem apenas uma pequena abertura no alto, pela qual passa a luz que, por intermédio de dois espelhos, vai projetar sobre a folha os objetos a serem desenhados e que não se vê, devendo o segundo espelho estar inclinado de acordo com a posição da folha.[4] Em seguida, há as decorações transformáveis, os céus pintados, todos os gêneros de cenário que guarnecem os muros: a mônada só tem móveis e objetos em cenários. Finalmente, há o ideal arquitetônico de um compartimento em mármore negro, no qual a luz penetra somente através de orifícios tão bem recurvados, que nada deixam ver de fora, mas iluminam ou colorem as decorações com um puro dentro (a esse

---

3. Sobre a cidade barroca e a importância da cidade no barroco, cf. Lewis Mumford, *La cité à travers l'histoire*, Ed. du Seuil. E Severo Sarduy, *Barroco*, Ed. du Seuil, "Le Caravage, la ville bourgeoise", pp. 61-66.
4. Cf. "L'usage de la chambre obscure" de Gravesande, em Sarak Kofman, *Camera obscura*, Ed. Galilée, pp. 79-97.

respeito, não é o espírito barroco que inspira Le Corbusier na abadia de La Tourette?). É impossível compreender a mônada leibniziana e seu sistema luz-espelho-ponto de vista-decoração interior, se eles não forem relacionados com a arquitetura barroca. Esta constrói capelas e câmaras às quais a luz rasante chega através de aberturas que são invisíveis ao próprio habitante. Um dos primeiros atos dessa arquitetura está no *Studiolo* de Florença, com sua câmara secreta desprovida de janelas. A mônada é uma cela, uma sacristia, mais do que um átomo: um compartimento, sem porta nem janela, no qual todas as ações são internas.

O interior e o exterior, o alto e o baixo

A mônada é a autonomia do interior, um interior sem exterior. Mas ela tem como correlato a independência da fachada, um exterior sem interior. A fachada, sim, pode ter portas e janelas; está cheia de buracos, embora não haja vazio, dado que o buraco é apenas o lugar de uma matéria mais sutil. As portas e janelas da matéria abrem-se e mesmo fecham-se tão somente de fora e para o fora. Certamente, a matéria orgânica já esboça uma interiorização, mas relativa, sempre em curso e não acabada. Desse modo, uma dobra passa pelo vivente, mas para repartir a interioridade absoluta da mônada, como princípio metafísico de vida, e a exterioridade infinita da matéria, como lei física de fenômeno. Dois conjuntos infinitos, dos quais nenhum se reúne ao outro: "A divisão infinita da exterioridade prolonga-se sem cessar e permanece aberta, sendo, portanto, necessário sair do exterior e estabelecer uma unidade punctual interior... O domínio do físico, do natural, do fenomênico, do contingente, está totalmente mergulhado na iteração infinita de cadeias abertas: nisso, ele é não metafísico. O domínio da metafísica encontra-se além e fecha a iteração..., a mônada é um ponto fixo que jamais atinge a partição infinita e que fecha o espaço infinitamente dividido".[5] O que pode definir a arquitetura barroca é essa cisão entre a fachada e o dentro, entre o interior e o exterior, a autonomia do interior e a independência do exterior em tais condições que cada um dos dois termos relança o outro. Wölfflin o diz a sua maneira ("é justamente o contraste entre a exacerbada linguagem da fachada e a serena paz do interior que constitui um dos mais poderosos efeitos que a arte barroca exerce sobre nós"), embora ele próprio se engane ao pensar que o excesso de decoração interior acabe por turvar o contraste ou que o interior absoluto seja em si mesmo calmo. Do mesmo modo, Jean Rousset define o barroco pela cisão entre a fachada e o interior, embora pense também que a decoração corre o risco de "explodir" o interior. Todavia o interior permanece perfeitamente íntegro do ponto de vista ou no espelho que ordena sua decoração, por mais complicada que esta seja. Entre o interior e o exterior, entre a espontaneidade do dentro e a determinação do fora, será necessário um modo de correspondência totalmente novo, do qual não tinham ideia as arquiteturas pré-barrocas: "Que relação necessária e direta existe entre o interior de Sainte-Agnès e sua fachada?... Longe de ajustar-se à estrutura, a fachada barroca tende a expressar apenas a si própria", ao passo que o interior volta-se para o seu próprio lado, permanece fechado, tende a se oferecer ao olhar que o descobre inteiramente de um só ponto de vista, "cofre no qual repousa o absoluto".[6]

O que tornará possível a nova harmonia será, primeiramente, a distinção dos dois andares, uma vez que resolve a tensão ou reparte a cisão. É o andar de baixo que se encarrega da fachada e que se alonga ao se esburacar, que se encurva de acordo com as redobras determinadas de uma matéria pesada, constituindo um compartimento infinito de recepção ou de receptividade. É o andar de cima que se fecha, puro interior sem exterior, interioridade encerrada

---

5. Michel Serres, II, p. 762.
6. Jean Rousset, *La littérature de l'âge baroque en France*, Ed. Corti, pp. 168-171. E, do mesmo autor, *L'intérieur el l'extérieur*.

em ausência de peso, atapetada com dobras espontâneas que são tão somente as de uma alma ou de um espírito. Assim, o mundo barroco, como Wölfflin mostrou, organiza-se de acordo com dois vetores, o afundamento em baixo e o impulso para o alto. Leibniz faz com que coexistam duas tendências: a tendência de um sistema pesado para encontrar seu equilíbrio o mais baixo possível, ali onde a soma das massas já não pode descer mais, e a tendência para elevar-se, a mais alta aspiração de um sistema ao imponderável, onde as almas são destinadas a se tornar racionais, como em um quadro de Tintoretto. Que um seja metafísico e concernente às almas, que o outro seja físico e concernente aos corpos, isso não impede que os dois vetores componham um mesmo mundo, uma mesma casa. Eles não somente se distribuem em função de uma linha ideal, linha que se atualiza em um andar e se realiza no outro, como são também relacionados sempre um ao outro por uma correspondência superior. Uma tal arquitetura da casa não é uma constante da arte, do pensamento. O que é propriamente barroco é essa distinção e repartição de dois andares. Conhecia-se a distinção de dois mundos em uma tradição platônica. Conhecia-se o mundo de inúmeros andares, composto segundo uma descida e uma subida que se enfrentam em cada andar de uma escada que se perde na eminência do Uno e se desagrega no oceano do múltiplo: o universo em escada da tradição neoplatônica. Mas o mundo com apenas dois andares, andares separados pela dobra que repercute dos dois lados segundo um regime diferente, é a contribuição barroca por excelência. Ela expressa, como veremos, a transformação do cosmo em *mundus*.

Entre os pintores ditos barrocos, Tintoretto e El Greco brilham, incomparáveis. Todavia eles têm em comum esse traço do barroco. *O enterro do conde de Orgaz*, por exemplo, está dividido em dois por uma linha horizontal e, embaixo, os corpos comprimem-se, encostados uns aos outros, ao passo que, no alto, por meio de uma tênue redobra, a alma ascende, esperada por santas mônadas, tendo cada uma delas sua espontaneidade. Em Tintoretto, o andar de baixo mostra os corpos como presas do seu próprio peso, as almas cambaleantes, inclinando-se e caindo nas redobras da matéria; a metade superior, ao contrário, age como poderoso ímã que atrai os corpos, fazendo-os cavalgar dobras amarelas de luz, dobras de fogo que os reanimam, comunicando-lhes uma vertigem, mas uma "vertigem do alto": as duas metades do *Juízo final*[7] são exemplos disso.

Heidegger, Mallarmé e a dobra

A cisão entre o interior e o exterior remete, portanto, à distinção dos dois andares, mas esta remete à Dobra, que se atualiza nas dobras íntimas que a alma encerra no andar de cima e que se efetua nas redobras que a matéria faz nascer umas das outras sempre no exterior, no andar de baixo. Assim, a dobra ideal *é Zwiefalt*, dobra que diferencia e que se diferencia. Quando Heidegger invoca o *Zwiefalt* como o diferenciante da diferença, ele quer dizer, antes de mais nada, que a diferenciação remete não a um indiferenciado prévio mas a uma Diferença que não para de desdobrar-se e redobrar-se em cada um dos dois lados, Diferença que não desdobra um sem redobrar o outro em uma coextensividade do desvelamento e do velamento do Ser, da presença e do retraimento do ente.[8] A "duplicidade" da dobra

---

7. Régis Debray, *Eloges*, Gallimard, "Le Tintoret ou le sentiment panique de la vie", pp. 13-57 (Debray censura Sartre por este ter visto em Tintoretto apenas o andar de baixo). E Jean Paris, *L'espace et le regard*, Ed. du Seuil: a análise do "espaço ascensional" em El Greco, pp. 226-228 ("como ludiões, os homens equilibram, assim, a gravidade terrestre e a atração divina").

8. André Scala interrogou *La genèse du pli chez Heidegger*. A noção surge entre 1946 e 1953, sobretudo em Moira, *Essais et conférences*, Gallimard; ela sucede ao Entre-dois ou Incidente, *Zwieschen-fall*, que marcava sobretudo um caído. É a dobra "grega" por excelência, referida a Parmênides. Scala assinala um comentário de Riezler, que, desde 1933, encontrava em Parmênides uma "pregueadura do ser", "uma dobra do uno em ser e não-ser, estando ambos estreitamente distendidos um no outro" (*Faltung*); Kurt

reproduz-se necessariamente dos dois lados que ela distingue, lados que ela relaciona um ao outro ao distingui-los: cisão em que cada termo relança o outro, tensão em que cada dobra é distendida na outra.

A dobra é, sem dúvida, a noção mais importante de Mallarmé; não somente a noção, mas sobretudo a operação, o ato operatório que fez dele um grande poeta barroco. *Herodíade* já é o poema da dobra. A dobra do mundo é o leque ou "a unânime dobra". Às vezes, o leque aberto faz descer e subir todos os grãos de matéria, cinzas e névoas através das quais percebe-se o visível como que pelos orifícios de um véu, tudo segundo as redobras que deixam ver a pedra na chanfradura de suas inflexões, "dobra conforme dobra" revelando a cidade, mas revelando também sua ausência ou retraimento, conglomerado de poeiras, coletividades escavadas, exércitos e assembleias alucinatórias. No limite, cabe ao lado sensível do leque, cabe ao próprio sensível suscitar a poeira através da qual ele é visto e que denuncia sua inanidade. Porém, outras vezes, do outro lado do leque agora fechado ("o cetro das praias rosas... este branco voo fechado que tu pousas..."), a dobra já não se dirige a uma pulverização, mas ultrapassa-se ou encontra sua finalidade em uma inclusão, "acumulação em espessura, oferecendo o minúsculo túmulo da alma, certamente". A dobra é inseparável do vento. Ventilada pelo leque, a dobra já não é a da matéria através da qual se vê, mas é a da alma na qual se lê, "dobras amarelas do pensamento", o Livro ou a mônada de múltiplas folhas. Eis que ele contém todas as dobras,

---

Goldstein, quando se descobre parmenidiano na compreensão do vivente, inspira-se em Riezler (*La structure de l'organisme*, Gallimard, pp. 325-329). Segundo Scala, outra fonte colocaria em jogo problemas de nova perspectiva e o método projetivo que já aparecia em Dürer sob o nome de *zwiefalten cubum*: cf. Panofsky, *La vie et l'art d'Albert Dürer*, Ed. Hazan, p. 377 ("método original e por assim dizer prototopológico, que consiste em desenvolver os sólidos sobre uma superfície plana, de modo que suas faces formem uma rede coerente que, recortada em um papel e convenientemente dobrada segundo as arestas das faces contíguas, restituam a maqueta em três dimensões do sólido considerado"). Reencontram-se problemas análogos na pintura contemporânea.

pois a combinatória de suas folhas é infinita; mas ele as inclui em sua clausura, e todas as suas ações são internas. Todavia não são dois mundos: a dobra do diário, poeira ou bruma, inanidade, é uma dobra de circunstância, que deve ter seu novo modo de correspondência com o livro, dobra do Acontecimento, unidade que faz ser, multiplicidade que faz inclusão, coletividade tornada consistente.

Em Leibniz, trata-se não das dobras do leque mas das veias do mármore. De um lado, há todas essas dobras de matéria de acordo com as quais os viventes são vistos ao microscópio, de acordo com as quais as coletividades são vistas através das dobras da poeira que elas próprias suscitam, exércitos e rebanhos, o verde através dos pós de amarelo e de azul, inanidade ou ficções, buracos formigantes que não param de alimentar nossa inquietude, nosso tédio ou nosso aturdimento. Por outro lado, há essas dobras na alma, ali onde a inflexão torna-se inclusão (assim como diz Mallarmé, que a dobragem torna-se compressão): já não se vê, lê-se. Leibniz começa a empregar a palavra "ler", ao mesmo tempo, como ato interior à região privilegiada da mônada e como ato de Deus na totalidade da própria mônada.[9] Sabe-se que o livro total é o sonho de Leibniz, assim como o de Mallarmé, embora eles não parem de operar por fragmentos. Nosso erro é acreditar que eles não conseguiram o que pretendiam: eles fizeram perfeitamente esse Livro único, o livro das mônadas, em cartas e pequenos tratados circunstanciais, livro que podia suportar toda dispersão como outras tantas combinações. A mônada é o livro ou a sala de leitura. O visível e o legível, o exterior e o interior, a fachada e a câmara não são, todavia, dois mundos, pois o visível tem sua leitura (como o diário em Mallarmé), e o legível tem seu teatro (seu teatro de leitura em Leibniz como em Mallarmé). As combinações de visível e legível constituem os "emblemas" ou

---

9. *Monadologie,* § 61: "Aquele que vê tudo poderia ler em cada um o que acontece em toda parte e até mesmo o que se faz ou se fará..., mas uma alma só pode ler em si própria o que nela está representado distintamente".

as alegorias caras ao barroco. Somos sempre remetidos a um novo tipo de correspondência ou de expressão mútua, "entr'expressão", dobra conforme dobra.

A luz barroca

O barroco é inseparável de um novo regime da luz e das cores. Inicialmente, podem-se considerar a luz e as trevas como 1 e 0, como os dois andares do mundo, separados por uma tênue linha de águas: os Bem-aventurados e os Condenados.[10] Todavia, não se trata de uma oposição. Se se instala no andar de cima, em um compartimento sem porta nem janela, constata-se que ele é já muito sombrio, quase atapetado de negro, *fuscum subnigrum*. É uma contribuição barroca: Tintoretto e Caravaggio substituem o fundo branco de giz ou de gesso, que preparava o quadro, por um fundo sombrio marrom-vermelho; sobre esse fundo, eles colocam as sombras mais espessas, pintando diretamente e degradando no sentido das sombras.[11] O quadro muda de estatuto, as coisas surgem do plano de fundo, as cores brotam do fundo comum que testemunha sua natureza obscura, as figuras definem-se pelo seu recobrimento mais do que pelo seu contorno. Contudo isso não acontece em oposição à luz, mas, ao contrário, em virtude do novo regime de luz. Na *Profession de foi du philosophe*, Leibniz diz a propósito da luz: "ela desliza como que por uma fenda no meio das trevas". Deve-se compreender, pergunta-se, que ela venha de um respiradouro, de uma tênue abertura recurvada ou dobrada, por

---

10. Sobre a invenção leibniziana da aritmética binária, sobre seus dois caracteres, 1 e 0, luz e trevas, sobre a comparação com as "figuras chinesas de Fohy", cf. *Invention de l'arithmétique binaire, Explication de l'arithmétique binaire* (GM, VII). Veja-se a edição comentada de Christiane Frémont, *Leibniz, Discours sur la théologie naturelle des Chinois*, L'Herne.
11. Cf. Goethe, *Traité des couleurs*, Ed. Triades, §§ 902-909.

intermédio de espelhos, consistindo o branco em "um grande número de pequenos espelhos refletores"? Mais rigorosamente, como as mônadas não têm fendas, foi "selada" uma luz em cada uma, luz que se acende quando a mônada se eleva à razão e que produz o branco por meio de todos os pequenos espelhos interiores. Ela faz o branco, mas também a sombra: faz o branco, que se confunde com a parte iluminada da mônada, mas que se obscurece ou se degrada até o fundo sombrio, *fuscum*, de onde saem as coisas "por meio de sombreados e tintas mais ou menos fortes e bem manejadas". É como em Desargues, bastando inverter a perspectiva ou colocar "a luz no lugar do olho, o opaco no lugar do objeto e a sombra no lugar da projeção".[12] Wölfflin extraiu as lições dessa progressividade da luz que cresce e decresce e se transmite por graus. É a relatividade da claridade (como do movimento), a inseparabilidade do claro e do escuro, o apagamento do contorno, em resumo, a oposição a Descartes, que permanece como homem da Renascença, do duplo ponto de vista de uma física da luz e de uma lógica da ideia. No barroco, o claro não para de mergulhar no escuro. O claro-escuro preenche a mônada segundo uma série que se pode percorrer nos dois sentidos: em uma extremidade, o fundo sombrio; na outra, a luz selada. Esta, quando se acende, produz o branco na parte reservada, mas o branco vai ficando cada vez mais sombreado, dando lugar ao escuro, sombra cada vez mais espessa, à medida que se estende para o fundo sombrio em toda a mônada. Fora da série, temos Deus, que diz que a luz seja feita, e com ela o branco-espelho; mas, por outro lado, temos as trevas ou o negro absoluto, consistindo isso em uma infinidade de buracos que não mais refletem os raios recebidos, matéria infinitamente esponjosa e cavernosa feita, no limite, de todos esses buracos.[13] A linha de luz (ou a dobra dos dois andares) passa entre as trevas e o fundo sombrio que ela extrai das

---

12. *Préceptes pour avancer les sciences* (GPh,VII, p. 169). E *Nouveaux essais*, II, cap. 9, § 8.
13. O negro, o fundo sombrio (*fuscum subnigrum*), as cores, o branco e a luz são definidos na *Table de définitions*, C, p. 489.

próprias trevas? Sim, no limite, uma vez que o andar de baixo não passa de um porão escavado de porões, e a matéria, recalcada sob as águas, é quase reduzida ao vazio. Mas a matéria concreta está acima, estando seus buracos já repletos de uma matéria cada vez mais sutil, de modo que a dobra dos dois andares é sobretudo como que o limite comum de dois tipos de dobra plena.

A entrada da Alemanha na cena filosófica implica toda a alma alemã, alma que, segundo Nietzsche, apresenta-se menos como "profunda" do que repleta de dobras e redobras.[14] Como fazer o retrato de Leibniz em pessoa sem nele marcar a extrema tensão entre uma fachada aberta e uma interioridade fechada, sendo cada uma independente e sendo ambas reguladas por uma estranha correspondência preestabelecida? É uma tensão quase esquizofrênica. Leibniz apresenta-se com traços barrocos. "Leibniz é mais interessante que Kant, como tipo de alemão: bonachão, rico em nobres palavras, astuto, flexível, maleável, mediador (entre o cristianismo e a filosofia mecanicista), ocultando enormes audácias, abrigado sob uma máscara e cortesmente inoportuno, modesto em aparência... Leibniz é perigoso, como bom alemão que tem necessidade de fachadas e de filosofias de fachadas, mas temerário e, em si, misterioso ao extremo".[15] A peruca cortesã é uma fachada, uma entrada, como a disposição de não chocar os sentimentos estabelecidos e a arte de apresentar o seu sistema deste ou daquele ponto de vista, neste ou naquele espelho, em conformidade com a inteligência suposta de um correspondente ou de um contraditor que bate à porta, enquanto o próprio sistema está no alto, girando em torno de si, nada perdendo absolutamente nos compromissos de baixo, dos quais ele detém o segredo, e tomando, ao contrário, "o melhor de todos os lados", para aprofundar-se ou fazer mais uma dobra no compartimento de portas fechadas e de janelas

---

14. *Nietzsche, Par-delà le bien et le mal, VIII,* § 244.
15. Citado por Bertram, *Nietzsche,* Ed. Rieder, p. 233.

muradas, compartimento em que Leibniz se encerra, dizendo: Tudo é "sempre a mesma coisa em vários graus de perfeição".

Pesquisa de um conceito

Os melhores inventores do barroco, os melhores comentadores tiveram dúvidas sobre a consistência da noção, espantados com a extensão arbitrária que ela, apesar deles, corria o risco de tomar. Assiste-se, então, a uma restrição do barroco a um só gênero (a arquitetura), ou a uma determinação cada vez mais restritiva dos períodos e dos lugares, ou ainda a uma denegação radical: o barroco não existiu. Todavia é estranho negar a existência do barroco como se nega a dos unicórnios ou a dos elefantes rosas, pois, em tais casos, o conceito está dado, ao passo que no caso do barroco trata-se de saber se se pode inventar um conceito capaz (ou não) de lhe dar existência. As pérolas irregulares existem, mas o barroco não tem razão alguma de existir sem um conceito que forme essa própria razão. É fácil tornar o barroco inexistente, bastando não propor um conceito dele. Portanto dá na mesma perguntar se Leibniz é o filósofo barroco por excelência ou se ele forma um conceito capaz de fazer com que o barroco exista em si mesmo. A esse respeito, aqueles que aproximaram Leibniz e o barroco frequentemente o fizeram em nome de um conceito demasiadamente amplo, como Knecht e "a coincidência dos opostos"; Christine Buci-Glucksmann propõe um critério muito mais interessante, uma dialética do ver e do olhar, mas esse critério, por sua vez, talvez seja excessivamente restritivo e somente permita definir uma dobra óptica.[16] Para nós, com efeito, o critério ou o conceito operatório do barroco é a Dobra

---

16. Herbert Knecht, *La logique de Leibniz, essai sur le rationalisme baroque*, Ed. L'Age d'homme; Christine Buci-Glucksmann, *La folie du voir, De l'esthétique baroque*, Ed. Galilée (o autor desenvolve uma concepção do barroco que invoca Lacan e Merleau-Ponty).

em toda a sua compreensão e extensão: dobra conforme dobra. Se se pode estender o barroco para fora de limites históricos precisos, parece-nos que é sempre em virtude desse critério, o qual nos permite reconhecer Michaux, quando escreve "viver nas dobras", Boulez, quando invoca Mallarmé e compõe "Dobra conforme dobra", ou Hantaï, quando faz da dobragem um método. Ao contrário, se se remonta ao passado, que razões ter-se-ia para encontrar o barroco já em Uccello, por exemplo? É que ele não se contenta em pintar cavalos azuis ou rosas e traçar lanças como traços de luz dirigidos a todos os pontos do céu: sem cessar, ele desenha "*mazocchi*, que são círculos de madeira recobertos de pano colocados sobre a cabeça, de modo que as dobras do tecido restante envolvam todo o rosto", com o que ele se confronta com a incompreensão de seus contemporâneos, porque "a potência de *desenvolver soberanamente* todas as coisas e a estranha série de carapuças com dobras parecem-lhe mais reveladoras do que as magníficas figuras de mármore do grande Donatello".[17] Haveria, portanto, uma linha barroca que passaria exatamente conforme a dobra e que poderia reunir arquitetos, pintores, músicos, poetas, filósofos. Pode-se objetar, certamente, que o conceito de dobra, por sua vez, permanece demasiado amplo: por exemplo, atendo-se ao caso das artes plásticas, que período e que estilo poderiam ignorar a dobra como traço de pintura ou de escultura? Trata-se não apenas da vestimenta mas do corpo, do rochedo, das águas, da terra, da linha. Baltrusaitis define a dobra em geral pela cisão, mas uma cisão que relança, um pelo outro, os dois termos cindidos. Nesse sentido, ele define a dobra romântica pela cisão-relance do figurativo e da geometria.[18] Do mesmo modo, não se poderia definir a dobra do Oriente como sendo a do vazio e do pleno? E todas as outras, por sua vez, deverão ser definidas em uma análise comparativa. Na verdade, as dobras de Uccello não são barrocas, porque permanecem tomadas

---

17. Marcel Schwob, *Vies imaginaires*, 10-18, pp. 229-231.
18. Baltrusaitis, *Formations, déformations*, Ed. Flammarion, cap. IX.

por estruturas geométricas sólidas, poligonais, inflexíveis, por mais ambíguas que sejam. Portanto, se pretendemos manter a identidade operatória do barroco e da dobra, é preciso mostrar que a dobra permanece limitada nos outros casos e que, no barroco, ela conhece uma liberação sem limites, cujas condições são determináveis. As dobras parecem deixar seus suportes, tecido, granito e nuvem, para entrar em um concurso infinito, como O *Cristo no Jardim das Oliveiras*, de El Greco (o da National Gallery). Ou, então, notadamente n'*O batismo de Cristo*, a contradobra da barriga da perna e do joelho, esta como inversão daquela, dá à perna uma ondulação infinita, ao passo que a pinça de nuvem no meio transformada em um duplo leque... São os mesmos traços, tomados em seu rigor, que devem dar conta da especificidade do barroco e da possibilidade de estendê-lo para fora dos seus limites históricos, sem extensão arbitrária: a contribuição do barroco à arte em geral, a contribuição do leibnizianismo à filosofia.

As seis características estéticas do barroco. A arte moderna ou o informal: Texturas e formas dobradas

1. *A dobra*. O barroco inventa a obra infinita ou a operação infinita. O problema é não como findar uma dobra mas como continuá-la, fazê-la atravessar o teto, levá-la ao infinito. É que a dobra não afeta somente todas as matérias, que se tornam, assim, matérias de expressão, de acordo com escalas, velocidades e vetores diferentes (as montanhas e as águas, os papéis, os panos, os tecidos vivos, o cérebro), mas ela determina e faz aparecer a Forma, fazendo dela uma forma de expressão, *Gestaltung*, o elemento genético ou a linha infinita de inflexão, a curva de variável única.

2. *O interior e o exterior*. A dobra infinita separa ou passa entre a matéria e a alma, a fachada e o compartimento fechado, o exterior e o interior. É que a linha de inflexão é uma virtualidade que não para

de diferenciar-se: ela se atualiza na alma, mas realiza-se na matéria, cada qual do seu lado. É o traço barroco: um exterior sempre no exterior, um interior sempre no interior. Uma "receptividade" infinita, uma "espontaneidade" infinita: a fachada exterior de recepção e as câmaras interiores de ação. Até os nossos dias, a arquitetura barroca não parará de confrontar dois princípios, um princípio portador e um princípio de revestimento (ora Gropius, ora Loos).[19] A conciliação dos dois não será direta, mas será necessariamente harmônica, inspirando uma nova harmonia: é o mesmo expresso, a linha, que se expressa na elevação do canto interior da alma, de memória ou de cor, e na fabricação extrínseca da partição material, de causa em causa. Mas, justamente, o expresso não existe fora de suas expressões.

3. *O alto e o baixo.* O acordo perfeito da cisão, ou a resolução da tensão, é feito pela distribuição de dois andares, sendo ambos de um só e mesmo mundo (a linha de universo). A matéria-fachada vai para baixo, ao passo que a alma-câmara sobe. A dobra infinita passa, portanto, entre dois andares. Mas, diferenciando-se, ela se dissemina para os dois lados: a dobra diferencia-se em dobras que se insinuam no interior e que transbordam para o exterior, articulando-se, desse modo, como o alto e o baixo. Redobras da matéria sob a condição de exterioridade, dobras na alma sob a condição de clausura. Redobras da partitura e dobras do canto. O barroco é a arte informal por excelência: no solo, ao rés do chão, sob a mão, ele compreende as texturas da matéria (os grandes pintores barrocos modernos, de Paul Klee a Fautrier, Dubuffet, Bettencourt...). Mas o informal não é negação da forma: ele põe a forma como dobrada e só existindo como "paisagem do mental", na alma ou na cabeça, em altura; portanto ele compreende também as dobras imateriais. As matérias são o fundo, mas as formas dobradas são maneiras. Passa-se das matérias às maneiras. Dos solos e terrenos aos hábitats e salões. Da *Texturologia*

---

19. Bernard Cache, *L'ameublement du territoire.*

à Logologia. São as duas ordens, os dois andares de Dubuffet, com a descoberta de sua harmonia, que devem ir até a indiscernibilidade: é uma textura ou uma dobra da alma, do pensamento?[20] A matéria que revela sua textura torna-se material, assim como se torna força a forma que revela suas dobras. No barroco, é o par material-força que substitui a matéria e a forma (as forças primitivas são as da alma).

4. *A desdobra.* Certamente, a desdobra não é o contrário da dobra nem sua elisão, mas a continuação ou a extensão do seu ato, a condição de sua manifestação. Quando a dobra deixa de ser representada para tornar-se "método", operação, ato, a desdobra vem a ser o resultado do ato que se expressa precisamente dessa maneira. Hantaï começa representando a dobra, tubular e formigante, mas logo em seguida dobra a tela ou o papel. Então é como dois polos, o dos "Estudos" e o das "Mesas". Umas vezes, a superfície está dobrada local e irregularmente, sendo pintados os lados exteriores da dobra aberta, de modo que o estiramento, o desenrolar, o desdobramento faz com que alternem as plagas de cor e as zonas de branco, modulando umas sobre as outras. Outras vezes, é o sólido que projeta suas faces internas sobre uma superfície plana, regularmente dobrada de acordo com as arestas: nesse caso, a dobra tem um ponto de apoio, está atada e fechada em cada interseção e desdobra-se para fazer com que circule o branco interior.[21] Umas vezes, trata-se de fazer com que a cor vibre nas redobras da matéria; outras vezes, trata-se de fazer com que a luz vibre nas dobras de uma superfície imaterial. Entretanto, o que faz com que a linha barroca seja somente uma possibilidade em Hantaï? É que ele

---

20. Sobre "as duas ordens", material e imaterial, Jean Dubuffet, *Prospectus et tous écrits suivants,* Gallimard, II, pp. 79-81. Consulte-se o *Catologue des travaux de Jean Dubuffet:* "Tables paysagées, paysages du mental"; e "Habitats, Closerie Falbala, Salon d'été" (o Gabinete logológico é um verdadeiro interior de mônada).

21. Sobre Hantaï e o método de dobragem, cf. Marcelin Pleynet, *Identité de la lumière,* catálogo Arca Marseille. E também Monique Fourcade, *Un coup de pinceau c'est la pensée,* catálogo Centro Pompidou; Yves Michaud, *Métaphysique de Hantaï,* catálogo Veneza; Geneviève Bonnefoi, *Hantaï,* Beaulieu.

não para de enfrentar uma outra possibilidade, que é a linha de Oriente. O pintado e o não pintado distribuem-se não como a forma e o fundo mas como o pleno e o vazio em um devir recíproco. Assim, Hantaï deixa vazio o olho da dobra e só pinta os lados (linha de Oriente); mas acontece também que ele faz na mesma região dobragens sucessivas, que não deixam subsistir vazios (linha cheia barroca). Talvez caiba ao barroco, profundamente, confrontar-se com o Oriente. Já era essa a aventura de Leibniz, com sua aritmética binária: em um e zero, Leibniz reconhece o pleno e o vazio à maneira chinesa; mas Leibniz barroco não acredita no vazio, que lhe parece estar sempre repleto de uma matéria redobrada, de modo que a aritmética binária superpõe as dobras que o sistema própria Natureza escondem em vazios aparentes. As dobras estão sempre cheias no barroco e em Leibniz.[22]

5. *As texturas*. A física leibniziana compreende dois capítulos principais, sendo um concernente às forças ativas ditas derivativas, relacionadas com a matéria, e o outro, às forças passivas ou à resistência do material, à textura.[23] É talvez no limite que a textura aparece melhor, antes da ruptura ou dilaceração, quando o estiramento já não se opõe à dobra mas expressa-a em estado puro, de acordo com uma figura barroca indicada por Bernard Cache (histerese, mais do que estiramento). Também aí a dobra repele a fenda e o buraco; não pertence à mesma visão pictural. Em regra geral, a maneira pela qual uma matéria se dobra é que constitui

---

22. Leibniz contava com sua aritmética binária para descobrir uma periodicidade em séries de números: periodicidade que talvez a natureza escondesse "em suas redobras", como no caso dos números primos (*Nouveaux essais*, IV, cap. 17, § 13).
23. Sobre as texturas, Lettre à Des Bosses, agosto de 1715. A física de Leibniz testemunha um interesse constante pelos problemas de resistência dos materiais.

sua textura: ela define-se menos pelas suas partes heterogêneas e realmente distintas do que pela maneira pela qual essas partes tornam-se inseparáveis em virtude de dobras particulares. Daí o conceito de maneirismo em sua relação operatória com o barroco. É o que Leibniz dizia quando invocava "o papel ou a túnica". Tudo se dobra a sua maneira, a corda e o bastão, mas também as cores, que se repartem de acordo com a concavidade e a convexidade do raio luminoso, e os sons, tanto mais agudos "quanto mais curtas e distendidas forem as partes tremulantes". Assim, a textura depende não das próprias partes mas dos estratos que determinam sua "coesão": o novo estatuto do objeto, o objéctil, é inseparável dos diferentes estratos que se dilatam, como outras tantas ocasiões de rodeios e de redobras. Em relação às dobras de que é capaz, a matéria torna-se matéria de expressão. A esse respeito, a dobra de matéria ou textura deve ser relacionada com vários fatores: primeiramente, com a luz, com o claro-escuro, com a maneira pela qual a dobra prende a luz e graças à qual ela própria varia conforme a hora e a luminosidade (as pesquisas contemporâneas de Tromeur, de Nicole Grenot); mas deve ser também relacionada com a profundidade; a própria dobra determina uma "profundidade magra" e superponível, definindo a dobra de papel um mínimo de profundidade, como se vê na projeção ilusionista dos porta-cartas barrocos, nos quais a representação de uma carta recurvada projeta uma profundidade aquém da parede; diga-se o mesmo da profundidade suave e superposta do pano, que não parou de inspirar a pintura e que Helga Heinzen leva hoje a uma nova potência, com a representação do tecido riscado e pregueado cobrindo todo o quadro, com o corpo tornado ausente, em quedas e elevações, marulhos e sóis, seguindo uma linha vinda essa vez do Islã. A textura deve ser ainda relacionada com o teatro das matérias, uma vez que uma matéria captada, endurecida em seu estiramento ou em sua histerese, pode tornar-se capaz de expressar em si as dobras de uma outra matéria, como nas esculturas de madeira de

Renonciat, com o cedro do Líbano tornando-se toldo plástico e com o pinho do Paraná tornando-se "algodão e plumas". Enfim, saliente-se o modo pelo qual todas essas texturas da matéria tendem para um ponto mais elevado, ponto espiritual que envolve a forma, que a mantém envolvida e que é o único a conter o segredo das dobras materiais de baixo. De onde derivariam estas, dado que não se explicam pelas partes componentes e dado que o "formigamento", o deslocamento perpétuo do contorno advém da projeção de algo espiritual na matéria? Fantasmagoria da ordem do pensamento, como diz Dubuffet? O escultor Jeanclos encontra de outro modo um caminho, que é todavia análogo, quando, das folhas de couve físicas, infinitamente redobradas, atadas, apertadas, ou dos panos infinitamente estirados, vai a ervilhas metafísicas, dormideiras espirituais ou cabeças de mônadas, que dão pleno sentido à expressão "as dobras do sonho".[24] Ativas ou passivas, as forças derivativas da matéria remetem a forças primitivas, que são as da alma. Sempre os dois andares e sua harmonia, sua harmonização.

6. *O paradigma*. A procura de um modelo da dobra passa pela escolha de uma matéria. É a dobra de papel, como o Oriente sugere, ou é a dobra de tecido, que parece dominar o Ocidente? Mas a questão toda está em que os componentes materiais da dobra (a textura) não devem ocultar o elemento formal ou a forma de expressão. A esse respeito, a dobra grega não é satisfatória, embora tenha a justa ambição de valer nos mais elevados domínios, poder político, potência de pensar: o paradigma platônico da tecedura como entrelaçamento atém-se às texturas e não extrai os elementos formais da dobra. É que a dobra grega, como o *Político* e o *Timeu* mostram, supõe uma comum medida de dois termos que se misturam; ela opera, portanto, por meio de disposições em círculo, que correspondem à repetição da proporção. Eis por que, em Platão, as formas dobram-se, mas não se

---

24. *Jeanclos-Mossé, sculptures et dessins*, Maison de la culture d'Orléans.

atinge com isso o elemento formal da dobra. Esse elemento só poderá aparecer com o infinito, no incomensurável e desmedido, quando a curvatura variável tiver destronado o círculo.[25] É esse o caso da dobra barroca, com seu estatuto correspondente da potência de pensar e do poder político. O paradigma torna-se "maneirista" e procede a uma dedução formal da dobra. Nesse sentido, o gosto do psiquiatra Clérambault pelas dobras vindas do Islã e suas extraordinárias fotografias de mulheres veladas, verdadeiros quadros hoje próximos dos de Helga Heinzen, não testemunham, apesar do que já se disse, uma simples perversão privada. E tampouco é isso o que testemunha o xale de Mallarmé e seu desejo de dirigir uma revista de moda. Se há delírio em Clérambault, isso acontece de acordo com as dobras que ele reencontra nas pequenas percepções alucinatórias de eterômanos. Assim, é próprio da dedução formal abarcar as matérias e os domínios mais diversos. Neles, ela distinguirá: as Dobras simples e compostas; as Bainhas (sendo os nós e costuras dependências da dobra); os Drapeados, com pontos de apoio.[26] É somente em seguida que virão as Texturas materiais e, finalmente, os Aglomerados ou Conglomerados (feltro produzido por empastamento e não mais por tecedura). Veremos até que ponto essa dedução é propriamente barroca ou leibniziana.

---

25. Sobre a presença ou a ausência de "comum medida", *De la liberté* (F, p. 178).

26. Cf. Papetti, Valier, Fréminville e Tisseron, *La passion des étoffes chez un neuropsychiatre, G.G. de Clérambault,* Ed. Solin, com reprodução de fotos e de duas conferências sobre o drapeado (pp. 49-57). Poder-se-ia acreditar que essas fotos de dobras superabundantes remetem a poses escolhidas pelo próprio Clérambault. Mas os cartões-postais correntes da época colonial também mostram esses sistemas de dobras que tomam toda a vestimenta de mulheres marroquinas, incluindo o rosto: é um barroco islâmico.

Parte II
AS INCLUSÕES

4
RAZÃO SUFICIENTE

Acontecimentos ou predicados

"Tudo tem uma razão"... Essa formulação vulgar já basta para sugerir o caráter exclamativo do princípio, a identidade do princípio e do grito, o grito da razão por excelência. Tudo é tudo o que sucede, seja o que for. Tudo o que sucede tem uma razão![1] Compreende-se que a causa não é a razão reclamada. Uma causa é da ordem do que sucede, seja para mudar um estado de coisas, seja para produzir ou destruir a coisa. Mas o princípio reclama que tudo o que sucede a uma coisa, aí compreendidas as causações, tem uma razão. Se se denomina acontecimento o que sucede a uma coisa, seja que esta o sofra ou que o faça, dir-se-á que a razão suficiente é o que compreende o acontecimento como um dos seus predicados: o conceito da coisa ou a noção. "Os predicados ou acontecimentos", diz Leibniz.[2] Daí

---

1. Lettre à Arnauld, 14 de julho de 1686.
2. *Discours de métaphysique*, § 14.

A dobra 75

o caminho percorrido precedentemente, da inflexão à inclusão. A inflexão é o acontecimento que sucede à linha ou ao ponto. A inclusão é a predicação que põe a inflexão no conceito da linha ou do ponto, isto é, nesse *outro ponto* que será chamado metafísico. Passa-se da inflexão à inclusão, como do acontecimento da coisa ao predicado da noção, ou como do "ver" ao "ler": o que se vê sobre a coisa ou que se lê em seu conceito ou sua noção. O conceito é como uma assinatura, uma clausura. A razão suficiente é a inclusão, isto é, a identidade do acontecimento e do predicado. A razão suficiente é assim enunciada: "Tudo tem um conceito!" Ela tem a seguinte formulação metafísica: "Toda predicação tem um fundamento na natureza das coisas"; e tem a seguinte formulação lógica: "Todo predicado está no sujeito", sendo o sujeito ou a natureza das coisas a noção, o conceito da coisa. Sabe-se que o barroco caracteriza-se pelo *concetto*, mas uma vez que o *concetto* barroco opõe-se ao conceito clássico. Sabe-se também que Leibniz apresenta uma nova concepção do conceito, pela qual ele transforma a filosofia; mas é preciso dizer em que consiste essa nova concepção, o *concetto* leibniziano. Que ela se opõe à concepção "clássica" do conceito, tal como fora esta instaurada por Descartes, nenhum texto o mostra melhor do que a correspondência com o cartesiano De Volder. Em primeiro lugar, o conceito não é um simples ser lógico, mas um ser metafísico; não é uma generalidade ou uma universalidade, mas um indivíduo; ele define-se não por um atributo mas por predicados-acontecimentos.

As quatro classes de seres, os gêneros de predicado, a natureza dos sujeitos, os modos de inclusão, os casos de infinito, os princípios correspondentes

Todavia, é isso verdadeiro a propósito de toda inclusão? Encontramos aí a distinção de dois grandes tipos de inclusão ou de análise, sendo esta a operação que descobre um predicado em uma noção tomada como sujeito ou que descobre um sujeito para um acontecimento tomado como predicado. No caso das proposições necessárias ou verdades de essência ("2 e 2 são 4"), Leibniz parece dizer que o predicado está incluído na noção *expressamente*, ao passo que no caso das existenciais contingentes ("Adão peca", "César atravessa o Rubicão") a inclusão é somente *implícita ou virtual*.[3] Isso quer realmente dizer, como é às vezes sugerido por Leibniz, que a análise é finita em um caso e indefinida no outro? Ora, além de não sabermos ainda em que consiste exatamente o conceito ou o sujeito em cada caso, arriscamo-nos a cometer um duplo contrassenso se assimilamos "expresso" a finito e "implícito" ou "virtual" a indefinido. Seria surpreendente que a análise das essências fosse finita, pois são elas inseparáveis da própria infinidade de Deus. E a análise das existências, por sua vez, é inseparável da infinidade do mundo, que não é menos atual que qualquer outro infinito: se houvesse o indefinido no mundo, Deus não estaria submetido a isso e veria, pois, o fim da análise, o que não é o caso.[4] Em resumo, já não se pode identificar o virtual invocado por Leibniz com um indefinido não atual, assim como não se pode identificar o expresso ao finito. Multiplicam-se as dificuldades quando se consideram textos muito importantes, nos quais Leibniz apresenta o implícito ou o virtual não mais como o próprio das inclusões de existência mas já como um tipo de inclusão de essência: são as proposições necessárias, que se dividem em caso de inclusão expressa ("2 e 2 são 4") e em caso de inclusão virtual ("todo número duodenário é sexário").[5] Dir-se-ia, inclusive, *que as proposições*

---

3. Cf. *Discours de métaphysique*, §§ 8 e 13.
4. *De la liberté* (F, pp. 180-181): "Somente Deus vê não certamente o fim da resolução, *fim que não acontece*, mas a conexão dos termos como o envolvimento do predicado no sujeito, pois ele próprio vê cada coisa que está na série".
5. Cf. *De la liberté* (p. 183), mas também *Sur le principe de raison* (C, p. 11), *Vérités nécessaires et vérités contingentes* (CC, pp. 17-18), ou Fragment X (GPh, VII, p. 300). Esses textos invocam exemplos aritméticos análogos e utilizam termos sinônimos *(latebat* ou

de essência encarregam-se de toda a análise expressa ou implícita, ao passo que as proposições de existência dela escapam no limite.

A primeira tarefa seria definir as essências . Mas não podemos fazê-lo sem saber o que é uma definição, de modo que partimos de essências já definíveis sem nada saber daquilo que elas pressupõem. Uma definição põe a identidade de um termo (o definido) por meio de pelo menos dois outros termos (os definidores ou razões). Há substituição possível do definido pela definição, e tal substituição constitui a *inclusão recíproca*: por exemplo, defino 3 por 2 e 1. Então devemos fazer várias observações. Em primeiro lugar, trata-se de definições reais ou genéticas, que mostram a possibilidade do definido: não definimos 3 por 1, 1 e 1, nem por 8 - 5, mas pelos números primos que ele inclui ou que o incluem. Em segundo lugar, tais definições nunca operam por gênero e diferença, e não solicitam nem a compreensão, nem a extensão de um conceito, nem a abstração, nem a generalidade, que, aliás, remeteriam a definições nominais. Em terceiro lugar, a demonstração pode ser definida como uma cadeia de definições, isto é, como um encadeamento de inclusões recíprocas: é assim que se demonstra que "2 e 2 são 4".[6] Finalmente, pressentimos que a antecedência (o que Aristóteles já denominava o antes e o depois, embora não haja ordem do tempo aqui) é uma noção complicada: os definidores ou as razões devem preceder o definido, pois determinam sua possibilidade, mas somente segundo a "potência" e não segundo o "ato", que suporia, ao contrário, a antecedência do definido. Donde justamente a inclusão recíproca e a ausência de toda relação de tempo.

Então, remontando-se de definições em definições o encadeamento não temporal, é evidente que se chega a indefiníveis,

---

tecte, assim como *virtualiter*). Portanto Couturat tem razão em dizer: "As verdades necessárias são idênticas, umas explicitamente... outras virtual ou implicitamente" (*La logique de Leibniz*, Olms, p. 206).

6. *Nouveaux essais*, IV, cap. 7, § 10.

isto é, a definidores, que são razões últimas e que já não se pode definir. Por que não proceder indefinidamente? Essa questão perde todo o sentido, desde que nos instalemos nas definições reais, pois o indefinido daria tão somente definições nominais. Teria sido preciso começar pelos indefiníveis, se soubéssemos o que era uma definição real desde o início. Mas chegamos a eles através de intermediário e os descobrimos como absolutamente primeiros na ordem do antes e do depois: "noções primitivas simples". De definição em definição (demonstração), tudo só pode partir de termos indefiníveis, termos que entram nas primeiras definições. Esses indefiníveis não são evidentemente inclusões recíprocas, como as definições, mas *autoinclusões:* são Idênticos em estado puro, cada um dos quais incluindo a si próprio e somente a si próprio, podendo ser idêntico somente a si. Leibniz leva a identidade ao infinito: o Idêntico é uma autoposição do infinito, sem o que a identidade permaneceria hipotética (se A é, então A é A...).

Essa marca da identidade já basta para mostrar que Leibniz tem uma concepção muito especial dos princípios, barroca na verdade. Ortega y Gasset faz uma série de observações sutis a esse respeito: de um lado, Leibniz ama os princípios, sendo sem dúvida o único filósofo que não para de inventá-los, e os inventa com prazer e entusiasmo brandindo-os como armas; mas, por outro lado, ele brinca com os princípios, multiplicando-lhes as fórmulas, variando suas relações, e não para de querer "prová-los", como se, amando-os em demasia, faltasse ao respeito para com eles.[7] É que os princípios de Leibniz não são formas vazias universais; não são tampouco hipóstases ou emanações que os converteriam em seres. Mas são a determinação de classes de seres. Se os princípios nos parecem gritos, é porque cada um assinala a presença de uma classe de seres, seres que lançam o

---

7. Ortega y Gasset, *L'évolution de la théorie déductive, l'idée de principe chez Leibniz,* Gallimard, pp. 10-12.

grito e se fazem reconhecer por esse grito. Nesse sentido, não se trata de acreditar que o princípio de identidade nada nos faça conhecer, mesmo que não nos leve a penetrar esse conhecimento. O princípio de identidade, ou sobretudo o princípio de contradição, como diz Leibniz, faz com que conheçamos uma classe de seres, a dos Idênticos, que são seres completos. O princípio de identidade, ou sobretudo de contradição, é somente o grito dos Idênticos e não pode ser abstrato. É um sinal. Os Idênticos são indefiníveis em si e talvez incognoscíveis para nós; nem por isso deixam de ter um critério que o princípio nos permite conhecer ou ouvir.

É idêntica a si toda forma capaz de ser pensada como infinita por si, capaz de ser diretamente elevada ao infinito por si própria e não por uma causa. "Natureza suscetível do último grau". É esse o critério. Por exemplo, podemos pensar uma velocidade como infinita, ou um número, ou uma cor? Em troca, o pensamento parece ser uma forma elevável ao infinito, ou mesmo o extenso, *sob a condição de que essas formas não sejam todos e não tenham partes:* são "absolutos", "primeiros possíveis", "noções primitivas absolutamente simples", A, B, C...[8] Cada uma, incluindo a si própria e só incluindo a si, não sendo um todo e não tendo partes, não tem estritamente qualquer relação com outra. São puros "disparates", absolutos diversos que não podem contradizer um ao outro, pois não há elemento que um possa afirmar e outro negar. Eles estão em "não relação", diria Blanchot. É justamente o que diz o princípio de contradição: diz que dois Idênticos distintos não podem contradizer um ao outro; formam certamente uma classe. Pode-se denominá-los "atributos" de Deus.

---

8. Sobre esse critério, ou essa prova de elevação ao infinito, e sobre a condição "nem todo, nem partes", cf. *Nouveaux essais...*, II, cap. 17, §§ 2-16. E *Méditations sur la connaissance, la vérité et les idées*. Os dois textos reconhecem um extenso absoluto, *extensio absoluta*, como forma primitiva infinita. Mas fazem-no num sentido muito especial, pois não se trata nem de espaço, que é relativo, nem do extenso propriamente leibniziano, que entra em relações de todo e de partes: trata-se da *imensidade*, que é "a ideia do absoluto com relação ao espaço".

É aí que se encontra, com efeito, a única tese comum a Espinosa e a Leibniz, sua comum maneira de exigir para a prova ontológica da existência de Deus um rodeio que Descartes acreditou ser conveniente economizar: antes de concluir que um Ser infinitamente perfeito existe necessariamente, seria preciso mostrar que ele é possível (definição real) e que não implica contradição. Ora, precisamente porque todas as formas absolutas são incapazes de contradizer umas às outras, é que elas podem pertencer a um mesmo Ser e, podendo, pertencem-lhe efetivamente. Sendo formas, sua distinção real é formal, e não acarretariam qualquer diferença ontológica entre os seres aos quais se atribuiria cada uma: atribuem-se todas a um só e mesmo Ser ontologicamente uno e formalmente diverso.[9] Já se tem aí que a distinção real não traz consigo a separabilidade. Como dirá Kant, a prova ontológica vai do conjunto de toda possibilidade à individualidade de um ser necessário: $\infty/1$. Os Idênticos são uma classe de seres, mas *uma classe com um só membro*. Reencontra-se aqui a regra de antecedência, pois as formas absolutas precedem Deus como elementos primeiros de sua possibilidade, embora Deus as preceda *in re, in actu*.

Como se vai dos Idênticos aos Definíveis? Os Idênticos são noções primitivas absolutamente simples, A, B,..., que "compõem" metafisicamente um Ser único AB... Mas não se trata de confundir a composição metafísica e a derivação lógica. Os definíveis são noções

---

9. Sobre a impossibilidade de as formas absolutamente simples, que são necessariamente "compatíveis", contradizerem umas às outras, cf. "Lettre à la princesse Elisabeth", 1678, e sobretudo *Qu'il existe un Etre infiniment parfait* (GPh, VII, pp. 261-262). Nesse último texto, Leibniz afirma ter ensinado a Espinosa essa demonstração. É de se duvidar disso, uma vez que essa demonstração também pertence às dez primeiras proposições da Ética: é por nada terem em comum que os atributos podem ser ditos de um só e mesmo Ser... A dúvida é justificável, tanto mais que Espinosa e Leibniz têm uma mesma fonte, Duns Scot, que mostrava que as Quididades formalmente distintas compunham um só e mesmo Ser (cf. Gilson, *Jean Duns Scot*, Ed. Vrin, pp. 243-254: "A distinção formal das essências não impede a perfeita unidade ontológica do infinito").

derivadas: podem ser simples, se são primeiros em sua ordem, mas supõem sempre dois primitivos pelo menos, primitivos que os definem sob uma relação, sob um *vinculum*, ou os definem por intermédio de uma partícula, sendo ela própria simples ou complexa (por exemplo, A in B). É a Combinatória que vai, assim, dos Idênticos aos Definíveis, das noções primitivas às derivadas, distinguindo níveis: o nível I compreende as noções primitivas ou os Idênticos indefiníveis; o nível II compreende as noções derivadas simples, definidas por meio de duas noções primitivas sob uma relação simples; o nível III compreende noções derivadas compostas, definidas por meio de três primitivas ou definidas por meio de um primitiva e uma derivada simples sob uma relação composta.[10] Considere-se um exemplo que é válido por analogia: mesmo não podendo partir de noções primitivas absolutas para deduzir nossos pensamentos, podemos concordar a propósito de primitivas relativas a um domínio (elas supõem o domínio em vez de engendrá-lo); assim, em aritmética, os números primos são primitivos, porque, sendo divisível apenas por si ou pela unidade, cada um deles é um fenômeno de autoinclusão. Em geometria, os axiomas indefiníveis (por exemplo, "ponto", "espaço", "intermediário" ...) formam um nível I, donde é derivado um nível II por combinação de duas primitivas a cada vez, e, em seguida, um nível III (a linha e o espaço intermediário entre dois pontos).[11] No absoluto, o próprio Deus sem dúvida assegura a passagem dos Idênticos aos Definíveis: ele é constituído por todas as formas primitivas absolutas, mas é também o primeiro e o último definível, dele derivando todos os outros. Mas, assim, não se resolve a dificuldade que pesa sobre toda a combinatória. Couturat mostra-o perfeitamente: como dar conta das correlações marcadas por artigos,

---

10. *Recherches générales sur l'analyse des notions et vérités* (C, pp. 358-359). Sobre o *vinculum* como relação entre os definidores de uma grandeza, cf. *De la méthode de l'universalité*, C, p. 101.

11. Cf. a obra de juventude *Sur l'art combinatoire*, com os comentários de Couturat, *Logique de Leibniz*, p. 560. Simplificamos o exemplo da linha, que é de fato do nível IV.

preposições, verbos e casos que surgem desde o nível II? Partíamos de formas absolutas tomadas em sua não relação. E eis que relações ou "partículas" surgem de súbito, não só para o nosso entendimento, mas no próprio entendimento de Deus. Como poderia a relação surgir da não relação?

Há certamente muitas regiões no entendimento de Deus. Pode-se dizer que as relações surgem em uma região que já não concerne a Deus em si mesmo, mas à possibilidade da criação. É pelo menos uma indicação, mesmo que a questão seja saber não onde surgem as relações, mas como surgem. O pensamento barroco deu, com efeito, uma importância particular à distinção de várias ordens de infinito. Em primeiro lugar, se as formas absolutas constituem Deus como um infinito por si, que exclui todo e partes, a ideia de criação remete a um segundo infinito, pela causa. *É esse infinito pela causa que constitui todos e partes,* sem que haja um todo maior ou uma parte menor. Já não é um conjunto, mas uma série que não tem termo último nem limite. Ela já não é regida exatamente pelo princípio de identidade, mas por um princípio de similitude ou de homotetia, que assinala uma nova classe de seres. É tudo o que se poderia chamar de *extensões ou extensidades:* não só o extenso propriamente dito mas também o tempo, o número, a matéria infinitamente divisível, tudo o que é *partes extra partes* e, como tal, submetido ao princípio de similitude. Ora, cada termo da série, que forma um todo para os precedentes e uma parte para os seguintes, é definido por dois ou vários termos simples, termos que contraem uma relação assinalável sob essa nova função e que, então, já não desempenham o papel de partes, mas de *requisitos,* de razões ou de elementos constituintes. Assim, na série dos números, cada um como todo e parte é definido pelos números primos que entram em relação a esse respeito: 4, que é o dobro de 2 e a metade de 8, é definido por 3 e 1. Ou, então, no triângulo aritmético, cada linha como sequência de números é o dobro da precedente, mas é definida por uma potência de dois, que põe o requisito em relação de multiplicação com ele mesmo (e põe os requisitos em relação entre eles). Basta compreender que todo e partes (e similitude) não são já relações, mas são a fórmula principiadora de um infinito derivado, uma espécie de matéria inteligível para toda relação possível: então os termos primitivos, sem relação em si mesmos, *contraem relações* ao se tornarem requisitos ou definidores do derivado, isto é, formadores dessa matéria. Enquanto os primitivos estavam sem relação, simples autoinclusões, eram eles atributos de Deus, predicados de um Ser absolutamente infinito. Porém, desde que se considere um infinito de segunda ordem, que derive desse Ser, os predicados deixam de ser atributos para se tornarem relações, entram em relações que definem até o infinito os todos e partes, estando eles próprios em inclusão recíproca com o definido, de acordo com a dupla antecedência. Entra-se desde já na "razão suficiente", pois, sob sua relação, os definidores são a cada vez a razão do definido. Se fosse preciso definir a relação, dir-se-ia que é a unidade da não relação com uma matéria todo-partes. Se se acreditou frequentemente que as relações apresentavam para Leibniz uma dificuldade irredutível, foi por ter-se confundido predicado e atributo, confusão que só é legítima ao nível de noções absolutamente simples, que excluem precisamente toda relação, mas confusão que deixa de ser legítima desde o nível das noções derivadas, ou Predicado = relação, na inclusão recíproca do predicado-relação com o sujeito definido (4 é 3R1). E, mesmo quando o sujeito vier a ser a mônada sem partes, os predicados continuarão sendo "afecções ou relações", segundo as palavras da *Monadologia*.

Mas, antes, há uma terceira ordem de infinito. Trata-se de séries que nem sempre têm o último termo, mas *são convergentes e tendem para um limite*.[12] Já não se trata de extensão, mas de intensões

---

12. Espinosa também distingue três infinitos na *Lettre XII*, um por si, outro por sua causa e outro, enfim, compreendido dentro de limites. Leibniz felicita Espinosa a esse respeito, embora, por sua vez, ele conceba de outra maneira a relação entre o limite e o infinito. Cf. GPh, I, p. 137.

ou intensidades; não mais de relações, mas sobretudo de leis; não mais de Combinatória, mas de Característica; não mais de matéria, mas de alguma coisa de "real" na matéria e que preenche a extensão (uma realidade "possível", bem entendido). É o real na matéria, a coisa, que tem caracteres internos cuja determinação entra a cada vez numa série de grandezas que convergem para um limite, e a relação entre esses limites é de um novo tipo (dy/dx) e constitui uma lei. Hermann Weyl dirá que uma lei da Natureza é necessariamente uma equação diferencial. A noção de requisito, uma das mais originais de Leibniz, já não designa os definidores, mas adquire agora seu mais rigoroso sentido autônomo, designando condições, limites e relações diferenciais entre esses limites. Já não há todo e partes, mas graus para cada um dos caracteres. Um som tem como caracteres internos uma intensidade propriamente dita, uma altura, uma duração, um timbre; uma cor tem um matiz, uma saturação, um valor; o ouro, num exemplo frequentemente invocado por Leibniz, tem uma cor, um peso, uma maleabilidade, uma resistência à copela e à água-forte. O real na matéria não apenas comporta o extenso, mas tem "impenetrabilidade, inércia, impetuosidade e ligação". O que se denomina textura de um corpo é precisamente o conjunto dos seus caracteres internos, a latitude da sua variação e a relação de seus limites: a textura do ouro, por exemplo.[13] Uma vez que os Requisitos assim distinguem-se dos Definíveis (embora possam fornecer definições), encontramo-nos diante de um terceiro tipo de inclusão, desta vez não recíproca, *unilateral:* é aqui que a razão suficiente torna-se princípio. Todo real é um sujeito cujo predicado é uma característica presente em série, sendo o conjunto dos predicados a relação entre os limites dessas séries (devendo-se evitar a confusão entre o limite e o sujeito).

---

13.   Sobre a textura do ouro ou a conexão dos caracteres, *Nouveaux essais*, II, cap. 31, I, III, cap. 3, § 19.

Precisamos marcar a irredutibilidade desse novo domínio do ponto de vista de um objeto do conhecimento, mas, ao mesmo tempo, devemos também marcar seu papel transitório, nos dois sentidos, do ponto de vista do próprio conhecimento. Com efeito, de um lado, os requisitos não são as essências supostamente intuitivas do primeiro infinito nem as essências teoremáticas do segundo infinito nas definições e demonstrações. São essências problemáticas que correspondem ao terceiro infinito. A matemática de Leibniz não para de fazer dos problemas uma instância irredutível, instância que se junta aos encadeamentos de definições e sem a qual as definições talvez não se encadeassem: se há troca de cartas matemáticas, é porque são lançados problemas antes do envio de teoremas.[14] Nesse sentido, os axiomas concernem aos problemas e escapam de fato à demonstração. Se a Característica distingue-se da Combinatória, é por ser um verdadeiro cálculo dos problemas e dos limites. Os requisitos e os axiomas são condições, não todavia condições da experiência à maneira kantiana, que ainda faz deles universais, mas condições de um problema ao qual responde a coisa em tal ou qual caso, e as coisas remetem aos valores da variável nas séries. Acontece que estamos ligados, quase fixados, aos requisitos: mesmo os definidores que alcançamos, por exemplo em aritmética ou em geometria, só valem por analogia, sendo eles de fato os caracteres internos de um domínio suposto (é o caso dos números primos, dos quais se procura a série convergente). Ao teorema, à demonstração como encadeamento de definições, pode ser atribuída a forma silogística; mas nós, nós procedemos por "entimemas" que equivalem silogismos e operam por "supressões interiores", elipses abreviações problemáticas.[15] Em resumo, se a Combinatória realiza algo do seu sonho, isso apenas acontece em virtude da Característica. Nesse ponto, porém, passamos

---

14. *Nouveaux essais*, IV, cap. 2, § 7: sobre a categoria de problema.
15. *Nouveaux essais*, I, cap. 1, § 4 e 19. Sobre o entimema, cf. Aristóteles, *Premiers analytiques*, II, 27 ("e se enuncia uma só premissa, é somente um signo que se obtém" ...).

ao outro aspecto da questão, aspecto concernente ao próprio conhecimento e não mais ao seu objeto mais próximo. Os caracteres internos da coisa, com efeito, podem ser conhecidos de fora e por meio de experimentações sucessivas, permanecendo sua relação em estado de simples consecução empírica, como acontece nos animais. Porém, conforme os casos, podemos também atingir a textura, isto é, a verdadeira conexão desses caracteres, assim como as relações intrínsecas entre os limites de suas séries respectivas (razão): temos aí um conhecimento racional, e é ele que explica que os caracteres internos já valem como definições, que os cálculos nos limites já valem como demonstrações e que os entimemas já valem como silogismos completos.[16] Daí a preocupação de Leibniz em reintegrar os axiomas na ordem das verdades necessárias e das demonstrações (se eles escapam à demonstração, visto que são requisitos, devem, por outro lado, ser ainda mais demonstrados por serem concernentes à forma do todo e das partes). Portanto é próprio dos caracteres ora fazer-nos descer ao conhecimento das bestas, ora elevar-nos ao conhecimento racional, definitivo e demonstrativo.

Temos, assim, três tipos de inclusão: as autoinclusões, as inclusões recíprocas e as inclusões unilaterais mas localizáveis nos limites. São correspondentes a essas inclusões: *os absolutamente-simples*, os Idênticos ou formas infinitas sem relação umas com as outras; *os relativamente-simples*, os Definíveis, que entram em séries infinitas de todo e de partes, ao passo que seus definidores entram em relações; *os limitativamente-simples*, Requisitos ou séries convergentes que tendem para limites, com suas relações entre limites. É o Alfabeto, a Combinatória, a Característica. Retornando ao modelo do tecido barroco, dir-se-ia que o conhecimento não é menos dobrado do que aquilo que ele conhece: os encadeamentos de silogismos ou de

---

16. Atingir ou não a conexão dos, caracteres (caso do ouro): *Nouveaux essais*, III, cap. 4, § 16, 111, cap. II, §§ 22-24, IV, cap. 6, §§ 8-10.

definições são um "tecido", diz Leibniz, mas "há uma infinidade de outros tecidos mais compostos", tecidos tão dobrados como os entimemas, que nos servem constantemente.[17] Até mesmo o mais puro tecido silogístico já é dobrado conforme velocidades de pensamento. As ideias estão de tal modo dobradas na alma que nem sempre é possível desenvolvê-las, assim como as próprias coisas estão dobradas na natureza. O erro de Malebranche foi ter acreditado que vemos em Deus Ideias totalmente desdobradas. Porém, mesmo em Deus, as noções são dobras que tapizam o entendimento infinito. As Formas absolutas, os Idênticos, são dobras simples e separadas; os Definíveis são dobras já compostas, e os Requisitos, com seus limites, são como que debruns ainda mais complexos (e engajam texturas). Quanto às mônadas, que implicam necessariamente um ponto de vista ou ponto de apoio, não deixarão elas de ter uma semelhança com os drapeados.

Coisas e substâncias

Chegamos ao quarto tipo de noção: as noções individuais, ou mônadas, que já não são coisas possíveis, mas existentes possíveis (substâncias). A lista completa é a seguinte, portanto: identidades, extensidades, intensidades, individualidades; *formas, grandezas, coisas, substâncias*. Seriam essas últimas noções simples ainda, individualmente-simples, e em que sentido o seriam? Em todo caso, é certo que os predicados de uma tal noção, tomada como sujeito, formam ainda uma série infinita convergente que tende para um limite. Eis por que o indivíduo tem, por natureza, uma compreensão atualmente infinita; ele "envolve o infinito".[18] A noção individual, a mônada, é exatamente o inverso de Deus, uma vez que os inversos

---

17. *Nouveaux essais*, IV, cap. 17, § 4 (teoria do "tecido").
18. *Nouveaux essais*, III, cap. 3, § 6.

são números que trocam seu numerador e seu denominador: 2, ou 2/1, tem por inverso 1/2. E Deus, cuja fórmula é ∞/1, tem por inverso a mônada, 1/∞. Então a questão é saber se a série convergente infinita na mônada, no indivíduo, é do mesmo tipo que a das intensões ou se se trata de um outro caso, de um outro tipo de inclusão, de um quarto tipo. Certamente, podem-se e devem-se apresentar as substâncias individuais como tendo requisitos, caracteres internos: é assim mesmo que Leibniz recupera Aristóteles e faz da forma e da matéria, da potência ativa e da potência passiva, os requisitos da substância. Nem por isso deixa de haver grandes diferenças entre a coisa e a substância, a coisa e o existente. A primeira diferença é que a coisa tem várias características internas, x, y..., e participa, portanto, de várias séries, cada uma das quais tende para o seu limite, e a razão ou a conexão das séries na coisa é uma relação diferencial do tipo dy/dx. Dir-se-á que nossa percepção das coisas é um "pleonasmo" ou que, no caso das coisas, "temos mais de uma noção de um mesmo sujeito", peso e maleabilidade, por exemplo, para o ouro.[19] O mesmo não acontece com os indivíduos: vimos que o mundo era uma série convergente única, infinitamente infinita, série que cada mônada expressava inteiramente, embora só expressasse claramente apenas uma porção dela. Mas, justamente, a região clara de uma mônada *prolonga-se* na porção clara de outra, e numa mesma mônada a porção clara prolonga-se infinitamente nas zonas obscuras, pois cada mônada expressa o mundo inteiro. Uma dor brusca em mim é apenas o prolongamento de uma série que me conduzia a ela, mesmo que eu não a estivesse percebendo, e que agora continua na série da minha dor. *Há prolongamento ou continuação das séries convergentes umas nas outras*, sendo essa, inclusive, a condição de "compossibilidade", de modo que se constitui a cada vez uma só e mesma série convergente infinitamente infinita, o Mundo feito de todas as séries, a curva com

---

19. *Nouveaux essais*, III, cap. 4, § 16.

variável única. A relação diferencial adquire, portanto, um novo sentido, pois expressa o prolongamento analítico de uma série numa outra, não mais expressando a unidade de séries convergentes, que nem por isso divergiriam menos entre si. É também o infinito que muda de sentido, que adquire um quarto sentido, sempre atual: define-se não mais por si, nem por sua causa, nem pelo "limite" de uma série, mas por uma lei de ordem ou de continuidade, lei que classifica os limites ou transforma as séries num "conjunto" (o conjunto atualmente infinito do mundo, ou o transfinito). Como cada mônada expressa o mundo inteiro, só pode haver uma noção para um sujeito, e os sujeitos-mônadas só poderão distinguir-se por sua maneira interna de expressar o mundo: o princípio de razão suficiente tornar-se-á princípio dos indiscerníveis; não há dois sujeitos semelhantes, não há indivíduos semelhantes.

Há uma segunda diferença, que não parece ser, é verdade, uma superioridade da mônada. Em sua textura, a coisa continha a lei das séries nas quais entravam seus caracteres, a relação diferencial entre limites, ao passo que as mônadas, incluindo o mundo em tal ou qual ordem, contêm em suas dobras a série infinita mas não a lei dessa única série. As relações diferenciais, que são relações de diferentes ordens, remetem a um conjunto de todas as ordens, conjunto que permanece exterior à mônada. É nesse sentido que o mundo está na mônada, mas a mônada é para o mundo: o próprio Deus concebe as noções individuais somente em função do mundo que elas expressam, e escolhe-as apenas por um cálculo de mundo. Todas as séries prolongam-se umas nas outras, sendo a lei ou razão como que atirada ao conjunto transfinito, ao conjunto da série infinitamente infinita, o mundo; e os limites ou relações entre limites prolongam-se em Deus, que concebe e escolhe o mundo. Daí a prova cosmológica da existência de Deus, que vai da série ao conjunto e do conjunto a

Deus.[20] A série toda está na mônada, mas não a razão da série, razão da qual a mônada só recebe o efeito particular ou o poder individual de executar uma parte dela: o limite permanece extrínseco e só pode aparecer numa harmonia *preestabelecida* das mônadas entre si. Mas talvez a mônada extraia daí mais uma força do que uma impotência: a exterioridade da razão é apenas a consequência da possibilidade positiva de prolongar as séries umas nas outras, não só as séries finitas, que correspondem à expressão clara de cada mônada, mas as séries infinitas, que correspondem à ordem ou ao ponto de vista de cada uma. É por incluir o mundo inteiro que cada mônada não pode incluir a razão da série comum a todas as mônadas. Estamos, portanto, em presença de um quarto tipo de inclusão. A inclusão do mundo na mônada é unilateral, mas *ilocalizável;* já não é localizável no limite, pois o limite está fora da mônada. Há quatro inclusões, como há quatro infinitos: o conjunto infinito das formas primitivas (= Deus); as séries infinitas sem limites; as séries infinitas com limites intrínsecos; as séries infinitas com limite extrínseco que tornam a dar um conjunto infinito (= Mundo).

Estamos então em condições de dissipar as ambiguidades aparecidas no início. Em primeiro lugar, por que Leibniz parece apresentar as verdades de essências como sujeitas a uma análise finita que as reconduz aos Idênticos, ao passo que só as verdades de existência remeteriam a uma análise infinita e seriam "irredutíveis a verdades idênticas"? Mas as duas hipóteses são falsas. Quaisquer que sejam as essências, intuitivas, teoremáticas ou problemáticas, são elas

---

20. Cf. o início de *L'origine radicale des choses*. E *Monadologie,* §§ 36-37: "É preciso que a razão suficiente ou última esteja fora da sequência ou das *séries* desse detalhamento das contingências, mesmo que ele possa ser infinito". Esse último texto tem a vantagem de passar pelas almas ou mônadas, que já não contêm a razão última nem os estados de mundo. Se a razão da série for exterior à série: neste caso, parece-nos que é preciso compreender isso literalmente, sendo este um dos únicos pontos sobre os quais não podemos seguir Michel Serres (I, p. 262). Um argumento frequentemente invocado por Leibniz é que uma "série que encerra o pecado" não pode ter sua razão na mônada.

A dobra 91

sempre tomadas num infinito. Os próprios Idênticos são as essências intuitivas, formas infinitas, nesse sentido. Em troca, é verdade que, no domínio das essências, podemos sempre nos deter e sempre nos servir de uma definição, como se fora um Idêntico último, ou de um Requisito, como se fora uma definição, e de um Limite como se fora um atingido. No domínio das existências, ao contrário, não podemos nos deter, porque as séries são prolongáveis e devem ser prolongadas, porque a inclusão não é localizável. Em segundo lugar, tampouco é exato dizer que a análise das existências é virtual, ao passo que a das essências seria atual. Toda análise é infinita e só há atual no infinito, na análise. O fato de que a inclusão seja virtual nas proposições de existência significa somente que nada está incluído num existente sem que o mundo inteiro o esteja, e que o mundo só existe atualmente nos existentes que o incluem: ainda aí, "virtual" designa o caráter não localizável da inclusão atual. Há sempre dupla antecedência: o mundo é primeiro virtualmente, mas a mônada é primeira atualmente. Assim, compreende-se que a palavra "virtual" convenha também a certas proposições de essência, às concernentes aos Requisitos: nesse caso, ela designa o caráter unilateral da inclusão. Se retomamos ao texto *De la liberté*, vemos que a inclusão virtual repousa numa proposição não recíproca: "Todo bino-binário ternário é binário-ternário". A inclusão é virtual, esclarece Leibniz, porque deve ser extraída e porque o predicado só está incluído no sujeito "sob uma certa potência".[21] Vê-se aqui que o exemplo aritmético é simples e claro, mas não adequado. O exemplo adequado, como o atesta a sequência do texto, é o número irracional, porque ele é uma raiz que deve ser extraída, ou mesmo a relação diferencial, porque

---

21. *De la liberté:* "Demonstrar nada mais é que resolver os termos ... para desprender uma espécie de equação, isto é, a coincidência do predicado com o sujeito numa proposição recíproca; mas, *nos outros casos*, demonstrar é pelo menos extrair uma inclusão, de tal modo que aquilo que estava latente na proposição e contido numa certa potência é evidenciado e explicitado pela demonstração".

ele concerne a quantidades que não são da mesma potência. É nesse sentido que Leibniz reagrupa os dois casos de inclusão não recíproca, números irracionais e existentes. A análise das coisas é, com efeito, uma determinação dos predicados como requisitos, determinação que se faz por extração de raiz ou mesmo por despotencialização de grandezas, de acordo com a ideia de limite intrínseco. A análise dos existentes é uma determinação dos predicados como mundo, determinação que se faz por prolongamento de séries de potências, de acordo com a ideia de limite extrínseco. Reencontramos sempre uma incerteza, mas objetiva: a dobra, pergunta-se, passa entre as essências e os existentes, ou então entre as essências de Deus e o que delas se segue, de um lado, e, por outro, as essências de coisas e os existentes?

O predicado não é um atributo

Os predicados nunca são atributos, salvo no caso das formas infinitas ou primeiras quididades; e, mesmo nesse caso, são sobretudo condições de possibilidade da noção de Deus, são não relações que condicionarão toda a relação possível. Em todos os outros casos, o predicado é apenas relação ou acontecimento. As próprias relações são espécies de acontecimentos, e desde a Antiguidade os problemas na matemática definem-se por acontecimentos que atingem as figuras. Os acontecimentos, por sua vez, são espécies de relações, são relações com a existência e com o tempo.[22] O que está incluído na noção como sujeito é sempre um acontecimento marcado por um verbo ou uma relação marcada por uma preposição: escrevo, vou à Alemanha, atravesso o Rubicão... (e se as coisas falassem, diriam como o ouro, por exemplo: resisto à copela e à água-forte). É muito curioso ter-se podido

---

22. Correspondance avec Arnauld, "Remarques sur la lettre de M. Arnauld" de 13 de maio de 1686: "A noção de um indivíduo encerra *sub ratione possibilitatis* o que é de fato ou o que se reporta à existência das coisas e ao tempo".

pensar que a inclusão unilateral acarretava a redução da proposição a um juízo de atribuição. A atribuição é, ao contrário, o que Arnauld *opõe* a Leibniz para criticar a inclusão e salvar a concepção cartesiana da substância (sou pensante, sou uma coisa que pensa ...). O atributo expressa uma qualidade e designa uma essência; ora, Leibniz recusa-se tanto a definir o predicado por uma qualidade quanto a definir o sujeito existente, mesmo *sub ratione possibilitatis,* como uma essência. O sujeito define-se pela sua unidade, e o predicado define-se como um verbo que expressa uma ação ou uma paixão. Leibniz conhece bem o esquema de atribuição sujeito-cópula-atributo: estou escrevendo, estou viajando... Mas esse esquema da "gramática geral", caro a Arnauld, implica uma concepção da afirmação e uma teoria da distinção que de forma alguma favorecem a inclusão.[23] *A inclusão leibniziana repousa num esquema sujeito-verbo-complemento que resiste desde a Antiguidade ao esquema de atribuição:* uma gramática barroca, na qual o predicado é antes de tudo relação e acontecimento, não atributo. Quando Leibniz se serve do modelo atributivo, ele o faz do ponto de vista de uma lógica clássica dos gêneros e das espécies e de acordo com exigências apenas nominais.[24] Ele não se serve desse modelo para assentar a inclusão. A predicação não é uma atribuição. O predicado é a "execução da viagem", um ato, um movimento, uma mudança, e não o estado de estar em viagem.[25] O predicado *é a própria proposição.* E, assim como não posso reduzir "viajo" a "estou viajando", não posso tampouco reduzir "penso" a "estou pensando", não sendo o pensamento um atributo constante, mas um predicado entendido como passagem incessante de um pensamento a outro.

---

23. Arnauld e Nicole, *La logique ou l'art de penser,* Ed. Flammarion, II, cap. 2.
24. Cf. os textos citados por Couturat, *La logique de Leibniz,* Olms, p. 70.
25. Lettre à Arnauld, julho de 1686: apresenta-se a inclusão como uma conexão direta "entre mim, que sou sujeito, e a execução da viagem, que é o predicado".

Maneiras e fundo

Estabelecer o predicado como verbo e firmar o verbo como irredutível à cópula e ao atributo, é propriamente esta a base da concepção leibniziana do acontecimento. Houve uma primeira vez em que o acontecimento foi julgado digno de ser elevado ao estado de conceito: isso ocorreu graças aos estoicos, que faziam do acontecimento não um atributo nem uma qualidade mas o predicado incorpóreo de um sujeito da proposição (não "a árvore é verde", mas "a árvore verdeja..."). Eles concluíam disso que a proposição enunciava uma "maneira de ser" da coisa, um "aspecto" que transbordava a alternativa aristotélica essência-acidente: eles substituíam o verbo ser por "resultar", e a essência pela maneira.[26] Leibniz é quem efetua depois a segunda grande lógica do acontecimento: o próprio mundo é acontecimento e, enquanto predicado incorpóreo (= virtual), deve estar incluído em cada sujeito como um fundo do qual cada um extrai as maneiras que correspondem ao seu ponto de vista (aspectos). O mundo é a própria predicação, as maneiras são os predicados particulares, e o sujeito é o que passa de um predicado a outro como de um aspecto do mundo a outro. É o par *fundo-maneiras* que destrona a forma ou a essência: Leibniz faz dele a marca da sua filosofia.[27] Os estoicos e Leibniz inventam um Maneirismo que se opõe ao essencialismo ora de Aristóteles, ora de Descartes. Como componente do barroco, o maneirismo herda um maneirismo estoico

---

26.   Sobre a concepção de acontecimento nos primeiros estoicos, o texto de base continua sendo o de Émile Brehier, *La théorie des incorporels dans l'ancien stoïcisme*, Ed. Vrin, caps. I e II. E sobre a substituição de "ser" por "resultar", cf. Brochard, *Etudes de philosophie ancienne et de philosophie moderne*, Ed. Alcan, pp. 226-227. Essa substituição é reencontrada em Leibniz.

27.   *Nouveaux essais*, IV, cap. 17, § 16: "As maneiras e os graus de perfeição variam ao infinito; entretanto o fundo é o mesmo em toda parte, o que é uma máxima fundamental para minha filosofia... Se essa filosofia é a mais simples no fundo, é também a mais rica nas maneiras..."

e estende-o ao cosmo. Uma terceira grande lógica do acontecimento virá com Whitehead.

As relações internas

É muito curioso observar Russell dizer que Leibniz tem grandes dificuldades para pensar as correlações. De um certo modo, ele sempre faz isso, pensar a correlação, e Russell o reconhece. As únicas dificuldades aparecem por nem sempre ser fácil, a partir de frases, desprender a ou as proposições de inerência que mostram ser o predicado uma relação interna. Ora o predicado não é dado na frase, ora o sujeito, ora ambos. Quando digo "eis três homens", o verdadeiro sujeito é uma *extensão 3*, que é apenas qualificada de humana e quantificada por três partes; mas o predicado 2 e 1 (homens) é a relação interna. Se digo "a água ferve a 100 graus", o sujeito é certamente uma *coisa*, a água, mas o predicado é uma curva de vaporização que entra em relação com a curva de fusão e a curva de sublimação num ponto triplo. E, se digo "Pedro é menor que Paulo", "Paulo é maior que Pedro", certamente os sujeitos são dessa vez substâncias, mas a correlação não se dá entre os dois sujeitos em cada caso: a verdadeira relação é a predicação de um "representante de Paulo" no sujeito Pedro sob o aspecto da altura, ou de um "representante de Pedro" no sujeito Paulo, sendo essa relação ou esse predicado sempre interno. E o próprio tamanho remete aos casos precedentes, ora extensão-sujeito, ora predicado de coisa (o corpo). Em resumo, há toda uma história do conceito em Leibniz, história que passa pelos todos-partes, coisas e substâncias, pelas extensões, intensões e indivíduos e pela qual o próprio conceito torna-se sujeito, de acordo com cada nível. É a ruptura com a concepção clássica do conceito como ser de razão: o conceito já não é a essência ou a possibilidade lógica do seu objeto, mas a realidade metafísica do sujeito correspondente. Dir-se-á que todas as correlações são internas, precisamente porque os predicados não são atributos (como na concepção lógica).

A confirmação viria da teoria leibniziana da substância; essa teoria parece mesmo ter sido totalmente elaborada para uma tal confirmação. Há dois caracteres nominais sobre os quais todo mundo concorda em princípio, de Aristóteles a Descartes: de um lado, a substância é o concreto, o determinado, o individual, no sentido em que Aristóteles fala do isto e no sentido em que Descartes fala desta pedra; por outro lado, a substância é sujeito de inerência ou de inclusão, no sentido em que Aristóteles define o acidente como "aquilo que está presente na substância" e no sentido em que Descartes diz ser a substância uma "coisa *na qual* existe formalmente ou eminentemente aquilo que nós concebemos".[28] Porém, desde que se procure uma definição real da substância, parece que os dois caracteres são destituídos em proveito de uma essência ou de um atributo essencial, necessário e universal no conceito. Assim, para Aristóteles, o atributo não está no sujeito como um acidente, mas é afirmado do sujeito, de modo que se pode tratá-lo como substância segunda; e, para Descartes, o atributo essencial confunde-se com a substância, a tal ponto que os indivíduos tendem a ser apenas modos do atributo tomado em geral. A atribuição, a definição da substância pela atribuição, longe de confirmar a individualidade e a inclusão, coloca-as em questão.

Os cinco critérios da substância

Segundo Descartes, o primeiro critério da substância é o simples, a noção simples: aquilo cujos elementos só podem ser

---

28.   Eis por que, às vezes, Leibniz apresenta brevemente a inerência do predicado como estando em conformidade com a opinião geral (*ut aiunt*) ou com Aristóteles em particular.

distinguidos por abstração ou distinção de razão (como o extenso e o corpo, o pensamento e o espírito). A substância é simples, porque somente por abstração pode ser ela distinguida do seu atributo. Ora, Leibniz denuncia a simplicidade como um critério pseudológico: é que há muitas noções simples que não são substância, três pelo menos. Só tardiamente ele falará da mônada como de uma noção simples, quando vier a julgar afastados os perigos e quando vier a avançar no problema dos dois tipos de substância, sendo umas denominadas simples apenas porque as outras são compostas. Mas, de um extremo ao outro da sua obra, ele invocará uma *unidade de ser*, como critério metafísico, mais do que uma simplicidade de conceito: Arnauld assinala que se trata de um procedimento insólito, pois, com ele, deixa-se de definir a substância por um atributo essencial que a oporia à "modalidade ou maneira de ser", isto é, ao movimento ou à mudança. A isso Leibniz responde com ironia, dizendo contar com "os filósofos ordinários" que levam em conta graus de unidade, Aristóteles contra Descartes. Leibniz pede para a substância precisamente *uma unidade que seja interior ao movimento, ou uma unidade de mudança que seja ativa*, e que exclua o simples extenso da lista das substâncias".[29] Enquanto se define o movimento como "a existência sucessiva do móvel em lugares diversos", apreende-se apenas um movimento já feito, e não a unidade interna a que ele remete quando está em via de se fazer. O movimento que se faz remete a uma unidade no instante, no sentido em que o estado seguinte deve sair "por si mesmo do presente por uma força natural"; ao mesmo tempo, ele remete a uma unidade interior, o conjunto da sua duração (critério físico da substância).

---

29. Cf. Lettre d'Arnauld de 4 de março de 1687 e Lettre à Arnauld de 30 de abril. André Robinet mostra que Leibniz evita falar em "substância simples" durante muito tempo, até 1696 (*Architectonique disjonctive, automates systémiques et idéalité transcendantale dans l'oeuvre de Leibniz*, Ed. Vrin, p. 355, e o estudo de Anne Becco, *Du simple selon Leibniz*, Vrin).

Mais profundamente, a mudança qualitativa remete a uma unidade ativa, que faz passar um estado no instante, mas assegura também o conjunto da passagem (critério psicológico, percepção e apetite).[30] A substância representa, portanto, a dupla espontaneidade, do movimento como acontecimento e da mudança como predicado. Se o verdadeiro critério lógico da substância é a inclusão, é porque a predicação não é uma atribuição, é porque a substância não é o sujeito de um atributo, mas é a unidade interior a um acontecimento, é a unidade ativa de uma mudança.

Além do Simples, Descartes propunha um outro critério, o Completo, que remete à distinção real. Mas, tanto quanto a distinção de razão, a distinção real só concerne ao conceito: o completo é não o inteiro (o que compreende tudo aquilo que pertence à coisa) mas o que é realmente distinto, isto é, o que pode ser "pensado" por si mesmo, negando o que pertence a outra coisa. É nesse sentido que a coisa pensante e a coisa extensa são completas, realmente distintas e, portanto, separáveis, segundo Descartes. Mas também aí Leibniz mostra que Descartes não leva suficientemente longe o conceito: duas coisas podem ser pensadas como realmente distintas sem ser separáveis, por poucos requisitos que tenham em comum. Descartes nem mesmo vê que os seus simples, e mesmo as substâncias individuais, têm requisitos: mesmo que apenas no mundo comum que elas expressam ou nos caracteres internos para os quais convergem (forma-matéria, ato-potência, unidade ativa-limitação). Vimos que o realmente distinto não está necessariamente separado, nem é separável, e que o inseparável pode ser realmente distinto.[31] No limite, como disseram os estoicos, nada é separável ou está separado, mas tudo conspira, aí compreendidas as substâncias, que conspiram entre si em virtude dos requisitos. É

---

30. *De la nature en elle-même*, § 13: sobre o movimento local e a mudança qualitativa.
31. "Se a separabilidade é uma sequência da distinção real", Lettre à Malebranche, GPh, I, pp. 325-326.

falso dizer que uma substância tem um só atributo, pois tem ela uma infinidade de modos; mas é também falso dizer que várias substâncias não têm atributo comum, pois têm elas requisitos que constituem ainda um dos seus critérios (critério epistemológico).[32] Portanto há cinco critérios da substância: metafísico, a unidade do ser; lógico, a inclusão do predicado no ser; físico, a unidade interior ao movimento; psicológico, a unidade ativa da mudança; epistemológico, os requisitos de inseparabilidade. Todos esses critérios excluem que a substância defina-se por um atributo essencial ou que a predicação confunda-se com uma atribuição.

O maneirismo de Leibniz

O essencialismo faz de Descartes um clássico, ao passo que o pensamento de Leibniz aparece como um profundo maneirismo. O classicismo tem necessidade de um atributo sólido e constante para a substância, mas o maneirismo é fluido, e nele a espontaneidade das maneiras substitui a essencialidade do atributo. Pode-se dizer que uma dor seja espontânea na alma do cachorro que recebe uma paulada enquanto come ou na alma de César-criança que é picado por uma vespa enquanto mama? Mas não é a alma que recebe a paulada ou a picada. É preciso restituir as séries em vez de ater-se aos abstratos. O movimento do pau não começa com o golpe: um homem aproxima-se por trás, armado com um pedaço de pau, depois levanta-o, para, finalmente, abatê-lo sobre o corpo do cachorro. Esse movimento complexo tem uma unidade interior, assim como, na alma do cachorro, a mudança complexa tem uma unidade ativa: a dor não sucedeu bruscamente ao prazer,

---

32. Contra o atributo cartesiano, cf. Correspondance avec De Volder (GPh, II), notadamente 20 de junho de 1703.

mas foi preparada por mil pequenas percepções, pelo ruído dos passos, pelo odor do homem hostil, pela impressão do pau que se ergue, em resumo, por toda uma "inquietude" insensível, da qual a dor sairá *sponte sua*, espontaneamente, como que por uma força natural que integra as modificações precedentes.[33] Se Leibniz atribui tanta importância à questão da alma dos animais, é porque soube diagnosticar a universal inquietude do animal diante de emboscadas, inquietude que procura captar os signos imperceptíveis daquilo que pode mudar seu prazer em dor, sua caça em fuga, seu repouso em movimento. A alma *dá a si* uma dor que leva para sua consciência uma série de pequenas percepções que quase não notara porque permaneciam inicialmente enterradas em seu fundo. O fundo da alma, o fundo sombrio, o *fuscum subnigrum*, obseda Leibniz: as substâncias ou as almas "tiram tudo do seu próprio fundo". É o segundo aspecto do maneirismo, sem o qual o primeiro permaneceria vazio. O primeiro é a espontaneidade das maneiras, que se opõe à essencialidade do atributo. O segundo é a onipresença do fundo sombrio, que se opõe à clareza da forma e sem o qual as maneiras não teriam de onde surgir. A fórmula inteira do maneirismo é a seguinte: "Tudo lhes nasce do seu próprio fundo, por uma perfeita espontaneidade".[34]

---

33. *Eclaircissement des difficultés que M. Bayle a trouvées dans le système nouveau...* (GPh, IV, pp. 532, 546-547).
34. *Addition à l'explication du système nouveaux...* (GPh, IV, p. 586).

O jogo dos princípios

Classe de seres	Predicado	Sujeito	Inclusão	Infinito	Princípio
Os Idênticos (absolutamente simples)	Formas ou Atributos	Deus	Autoinclusão	Infinito por si	Princípio de contradição
Os Definíveis (relativamente simples)	Relações (entre definidores)	Extensões ou grandezas (todos e partes)	Inclusão recíproca	Infinito pela causa	Princípio de similitude
Os Condicionáveis (limitadamente simples)	Requisitos (suas relações ou leis)	Intensões ou Coisas (o que tem graus e tende a limites)	Inclusão unilateral localizável	Série infinita com limite interno	Princípio de razão suficiente
Os Indivíduos (unariamente simples)	Acontecimentos ou Maneiras (relações com a existência)	Existentes ou Substâncias	Inclusão unilateral ilocalizável	Série infinita com limite externo	Princípio dos indiscerníveis

Em que se funda a impressão de Ortega y Gasset de um jogo de princípios, de um jogo nos princípios? É que, em sua maior parte, esses termos são deslizantes. Ou melhor, eles foram fixados nas colunas, onde se desdobravam: eles reinam ao se desdobrarem numa zona. Mas eles já existem dobrados naquilo que precede, ou ainda existem redobrados naquilo que segue. Por exemplo, a Razão suficiente: ela aparece para si nas coisas, onde caracteres internos entram em conexão para dar a razão da coisa. Mas, em seguida, o princípio dos indiscerníveis é tão somente a explicação da Razão ao nível dos indivíduos, a ponto de aparecer como uma simples dependência da razão suficiente. Antes disso, a razão suficiente estava nos definíveis como relação entre definidores, de modo que ela já atuava no quadro ou na zona do princípio de similitude. Mais ainda, o próprio princípio de contradição já expressa a razão própria dos idênticos e não se contenta em formar uma alternativa com o princípio de razão suficiente, mas, ao contrário, reina na zona em que a não contradição *basta* como razão (o que se pode elevar ao infinito sem contradição). Nesse sentido, o princípio de contradição é um caso da razão suficiente.[35] Mas, por sua vez, não é a razão suficiente um caso de não contradição? O mesmo ocorre com as substâncias e as coisas, com os condicionáveis e os definíveis. Note-se ainda que só consideramos até o momento um pequeno número de princípios. Há todo um jogo de passagens e de transformações dos princípios: a razão suficiente é a recíproca da não contradição, como viu Couturat.[36] Mas também o princípio dos indiscerníveis é o inverso do princípio de razão suficiente, uma vez que este é assim expresso: "um conceito por coisa", e aquele: "uma coisa e uma só por conceito" (em qualquer caso, coisa = indivíduo). Existe aí um traço único, que se encontra somente na filosofia de Leibniz: o extremo gosto pelos princípios, longe de favorecer as compartimentações, preside à passagem dos seres, das coisas e dos conceitos sob todos os compartimentos móveis. Nessa extraordinária atividade filosófica, que consiste em criar princípios, dir-se-ia que, mais do que princípios, há dois polos: um, rumo ao qual todos os princípios redobram-se conjuntamente; outro, rumo ao qual todos eles, ao contrário, desdobram-se, distinguindo suas zonas. Esses dois polos são os seguintes: Tudo é sempre a mesma coisa, Há um só e mesmo Fundo; e Tudo se distingue pelo grau, Tudo difere pela maneira... São esses os dois princípios dos princípios. É que nenhuma filosofia levou tão longe a afirmação de um só e mesmo mundo e de uma diferença ou variedade infinitas nesse mundo.

---

35. Donde *Monadologie* § 36: "A razão suficiente deve encontrar-se também nas verdades contingentes..." o que implica que ela já valia para as verdades necessárias. E *Théodicée*, "Observações sobre o livro da origem do mal", § 14.

36. Couturat, *La logique de Leibniz*, p. 215: "O princípio de identidade afirma que toda proposição idêntica é verdadeira, ao passo que o princípio de razão suficiente afirma, ao contrário, que toda proposição verdadeira é analítica, isto é, virtualmente idêntica".

5

INCOMPOSSIBILIDADE, INDIVIDUALIDADE, LIBERDADE

A incompossibilidade ou a divergência das séries

Adão pecou, mas a proposição contrária, Adão não pecou, não é impossível ou contraditória em si (como o seria "2 e 2 não são 4"). Isso é próprio das proposições de existência. Mas é preciso compreender onde está o problema: entre as duas contrárias, Adão pecador e Adão não pecador, há certamente uma relação de contradição. Em troca, é preciso que aí se junte um outro tipo de correlação para explicar que Adão não pecador não é contraditória em si. Essa outra correlação não é a estabelecida entre um Adão e outro Adão, mas entre Adão não pecador e o mundo em que Adão pecou. Seguramente, uma vez que o mundo no qual Adão pecou está incluído em Adão, volta-se a cair em contradição. Mas ele também está incluído numa infinidade de outras mônadas. É nesse sentido que deve existir aí uma relação de exclusão original entre Adão não pecador e o mundo em que Adão pecou. Adão não pecador incluiria um outro mundo. Entre os dois mundos, há uma relação que não é de contradição (embora haja contradição local entre os sujeitos que os compõem, tomados dois a dois). É uma vice-dicção, não uma contradição. A ideia de Deus escolher entre uma infinidade de mundos possíveis é bastante corrente, encontrando-se notadamente em Malebranche; mas é próprio de Leibniz invocar uma relação profundamente original entre os mundos possíveis. Leibniz dá a essa nova relação o nome de *incompossibilidade,* dizendo que se trata de um grande mistério enterrado no entendimento de Deus.[1] Reencontramo-nos na situação de quem procura solucionar um problema leibniziano sob condições fixadas por Leibniz: não se pode saber quais são as razões de Deus nem como ele as aplica em cada caso, mas pode-se mostrar que ele as tem e qual é o princípio delas.

Vimos que o mundo era uma infinidade de séries convergentes, prolongáveis umas nas outras, em torno de pontos singulares. Assim, cada indivíduo, cada mônada individual expressa o mesmo mundo em seu conjunto, embora só expresse claramente uma parte desse mundo, uma série ou mesmo uma sequência finita. Disso resulta que um outro mundo aparece *quando as séries obtidas divergem na vizinhança de singularidades.* Serão chamados compossíveis: 1) o conjunto das séries convergentes e prolongáveis que constituem um mundo; 2) o conjunto

---

1. Fragmento *Vingt-quatre propositions,* GPh, VII, pp. 289-291, e fragmento *Les vérités absolument premières...* p. 195. Couturat *(La logique de Leibniz,* p. 219) e Gueroult *(Dynamique et métaphysique leybniziennes,* p. 170) pensam que a incompossibilidade implica uma negação ou uma oposição que Leibniz não podia reconhecer entre noções positivas como as mônadas: portanto ele seria levado a declarar incognoscível a fonte da incompossibilidade. Mas parece-nos que o incompossível em Leibniz é uma correlação original irredutível a qualquer forma de contradição. É uma diferença e não uma negação. Eis por que propomos a seguir uma interpretação que se apoia somente na divergência ou na convergência das séries, o que tem a vantagem de ser "leibniziano". Mas, então, por que Leibniz declara ser incognoscível a fonte? De um lado, porque a divergência continua sendo ainda mal conhecida na teoria das séries no século XVII. Por outro lado, e de maneira mais geral, ao nível dos mundos incognoscíveis, somos reduzidos a supor que as séries divirjam, sem que captemos o porquê.

das mônadas que expressam o mesmo mundo (Adão pecador, César imperador, Cristo salvador...). Serão chamadas incompossíveis: 1) as séries que divergem e pertencem, portanto, a dois mundos possíveis; 2) as mônadas que expressem cada qual um mundo diferente do outro (César imperador e Adão não pecador). É a divergência eventual das séries que permite definir a incompossibilidade ou a relação de vice-dicção. Estabelecendo assim uma infinidade de mundos possíveis, Leibniz de modo algum reintroduz uma dualidade que faria do nosso mundo relativo o reflexo de um mundo absoluto mais profundo; ao contrário, ele faz do nosso mundo relativo o único mundo existente, mundo que repele os outros mundos possíveis, porque é relativamente "o melhor". Deus escolhe entre uma infinidade de mundos possíveis, incompossíveis uns com os outros, e escolhe o melhor ou o que tem mais realidade possível. Ao passo que o Bem era o critério de dois mundos, o Melhor é o critério do mundo único e relativo. O princípio do melhor relança a questão dos princípios por ser ele a primeira aplicação da razão suficiente ao mundo.

Há antecedência sobre as mônadas, embora um mundo não exista fora das mônadas que o expressam. Mas Deus não criou primeiramente Adão, aceitando o risco de fazê-lo pecar ou de perceber que ele peca: ele criou o mundo em que Adão peca e o incluiu também em todos os indivíduos que o expressam (Sexto violando Lucrécia, César atravessando o Rubicão...). Parte-se do mundo como se parte de uma série de inflexões ou de acontecimentos: é uma pura *emissão de singularidades*. Eis, por exemplo, três singularidades: ser o primeiro homem, viver num jardim de prazer, ter uma mulher saída de sua própria costela. E eis uma quarta: pecar. Tais singularidades-acontecimentos estão em relação com "ordinários" ou "regulares" (pouco importa aqui a diferença). Uma singularidade está rodeada por uma nuvem espessa de ordinários ou de regulares. Pode-se dizer que tudo é relevante ou singular, uma vez que se pode levar a toda parte uma inflexão que erige um ponto singular. Mas pode-se dizer também que tudo é ordinário, porque um ponto singular é apenas a coincidência de dois pontos ordinários sob vetores diferentes (o ponto B de um quadrado é a coincidência de A, o último ponto da linha AB, e de C, o primeiro ponto da linha BC).[2] Isso está de acordo com os dois polos da filosofia de Leibniz: Tudo é regular! E Tudo é singular! Permanece o fato de que, numa dada escala, distinguimos singulares e ordinários ou regulares em relação uns com os outros.

Retornemos às quatro singularidades. Nossa suposição foi de que se pode, a cada vez, prolongar uma singularidade na vizinhança das outras sobre linhas regulares que têm valores comuns nos dois sentidos. Mas eis uma quinta singularidade: resistir à tentação. Não se trata simplesmente de dizer que ela contradiga a quarta, "pecar", de modo que se tenha de escolher entre as duas. É que as linhas de prolongamento que vão desta quinta às três outras não são convergentes, isto é, *não passam por valores comuns:* não é o mesmo jardim, nem a mesma primeiridade, nem a mesma ginegênese. Há bifurcação. É o que supomos, pelo menos, pois a razão disso nos escapa. Contentemo-nos em saber que há uma. É sempre suficiente para poder dizer: eis em que Adão não pecador é supostamente incompossível com este mundo-aqui, pois ele implica uma singularidade que diverge daquelas deste mundo.

O relato barroco

A existência de um cálculo, e até mesmo de um jogo divino, presente na origem do mundo foi cogitada por muitos grandes pensadores. Mas tudo depende da natureza do jogo, de suas regras eventuais e do modelo demasiado humano que dele podemos reconstituir. Em Leibniz, parece-nos, em primeiro lugar, que se trata

---

2. *Nouveaux essais*, II, cap. 1, § 18: "O que é relevante deve estar composto de partes que não o são".

de um cálculo das séries infinitas, regradas pelas convergências e divergências. A grande representação barroca disso é dada por Leibniz no final da *Teodiceia*. Esse texto corresponde de modo excelente aos critérios gerais do relato barroco: o encaixe das narrações umas nas outras e a variação da relação narrador-narração.[3] Com efeito, é um diálogo filosófico, no qual se insere uma consulta divinatória de Apolo por Sexto Tarquínio, à qual sucede um encontro direto de Sexto e Júpiter na presença de Teodoro, mas que dá lugar a uma conversação entre Teodoro e Júpiter, que o remete a Palas, até que um sonho sublime de Teodoro antecipe esse novo encontro. É um sonho de arquitetura: uma imensa pirâmide, que tem um vértice mas não tem base, constituída por uma infinidade de aposentos, sendo cada um deles um mundo. Há um vértice, porque há um mundo que é o melhor de todos, e não há base, porque os mundos perdem-se no nevoeiro e porque não há um derradeiro mundo do qual se possa dizer que seja o pior. Em cada aposento, há um Sexto que leva uma cifra na fronte, que mima uma sequência de sua vida ou mesmo toda a sua vida "como numa representação de teatro", muito perto de um volumoso livro. A cifra parece remeter à página que conta a vida desse Sexto com mais detalhes, em menor escala, ao passo que as outras páginas contam sem dúvida os outros acontecimentos do mundo ao qual Sexto pertence. É a combinação barroca do que se lê e do que se vê. Nos outros aposentos, outros Sextos e outros livros. Saindo da casa de Júpiter, ora um Sexto vai a Corinto, tornando-se aí um notável, ora outro Sexto vai à Trácia e torna-se rei, em vez de retornar a Roma e violar Lucrécia, como no primeiro aposento. Todas essas singularidades divergem entre si e cada uma só converge com a primeira (a saída do templo) sob valores diferentes das outras. Todos esses Sextos são possíveis, mas fazem parte de mundos incompossíveis.

---

3. *Théodicée*, §§ 413-417. Reportar-se-á aos critérios propostos por Gérard Genette, *Figures II*, Ed. du Seuil, p. 195 ss., para constatar até que ponto o texto da *Teodiceia* é um modelo de relato barroco.

Chama-se bifurcação a um ponto, como a saída do templo, na vizinhança do qual as séries divergem. Um discípulo de Leibniz, Borges, invocava um filósofo-arquiteto-chinês, Ts'ui Pen, inventor do "jardim das veredas que se bifurcam": labirinto barroco cujas séries infinitas convergem ou divergem e que forma uma trama de tempo abarcando todas as possibilidades. "Fang, por exemplo, detém um segredo; um desconhecido bate à sua porta; Fang decide matá-lo. Naturalmente, há vários desenlaces possíveis: Fang pode matar o intruso, o intruso pode matar Fang, ambos podem safar-se, podem ambos morrer *et coetera*. Na obra de Ts'ui Pen, todos os desenlaces se produzem, sendo cada um o ponto de partida de outras bifurcações".[4] Um outro discípulo de Leibniz, o grande romancista popular Maurice Leblanc, contava a vida de Baltasar, "professor de filosofia cotidiana", para quem tudo era ordinário, tudo era sempre regular... Mas, órfão, lançava-se à procura do seu pai, com três singularidades: suas próprias impressões digitais, as letras MTP tatuadas em seu peito e a revelação de uma vidente, que lhe dissera estar seu pai sem a cabeça. Ora, o conde de Coucy-Vendôme, degolado, fizera de Baltasar seu herdeiro num documento que traz as impressões e descreve a tatuagem. Mas Baltasar é interceptado pelo bando dos Mastropés (MTP), cujo antigo chefe, guilhotinado, reclamava-o como filho. Ele é sequestrado por um inglês que o entrega a um paxá; este é logo decapitado, e seu filho, desaparecido, Mustafá (MTP), tinha as mesmas impressões. Ele é salvo por um poeta, cuja divisa é Mane Thecel Phares, que, por sua vez, o reivindica, mas que perde a cabeça num acesso de loucura e assassina um vagabundo. A explicação final é que o vagabundo organizara, não havia muito tempo, um pensionato para crianças ricas, quatro crianças mais a sua. Porém, após uma inundação, ele já não sabia qual das cinco crianças restava. Tornando-se alcoólatra e tendo também ele perdido a cabeça, remetera aos quatro pais a marca das impressões do sobrevivente e o signo da

---

4. Borges, *Fictions*, Gallimard, "Le jardin aux sentiers qui bifurquent".

tatuagem, a fim de persuadir a cada um de que se tratava do filho do destinatário.[5] Donde a entremistura de histórias bifurcantes, histórias que, em séries divergentes, desenvolvem-se simultaneamente em mundos incompossíveis. Baltasar não pode ser o filho de todos esses pais no mesmo mundo: uma trapaça múltipla.

Vê-se por que Borges invoca mais o filósofo chinês e menos Leibniz. É que ele desejaria, assim como Maurice Leblanc, que Deus trouxesse à existência todos os mundos incompossíveis ao mesmo tempo, em vez de escolher um, o melhor. Sem dúvida, isso seria globalmente possível, pois a incompossibilidade é uma correlação original distinta da impossibilidade ou da contradição. Haveria, porém, contradições locais, como entre Adão pecador e Adão não pecador. Mas o que sobretudo impede que Deus traga à existência todos os possíveis, mesmo incompossíveis, é que ele seria nesse caso um Deus mentiroso, um Deus trapaceiro, tal como o vagabundo de Maurice Leblanc. Leibniz, que muito desconfia do argumento cartesiano do Deus não enganador, dá a ele um novo fundamento ao nível da incompossibilidade: Deus joga mas dá regras ao jogo (contrariamente ao jogo sem regras de Borges e de Leblanc). A regra é que mundos possíveis não podem passar à existência se forem incompossíveis com aquele que Deus escolheu. Segundo Leibniz, só romances como *L'Astrée* nos dão a ideia desses incompossíveis.[6]

Singularidades pré-individuais e indivíduo

Pode-se deduzir daí uma definição de indivíduo, da noção individual. Vimos que cada mônada expressa o mundo (inclusão ilocalizável), mas expressa claramente apenas uma zona parcial ou

---

5. Maurice Leblanc, *La vie extravagante de Balthazar,* Le Livre de poche.
6. Lettre à Bourguet, dezembro de 1714 (GPh, III, p. 572).

departamento, em virtude do seu ponto de vista (bairro localizado). Sem dúvida, essa região iluminada passa pelo corpo de cada um. Mas o que se tem aí é apenas uma definição nominal do indivíduo, pois não sabemos ainda o que constitui a região ou a relação com o corpo. Podemos agora dizer que um indivíduo é constituído inicialmente em torno de um certo número de singularidades locais, que serão seus "predicados primitivos": assim, no caso de Adão, os quatro predicados considerados anteriormente.[7] É a definição real do indivíduo: *concentração, acumulação, coincidência de um certo número de singularidades pré-individuais convergentes* (subentendendo-se que pontos singulares podem coincidir num mesmo ponto, como os diferentes vértices de triângulos separados coincidem no vértice comum de uma pirâmide). É como um núcleo da mônada. No coração de cada mônada não há uma "noção simples", de acordo com a hipótese de Gueroult: contrariamente ao método de Leibniz, isso seria contentar-se com os dois extremos em uma cadeia de noções.[8] No coração de cada mônada há singularidades que são a cada vez os requisitos da noção individual. Que cada indivíduo só expresse claramente apenas uma parte do mundo real é algo que decorre da definição real: ele expressa claramente a região determinada pelas suas singularidades constituintes. Que cada indivíduo expresse o mundo inteiro é algo que também decorre da definição: as singularidades constituintes de cada um, com efeito, prolongam-se em todas as direções até as singularidades dos outros, com a

---

7. Correspondência com Arnauld, "Remarques sur la lettre de M. Arnauld", de 13 de maio de 1686. Os "predicados primitivos" não são evidentemente exclusivos de Adão, tendo cada indivíduo os seus. São eles em número finito para cada um? Não, pois é sempre possível multiplicar os pontos singulares entre dois pontos singulares. Mas a questão não tem importância, pois o que conta é que dois indivíduos não têm os mesmos predicados primitivos. Sobre os temas que abordamos em seguida, "Adão vago", Adão comum a mundos incompossíveis, predicados primitivos apreendidos *sub ratione generalitatis*, cf. esse mesmo texto.

8. Sobre essa hipótese, cf. Gueroult, "La constitution de la substance chez Leibniz", *Revue de métaphysique et de morale*, 1947.

condição de que as séries correspondentes convirjam, de modo que cada indivíduo inclui o conjunto de um mundo compossível e exclui apenas os outros mundos incompossíveis com aquele (onde as séries divergiriam). Donde a insistência de Leibniz em dizer que Deus não cria um "Adão vago" ou vagabundo, a cavalo sobre vários mundos incompossíveis, mas cria, *sub ratione possibilitatis*, tantos Adões divergentes quantos são os mundos existentes, e cada Adão inclui o mundo inteiro ao qual ele pertence (e ao qual também pertencem, incluindo-o em si mesmas, todas as outras mônadas compossíveis de um tal mundo). Em resumo, cada mônada possível define-se por um certo número de singularidades pré-individuais, sendo, pois, compossível com todas as mônadas cujas singularidades convergem com as suas e sendo incompossível com aquelas cujas singularidades implicam divergência ou não prolongamento.

Individuação e especificação

Mas por que dar o nome de Adão a todos esses indivíduos divergentes em mundos incompossíveis? É que uma singularidade pode sempre ser isolada, excisada, ter podados seus prolongamentos: então, já não importa que o jardim em que Adão peca não seja o mesmo jardim em que Adão pode não pecar; a singularidade torna-se indefinida, sendo tão somente um jardim, e o predicado primitivo já não é apreendido neste ou naquele mundo, mas considerado apenas *sub ratione generalitatis*, ao mesmo tempo em que seu sujeito torna-se *um* Adão em geral, *um* Sexto... Não se trata de concluir que a individuação parta desses predicados gerais, pronta para especificá-los cada vez mais. A individuação não vai de um gênero a espécies cada vez menores sob uma regra de diferenciação; ela vai de singularidade em singularidade sob a regra de convergência ou de prolongamento que relaciona o indivíduo a tal ou qual mundo.

A diferença individual não é específica, e o indivíduo não é uma espécie derradeira ou última.[9] Todavia Leibniz chega a dizer que o indivíduo é como uma *species infima;* mas trata-se de uma definição tão somente nominal do indivíduo, e Leibniz invoca-a com um objetivo preciso, qual seja, o de romper com todos aqueles que opõem o indivíduo e o conceito. Para uns, Nominalistas, os indivíduos seriam os únicos existentes, sendo os conceitos apenas palavras bem regradas; para outros, Universalistas, o conceito tem o poder de especificar-se até o infinito, e o indivíduo apenas remete a determinações acidentais ou extraconceituais. Mas, para Leibniz, só o indivíduo existe, e, ao mesmo tempo, existe em virtude da potência do conceito: mônada ou alma. E essa potência do conceito (devir sujeito) consiste não em especificar ao infinito um gênero mas em condensar e em prolongar singularidades. Estas não são generalidades, mas acontecimentos, gotas de acontecimento. Nem por isso deixam de ser pré-individuais, uma vez que o mundo é virtualmente primeiro em relação aos indivíduos que o expressam (Deus criou não Adão pecador mas o mundo em que Adão pecou ...). *O indivíduo, nesse sentido, é atualização de singularidades pré-individuais.* Ele não implica qualquer especificação prévia; é até mesmo necessário dizer o contrário disso e constatar que a própria especificação supõe a individuação.

Isso é verdadeiro nos dois casos que Leibniz distingue: as espécies matemáticas e as espécies físicas. No primeiro caso, "a menor diferença, a que faz com que duas coisas não sejam semelhantes em tudo, faz com que elas difiram de espécie": toda diferença individual entre dois seres matemáticos é necessariamente específica, pois ela só pode ser enunciada matematicamente sob a forma de uma relação entre definidores (no caso da elipse, por exemplo, a

---

9. *Nouveaux essais,* II, 1, § 2; *Eclaircissement des difficultés que M. Bayle a trouvées dans le système nouveau* (GPh, IV, p. 566). Em outros textos, Leibniz aproxima o indivíduo de uma espécie derradeira; mas ele esclarece que a comparação vale para uma espécie matemática e não física. Cf. *Discours de métaphysique,* § 9; Lettre à Arnauld, GPh, II, p. 131.

114 Papirus Editora

relação dos eixos). É precisamente nesse sentido que o indivíduo metafísico pode ser assimilado a uma *species infima;* a comparação só vale matematicamente. Em matemática, a diferença específica é individuante, mas isso porque a diferença individual já é específica: há tantas espécies quantos são os indivíduos, e a matéria de uma figura, seja ferro ou gesso, não constitui dois indivíduos matemáticos. Em matemática, é a individuação que constitui uma especificação. Ora, não acontece o mesmo com as coisas físicas ou com os corpos orgânicos.[10] Como vimos, nesses casos, os diferentes caracteres constituem séries de acordo com as quais a espécie não para de variar e de dividir-se, ao mesmo tempo em que a coisa ou o corpo não para de mudar. As séries não impõem qualquer evolucionismo, mas marcam a relação da especificação com a alteração dos corpos. Essa multiespecificação, que se confunde com os diversos caracteres da classificação, *supõe que a individualidade do corpo ou da coisa venha de alhures.* Com efeito, o que é individual e o que individua o corpo alterável é somente a alma que é dele inseparável.[11] Mesmo em relação à coisa, são todas as formas substanciais que aí estão em toda parte. Portanto vê-se que a especificação supõe uma individuação vinda de alhures, primeira em relação às espécies e aos gêneros.

Procuramos em vão a menor oposição entre o princípio dos indiscerníveis e a lei de continuidade. Esta é uma lei de especificação que se exerce em três domínios principais: o domínio matemático dos todos e das partes, o domínio físico das espécies ou dos caracteres corporais, o domínio cosmológico das singularidades (visto que uma singularidade prolonga-se até a vizinhança de uma outra numa ordem determinada). O princípio dos indiscerníveis é um princípio de individuação de acordo com o qual não há dois indivíduos semelhantes que se distinguiriam somente de fora, por número,

---

10. Sobre a diferença entre os dois tipos de espécie, *Nouveaux essais,* III, cap. 6, § 14.
11. *Nouveaux essais,* II, cap. 27, §§ 4-5.

espaço ou tempo: em primeiro lugar, a alma é que é individual, porque ela circunscreve certo número de singularidades que se distinguem das singularidades de outra, embora sejam todas prolongáveis. Em segundo lugar, a alma ou as almas é que individuam os corpos físicos tomados na continuidade de suas espécies. Em terceiro lugar, se as espécies propriamente matemáticas são individuantes, é porque duas figuras de mesma espécie são matematicamente um só e mesmo indivíduo, remetendo a uma mesma "alma ou enteléquia", mesmo que se distingam fisicamente. O princípio dos indiscerníveis estabelece cortes; mas os cortes não são lacunas ou rupturas de continuidade; ao contrário, eles repartem o contínuo de tal maneira que nele não haja lacuna, isto é, eles o repartem da "melhor" maneira (por exemplo, o número irracional). Para opor os indiscerníveis à continuidade é preciso ater-se a uma formulação demasiado apressada dos dois princípios: diz-se, então, que a diferença entre dois indivíduos deve ser interna e irredutível (= 1), ao passo que ela deve esvaecer-se e tender a 0 em virtude da continuidade. Mas nunca, em qualquer desses três sentidos, a continuidade dissipa a diferença: o que se esvai é somente todo valor assinalável dos termos de uma relação em proveito de sua razão interna que constitui precisamente a diferença.[12] A diferença já não está entre o polígono e o círculo, mas na pura variabilidade dos lados do polígono; já não está entre o movimento e o repouso, mas na pura variabilidade da velocidade. A diferença deixa de ser extrínseca e sensível (ela se dissipa nesse sentido), para tornar-se intrínseca, inteligível ou conceitual, conforme o princípio dos indiscerníveis. No caso de se querer a formulação mais geral da lei de continuidade, talvez se possa encontrá-la na ideia segundo a qual não se sabe, não se pode saber *onde acaba o sensível e onde começa o inteligível,* o que é uma

---

12. *Justification du calcul des infinitésimales par celui de l'algèbre ordinaire* (GM, IV, p. 104): como a diferença ou a razão de dois comprimentos subsiste num ponto quando esses comprimentos se esvaecem e sua relação tende a 0/0.

nova maneira de dizer que não há dois mundos.[13] Há até mesmo um reflexo da continuidade sobre as almas no acordo das duas instâncias. Com efeito, embora todo indivíduo distinga-se de qualquer outro pelas suas singularidades primitivas, nem por isso deixam estas de se prolongarem até as singularidades primitivas dos outros, de acordo com uma ordem espaço-temporal que faz com que o "departamento" de um indivíduo tenha continuidade no departamento do próximo ou do seguinte, até o infinito. A extensão e a intensidade comparadas desses departamentos, zonas privilegiadas próprias de cada mônada, permitem até mesmo distinguir espécies de mônadas ou de almas, vegetais, animais, humanas, angélicas, "uma infinidade de graus nas mônadas" em continuidade.[14]

O jogo do mundo barroco

O jogo do mundo tem vários aspectos: emite singularidades; estende séries infinitas que vão de uma singularidade a outra; instaura regras de convergência e divergência de acordo com as quais essas séries de possíveis organizam-se em conjuntos infinitos, sendo cada conjunto compossível, mas sendo dois conjuntos incompossíveis um

---

13. *Nouveaux essais*, IV, cap. 16, § 12: "É difícil dizer onde começa o sensível e onde começa o racional". Kant pretende denunciar a conciliação dos indiscerníveis e da continuidade, porque ela implicaria uma confusão dos fenômenos com as coisas em si; portanto é a distinção de dois mundos (tal como Kant a restaura) que faz nascer uma contradição; e, em Kant, com efeito, sabe-se onde acaba o sensível e onde começa o inteligível. Isso equivale a dizer que o princípio dos indiscerníveis e a lei de continuidade opõem-se, mas num sistema de tipo kantiano. Isso é claramente visível nos autores que supõem uma contradição: Gueroult (*Descartes selon l'ordre des raisons*, Ed. Aubier, I, p. 284) e mesmo Philonenko ("La loi de continuité et le principe des indiscernables", *Revue de métaphysique et de morale*, 1967) invocam o ideal e o atual como dois mundos em Leibniz. Mas não há dois mundos, e segundo Leibniz, o corte nunca é uma lacuna ou uma descontinuidade.

14. *Principes de la Nature et de la Grâce*, § 4.

com o outro; distribui as singularidades de cada mundo de tal ou qual modo no núcleo das mônadas ou dos indivíduos que expressam esse mundo. Portanto, Deus não escolhe somente o melhor dos mundos, isto é, o conjunto compossível mais rico em realidade possível, mas escolhe também a melhor repartição de singularidades nos indivíduos possíveis (poder-se-ia conceber para o mesmo mundo outras repartições das singularidades, outras delimitações de indivíduos). Assim, no andar superior, há regras de composição do mundo num conjunto arquitetônico compossível, mas também regras de atualização do mundo nos indivíduos desse conjunto, e finalmente, como veremos, há, no andar de baixo, regras de realização do mundo numa matéria apropriada a esse conjunto. A esse respeito, Leibniz sugere que três critérios intervêm no jogo: um deles concerne à conveniência do edifício; o outro diz respeito ao "número e à elegância dos aposentos" interiores; e o terceiro, finalmente, concerne à comodidade do terreno, do material e mesmo da fachada exterior de uma só peça.[15] É um vasto jogo de arquitetura ou de revestimento: como preencher um espaço, nele deixando o mínimo de vazios possíveis e com o máximo de figuras possíveis. Com essa reserva: que o espaço não seja uma mesa ou um receptáculo preexistente, espaço que seria preenchido (o melhor possível) pelo mundo escolhido; ao contrário, a cada mundo pertence um espaço-tempo (como ordem das distâncias indivisíveis de uma singularidade a outra, de um indivíduo a outro), e pertence, inclusive, um extenso (como prolongamento contínuo, segundo as distâncias). O espaço, o tempo e o extenso é que estão no mundo a cada vez, e não o inverso. O jogo interioriza não só os jogadores que servem de peças mas a mesa sobre a qual se joga e o material da mesa.

Nietzsche e Mallarmé tornaram a revelar um Pensamento-mundo que emite um lance de dados. Mas eles tratam de um mundo sem princípio, de um mundo que perdeu todos os seus

---

15. *De l'origine radicale des choses.*

princípios: por isso, o lance de dados é a potência de afirmar o Acaso, de pensar todo o acaso, e este, sobretudo, é não um princípio mas a ausência de todo princípio. Assim, o lance de dados restitui à ausência ou ao nada o que sai do acaso, o que pretende dele escapar, e assim limitá-lo por princípio: "O mundo é o domínio anônimo da ausência, domínio a partir do qual as coisas aparecem e no qual elas em geral desaparecem... O aparecimento é a máscara atrás da qual ninguém se encontra, atrás da qual nada há, justamente, além do nada", o Nada, mais do que qualquer coisa.[16] Pensar sem princípios, na ausência de Deus, na ausência do próprio homem, tornou-se a tarefa perigosa de uma criança-jogadora que destrona o velho Mestre do jogo e que introduz os incompossíveis no próprio mundo estilhaçado (a mesa quebra-se ...). Porém, nessa longa história do "niilismo", que ocorreu antes de o mundo perder seus princípios? Mais perto de nós, foi preciso que a Razão humana desmoronasse como último refúgio dos princípios, o refúgio kantiano: ela morre de "neurose". Mas, ainda antes, fora preciso o episódio psicótico, a crise e o desmoronamento de toda a Razão teológica. É aí que o barroco toma posição: haveria, pergunta-se, um meio de salvar o ideal teológico num momento em que ele é combatido em toda a parte, num momento em que o mundo não para de acumular suas "provas" contra ele, violências e misérias, momento em que logo a terra tremerá ... ? A solução barroca é a seguinte: os princípios serão multiplicados; um princípio será sempre tirado da manga e, assim, o seu uso será mudado. Já não se perguntará pelo objeto que possa vir a ser dado e que venha a corresponder a tal princípio luminoso, mas pelo princípio oculto que responda a tal objeto dado, isto é, a tal ou qual "caso perplexo". Far-se-á um uso reflexivo dos princípios como tais; dado o caso, inventar-se-á o princípio: é uma transformação do Direito em Jurisprudência universal.[17] São as núpcias do conceito

---

16. Eugen Fink, *Le jeu comme symbole du monde*, Ed. de Minuit, pp. 238-239.
17. Cf. Gaston Grua, *Jurisprudence universelle et théodicée selon Leibniz*, PUF.

e da singularidade. É a revolução leibniziana, e Leibniz é o mais próximo de Próspero, o herói maneirista por excelência, "o misterioso Próspero, mágico e racionalista, conhecedor dos segredos da vida e prestidigitador, distribuidor de felicidade, mas que está, ele próprio, perdido em seu esplêndido isolamento".[18] Certamente, não basta dizer que o jogo, segundo Leibniz, esteja sob o princípio do Melhor, com Deus escolhendo o melhor dos mundos possíveis, e não basta porque o melhor não passa de uma consequência. E, mesmo como consequência, ele decorre diretamente da derrota do Bem (salvar do Bem o que pode ser salvo...). Os verdadeiros caracteres do jogo leibniziano, e aquilo que o opõe ao lance de dados, é inicialmente a proliferação dos princípios: joga-se por excesso e não por falta de princípios; o jogo é dos próprios princípios, é de invenção de princípios. Trata-se, portanto, de um jogo de reflexão, de xadrez ou de damas, no qual a destreza (não o acaso) substitui a velha sabedoria e a velha prudência. Em terceiro lugar, é um jogo de preenchimento, no qual se conjura o vazio e *já* nada se restitui à ausência: é o Solitário invertido, de tal modo que se "preenche um buraco sobre o qual se salta", em vez de se saltar em um lugar vazio e de se suprimir a peça sobre a qual se salta, até que o vazio esteja completo. Enfim, é uma Não batalha, mais próxima da guerrilha do que da guerra de extermínio, mais próxima do Gô do que do xadrez ou do jogo de damas: ninguém se apodera do adversário para restituí-lo à ausência, mas trata-se de cercar sua presença para neutralizá-lo, para torná-lo incompossível, para impor-lhe a divergência.[19] É isso o barroco, antes de o mundo

---

18. Tibor Klaniczay, "La naissance du Maniérisme et du Baroque au point de vue sociologique", em *Renaissance, Maniérisme, Baroque,* Ed. Vrin, p. 221. O autor traça o quadro da grande crise que traz consigo o declínio da Renascença, quadro em que aparecem as duas atitudes relativas a essa crise, Maneirismo e barroco.

19. Cf. Lettre à Rémond, janeiro de 1716 (GPh, III, pp. 668-669), na qual Leibniz recusa, sucessivamente: o acaso, em proveito dos jogos de posição, damas e xadrez; o vazio, em proveito do solitário invertido; o modelo da batalha, em proveito de um jogo chinês da não batalha ou do jogo romano dos Salteadores. Sobre a não batalha como modelo

perder seus princípios: o esplêndido momento em que Alguma coisa se mantém em vez do nada, em que se responde à miséria do mundo com um excesso de princípios, uma *hybris* dos princípios, uma *hybris* própria dos princípios.

Otimismo, miséria do mundo e maneirismo

Quão estranho é o otimismo de Leibniz![20] Mais uma vez, não são as misérias que faltam, e o melhor floresce tão somente sobre as ruínas do Bem platônico. Se este mundo existe, não é por ser ele o melhor; é sobretudo o inverso disso: ele é o melhor, porque ele é, porque ele é aquele que é. O filósofo não é ainda um Inquiridor, como vai tornar-se com o empirismo; menos ainda um Juiz, como ele o será com Kant (o tribunal da Razão). O filósofo é aí um Advogado, o advogado de Deus: defende a Causa de Deus, de acordo com a palavra que Leibniz inventa, "teodiceia".[21] Seguramente, a justificação de Deus perante o mal foi sempre um lugar comum da filosofia. Mas o barroco é um longo momento de crise no qual a consolação ordinária já não vale. Produz-se um tal desmoronamento do mundo, que o advogado deve reconstruí-lo, exatamente o mesmo, mas sobre uma outra cena e relacionado a novos princípios capazes de justificá-lo (daí a jurisprudência). À enormidade

---

estratégico atual, pode-se reportar a Guy Brossolet, *Essai sur la non-bataille*, Ed. Belin: o autor invoca o marechal de Saxe, mas propõe esquemas muito leibnizianos ("combate do tipo modular com base em peças leves, numerosas mas independentes", p. 113).

20. Georges Friedmann (*Leibniz et Spinoza*, Gallimard, p. 218) insiste em apresentar a filosofia de Leibniz como pensamento da inquietude universal: o Melhor não é "uma marca de confiança em Deus; ao contrário, Leibniz parece desconfiar do próprio Deus".

21. Jacques Brunschwig destacou esse tema do advogado: *Teodiceia* pode ser entendida "num sentido prudente (doutrina da justiça de Deus) como num sentido audacioso (justificação ou processo em justificação de Deus)", de acordo com o tratado *La cause de Dieu plaidée par sa justice...* "O caso Deus, um desses *casos perplexos* ao qual, quando jovem, havia consagrado sua tese de doutoramento..." (Introduction à la *Théodicée*, Ed. Garnier-Flammarion).

da crise deve corresponder uma exasperação da justificação: o mundo deve ser o melhor não só em seu conjunto mas em seu detalhe ou em todos os seus casos.[22] É uma reconstrução propriamente esquizofrênica: o advogado de Deus convoca personagens que reconstituem o mundo *com suas modificações interiores ditas "autoplásticas"*. São assim as mônadas ou os Eus em Leibniz, autômatos, cada um dos quais tira do seu fundo o mundo inteiro e trata a relação com o exterior ou a relação com os outros como um desenrolar da sua própria molabilidade, da sua própria espontaneidade regulada de antemão. É preciso conceber as mônadas como dançantes. Mas a dança é a dança barroca, e os dançarinos são autômatos: é todo um *"pathos* da distância", como a distância indivisível entre duas mônadas (espaço); o encontro entre as duas torna-se exposição, ou desenvolvimento de suas respectivas espontaneidades, uma vez que ele mantém a distância; as ações e reações dão lugar a um encadeamento de posturas repartidas de um lado e de outro da distância (maneirismo).[23]

A questão da liberdade humana

O princípio do otimismo, ou do Melhor, salva a liberdade de Deus: é o jogo do mundo e de Deus que garante essa liberdade. Há um Adão que não peca, um Sexto que não viola Lucrécia em outros mundos possíveis. Não é impossível que César deixe de atravessar

---

22. *Essai anagogique* (GPh, VII, p. 272): "as menores partes do universo são reguladas segundo a ordem da maior perfeição; de outro modo o todo não o seria".

23. O "maneirismo" é um dos traços mais patéticos da esquizofrenia. De duas maneiras diferentes, Blankenburg (*Tanz in der Therapie Schizophrener*, Psych. Psychosom. 1969) e Evelyne Sznycer ("Droit de suite baroque", em Navratil, *Schizophrénie et art*, Ed. Complexe) aproximaram a esquizofrenia e as danças barrocas, a alemã, a pavana, o minueto, a courante etc. E. Sznycer lembra as teses de Freud sobre a reconstrução do mundo e as modificações interiores do esquizofrênico e extrai uma função de excesso, dita "hipercrítica".

o Rubicão, mas isso é incompossível com o mundo escolhido, o melhor. Essa travessia, portanto, não é absolutamente necessária mas relativamente certa em relação ao nosso mundo. Acontece que nem a própria liberdade do homem está salva, uma vez que deve exercer-se no mundo existente. Para o homem, não basta que Adão possa não pecar em um outro mundo se ele certamente peca neste mundo-aqui. Tem-se a impressão de que Leibniz nos condena com mais força que Espinosa, para o qual havia pelo menos um processo de libertação possível, ao passo que para Leibniz tudo está fechado desde o início, tudo está sob a condição de clausura. A maior parte dos textos em que Leibniz promete a liberdade do homem apresenta um desvio para a simples liberdade de Deus. Certamente, a incompossibilidade permite que Leibniz resolva o antigo problema dos acontecimentos futuros contingentes (haverá uma batalha naval amanhã?) sem cair nas aporias estoicas.[24] Mas de modo algum a incompossibilidade garante o caráter dos acontecimentos ditos voluntários ou a liberdade daquele que quer a batalha naval ou que não a quer. Como teria uma vontade livre aquele cuja "noção individual encerra uma vez por todas o que nunca lhe sucederá"? Como confundir a liberdade com a determinação interna, completa e preestabelecida de um autômato esquizofrênico?

Fenomenologia dos motivos

Somos levados ao tema da inclusão do predicado no sujeito. Sem dúvida, se o predicado fosse um atributo, vê-se mal o que poderia salvar a liberdade do sujeito. Mas o predicado é acontecimento e aparece no sujeito como mudança de percepção: o acontecimento é voluntário

---

24. Sobre o antigo problema dos futuros contingentes, problema essencial para uma lógica do acontecimento, cf. Schuhl, *Le dominateur et les possibles*, PUF, e Vuillemin, *Nécessité ou contingence*, Ed. de Minuit. Uma das proposições de base é que do possível não procede o impossível. Mas Leibniz pode considerar que do possível procede o incompossível.

quando se pode consignar um motivo como razão da mudança de percepção. Em pelo menos dois textos, um curto e outro longo, Leibniz funda a primeira grande fenomenologia dos motivos.[25] Ele aí denuncia duas ilusões: uma consiste em objetivar os motivos, como se fossem pesos numa balança e como se a deliberação procurasse, em igualdade de condições, de que lado a balança pende. A outra ilusão consiste em *duplicar* os motivos, pois é até o infinito que se tem necessidade de motivos subjetivos para escolher entre os motivos objetivados, como se se pudesse "querer querer". Mas, na verdade, é a alma que faz seus próprios motivos, e esses são sempre subjetivos. Devemos partir de todas as pequenas inclinações que a cada instante dobram nossa alma em todos os sentidos sob a ação de mil "pequenas molabilidades": inquietude. É o modelo do balanceiro, *Unruhe*, que substitui a balança. A ação é voluntária quando a alma, em vez de sofrer o efeito das somas em que entram essas pequenas solicitações, dá a si tal ou qual amplitude que a faz dobrar-se inteira em tal sentido, para tal lado. Por exemplo, hesito entre ficar trabalhando ou ir ao cabaré: não são dois "objetos" isoláveis mas duas orientações, cada uma das quais traz consigo um conjunto de percepções possíveis ou mesmo alucinatórias (não somente beber, mas perceber o odor e a zoeira do cabaré, não só trabalhar, mas perceber o ruído das páginas e o silêncio da circunvizinhança...). Se retornamos aos motivos, visando a considerá-los uma segunda vez, notamos que não permaneceram os mesmos, à maneira de pesos sobre a balança, mas progrediram ou regrediram e que a balança mudou de acordo com a amplitude do balanceiro. O ato voluntário é livre, porque ato livre é aquele que expressa toda a alma em certo momento da duração, é aquele que expressa o eu. Adão peca livremente? Isso quer dizer que sua alma, em certo instante, tomou uma amplitude que se acha facilmente satisfeita pelo odor e gosto da maçã e pelas solicitações de Eva. Era possível outra amplitude, que teria retido a proibição de Deus. Tudo é questão de "preguiça" ou não.

---

25. Correspondance avec Clarke, 5e écrit de Leibniz, §§ 14-15; *Nouveaux essais*, II, caps. 20 e 21.

A inclusão do predicado e o presente vivo. Leibniz e Bergson:
O movimento que está em execução. A condenação barroca

Indo da inflexão à inclusão, vimos como as inflexões estavam naturalmente incluídas nas almas. A inclinação é a dobra na alma, é a inflexão tal como está incluída. Donde a fórmula de Leibniz: a alma está inclinada sem estar necessitada.[26] O motivo é não uma determinação, mesmo externa, mas uma inclinação. É não o efeito do passado mas a expressão do presente. É preciso assinalar o quanto a inclusão é indexada pelo presente em Leibniz, isto é, até que ponto tem suas variações ajustadas às variações do presente: escrevo, viajo... Se a inclusão estende-se ao infinito no passado e no futuro, é porque ela concerne inicialmente ao presente vivo, presente que a cada vez preside a sua distribuição. É porque minha noção individual inclui o que faço neste momento, o que estou fazendo, que ela também inclui tudo o que me levou a fazer e tudo o que disso decorrerá, até o infinito.[27] Esse privilégio do presente remete precisamente à função de inerência na mônada: ela não inclui um predicado sem dar-lhe o valor de um verbo, isto é, a unidade de um movimento que está em execução. A inerência é condição de liberdade e não impedimento. Quando Leibniz invoca o ato perfeito ou acabado (enteléquia), não se trata de um ato que a inclusão obrigaria a considerar como passado e que remeteria a uma essência. A condição de clausura, de fechamento, tem um sentido totalmente distinto: *o ato perfeito, acabado, é aquele que recebe da alma que o inclui a unidade própria de um movimento que se faz.* A esse respeito, Bergson está muito próximo de Leibniz, e é neste que se encontra constantemente a fórmula: o presente repleto de futuro e carregado

---

26. *Discours de métaphysique*, § 30.
27. *Monadologie*, § 36: "Há uma infinidade de figuras e de movimentos presentes e passados que entram na causa eficiente da minha *escrita presente*, e há uma infinidade de pequenas inclinações e disposições da minha alma, presentes e passadas, que entram na causa final".

de passado.[28] Não um determinismo, nem mesmo interno, mas uma interioridade que constitui a própria liberdade. É que o presente vivo é essencialmente variável em extensão e em intensidade. A cada instante, ele se confunde com o bairro privilegiado ou com o departamento da mônada, com a zona que ela expressa claramente. Portanto é o presente vivo que constitui a amplitude da alma em certo instante. Mais ou menos extenso, mais ou menos intenso, o presente vivo não motiva a mesma ação nem confere sua unidade ao mesmo movimento. Adão teria podido não pecar: se a sua alma tivesse tomado nesse momento outra amplitude, amplitude capaz de constituir a unidade de outro movimento. O ato é livre, porque expressa a alma inteira no presente.

Nada mostra melhor isso do que a sombria e bela teoria da condenação. Mesmo nesse caso, o condenado, Judas ou Belzebu, paga não por um ato passado mas pelo ódio a Deus, ódio que constitui a amplitude atual da sua alma e que a preenche no presente. Ele é condenado não *por* um ato passado mas *pelo* ato presente que ele renova a cada instante, esse ódio a Deus no qual ele encontra um horrível prazer e que ele recomeça sem cessar para que "o crime acrescente-se ao crime". Judas é condenado não por ter traído Deus, mas porque, tendo-o traído, odeia-o ainda mais e morre odiando-o. Para uma alma, esse é o mínimo absoluto de amplitude: incluir em sua região clara um só predicado: "odiar a Deus". Essa é a única pequena luz que lhe resta, luz singularmente pálida, uma "raiva da Razão". Se a alma recuperasse um pouco de amplitude, se deixasse de odiar no presente, sua condenação cessaria imediatamente, mas já seria ela uma outra alma, compondo então a unidade de outro movimento. Como diz

---

28. *Nouveaux essais*, Prefácio: "Em consequência dessas pequenas percepções, o presente está repleto de futuro e carregado de passado". Sobre o movimento que está em execução, *De la Nature en elle-même*, § 13: "No momento presente do seu movimento, o corpo não é somente o que ocupa um lugar igual a si próprio, mas compreende também um esforço ou impulso para mudar de lugar, de maneira que o estado seguinte sai por si próprio do presente, por uma força natural".

126 Papirus Editora

Leibniz, o condenado não está eternamente condenado, sendo apenas "sempre condenável" e condenando a si próprio a cada momento.[29] Assim, os condenados são livres, presentemente livres, tanto quanto os bem-aventurados. O que os condena é sua estreiteza de espírito, sua falta de amplitude. São os homens da vingança ou do ressentimento, tal como Nietzsche os descreverá mais tarde, não como se eles sofressem os efeitos do seu passado, mas como se eles não pudessem acabar com seu traço atual e presente, traço que eles revolvem todo dia, a cada instante. Talvez seja em função de um contexto mais vasto que essa visão da condenação pertence tão profundamente ao barroco: foi ele que concebeu a morte como um movimento que está em execução, movimento que não se espera mas que se acompanha".[30]

Adão podia não pecar, o condenado podia libertar-se: bastava ou bastaria que a alma assumisse outra amplitude, outra dobra, outra inclinação. Dir-se-á que ela não pode fazê-lo, salvo em outro mundo (incompossível com o nosso). Mas, precisamente, o estar impossibilitada de fazê-lo significa que, fazendo-o, já seria outra alma: o que ela faz ela o faz inteira, consistindo nisso sua liberdade. A alma não é determinada a fazê-lo. Dir-se-á ainda que ela é pelo menos determinada a ser o que é, e que seu grau de amplitude está nela inscrito a cada momento, e que é previsto por Deus. Mas o que isso muda? Mesmo que Deus preveja a preguiça de Adão e a estreiteza do condenado, isso não impede que uma e outra sejam o motivo de um ato livre e não o efeito de uma determinação. Mesmo que Deus preordene os graus de amplitude de uma alma, isso não impede que

---

29. *Théodicée*, §§ 269-272. E sobretudo *Profession de foi du philosophe*, Belaval, Ed. Vrin, em que Leibniz compara a condenação ao movimento que está em execução: "Assim como o que é movido nunca subsiste num lugar, mas tende sempre para um lugar, assim também nunca são eles condenados sem que possam, querendo-o, parar de ser sempre condenáveis, isto é, parar de se condenarem novamente a si próprios" (pp. 85, 95 e 101, em que se encontra a bela canção de Belzebu em versos latinos).

30. Cf. o texto de Quevedo, citado por Jean Rousset, *La littérature de l'âge baroque en France*, Ed. Corti, pp. 116-117. Rousset fala da "morte em movimento".

cada um seja a alma inteira em certo momento. Mesmo que outro grau implique outra alma e outro mundo, isso não impede que este grau-aqui atualize a liberdade de certa alma neste mundo-aqui. O autômato é livre, não por ser determinado de dentro, mas porque constitui a cada vez o motivo do acontecimento que ele produz. O autômato é programado, mas o "autômato espiritual" é programado por motivação para os atos voluntários, como o "autômato material" é programado por determinação para as ações maquinais: se as coisas estão envolvidas no entendimento de Deus, elas o estão tais como são, "as livres como livres, e as cegas e maquinais ainda como maquinais".[31]

É impressionante a semelhança entre os temas de Leibniz e a tese de Bergson: mesma crítica das ilusões sobre os motivos, mesma concepção das inflexões da alma, mesma exigência quanto à inerência ou à inclusão como condição do ato livre, mesma descrição do ato livre como o que expressa o eu ("é da alma inteira que emana a decisão livre, e o ato será tanto mais livre quanto mais a série dinâmica à qual ele se liga tender a se identificar com o eu fundamental").[32] E como não reencontrar ainda Leibniz quando Bergson invoca um segundo problema, concernente já não ao ato que está em execução mas "à ação futura ou passada": uma inteligência superior capaz de conhecer "todos os antecedentes" pode predizer o ato com uma absoluta necessidade? É a situação do Deus leitor em Leibniz, Deus que lê em cada um "o que se faz em toda parte e até o que se fez ou se fará", que lê o futuro no passado, porque ele pode "desdobrar todas as redobras que só se desenvolvem sensivelmente com o tempo".[33] Parece que o presente perde aqui seu privilégio e que se reintroduz o determinismo como predestinação. Mas em que sentido? É porque Deus sabe tudo de antemão? Não será sobretudo porque Ele está sempre e em toda

---

31. Lettre à Jaquelot, setembro de 1704, GPh, VI, p. 559.
32. Bergson, *Essai sur les données immédiates de la conscience*, PUF (Éd. du Centenaire), pp. 105-120. Observar o esquema de inflexão que Bergson propõe na p. 117.
33. *Monadologie*, § 61, e *Principes de la Nature et de la Grâce*, § 13.

parte? Com efeito, a primeira hipótese é muito ambígua: ou Deus só sabe tudo sobre os antecedentes, o que nos remete à questão "pode ele predizer ou prever o ato?"; ou ele sabe absolutamente tudo, o que nos remete à segunda hipótese. Ora, dizer que Deus está sempre e em toda parte é dizer estritamente que ele passa por todos os estados da mônada, por menores que sejam, de tal maneira que Ele coincide com ela no momento da ação "sem qualquer distanciamento".[34] Ler consiste não em concluir da ideia de um estado precedente a ideia do estado seguinte mas em apreender o esforço ou a tendência pela qual o próprio estado seguinte sai do precedente "por uma força natural". A leitura divina é uma verdadeira passagem de Deus na mônada (mais ou menos como a "passagem da Natureza" em um lugar, de que fala Whitehead). Mais ainda, cada mônada é tão somente uma passagem de Deus: cada mônada tem um ponto de vista, mas este é o "resultado" de uma leitura ou de um olhar de Deus, que passa por ela e com ela coincide.[35] A mônada é livre, porque sua ação é o resultado daquilo que passa por ela e se passa nela. Dizer que Deus já passou por aí de antemão em virtude de sua presciência não tem qualquer sentido, pois a eternidade não consiste nem em avançar, nem em recuar, mas em coincidir ao mesmo tempo com todas as passagens que se sucedem na ordem do tempo, com todos os presentes vivos que compõem o mundo.

Não é a liberdade que se acha ameaçada no sistema da inclusão; seria sobretudo a moral, pois, se o ato livre é aquele que expressa a alma inteira no momento em que ela o faz, que vem a ser a tendência ao melhor, a qual deve animar cada parte do mundo, ou mônada, uma vez que ela própria anima a escolha de Deus pelo conjunto do mundo ou das mônadas? Todavia, ninguém está mais preocupado com moral do que Leibniz, e com moral muito concreta. A amplitude de uma alma racional é a região que ela expressa claramente, seu

---

34. Cf. Bergson, pp. 123-126, e o segundo esquema de inflexão.
35. *Discours de métaphysique*, § 14.

presente vivo. Ora, essa amplitude é sobretudo estatística, sujeita a amplas variações: uma mesma alma não tem a mesma amplitude, quando criança, adulta ou velha, com boa saúde ou doente etc. A amplitude tem inclusive limites variáveis em dado instante. Para cada um, a moral consiste no seguinte: tentar estender a cada vez sua região de expressão clara, tentar aumentar sua amplitude, de modo que produza um ato livre que expresse o máximo possível em tais e tais condições. É o que se chama progresso, sendo toda a moral de Leibniz uma moral do progresso. Por exemplo, quando vou a um cabaré, terei escolhido bem o lado em que a amplitude é máxima, o lado em que minha região vai mais longe, e não poderia eu ter esperado um instante, o tempo suficiente para descobrir outro alcance, outra direção que me inclinaria de outro modo? Não corresponderia o pecado de Adão a uma alma muito apressada, muito preguiçosa, que não explorou todo o seu departamento, o jardim? Estender sua região clara, prolongar ao máximo a passagem de Deus, atualizar todas as singularidades que concentra e ganhar até mesmo novas singularidades, isso seria o progresso de uma alma e aquilo pelo que se pode dizer que ela imita Deus. Bem entendido, trata-se não somente de uma conquista em extensão mas de uma amplificação, de uma intensificação, de uma elevação de potência, de um crescimento em dimensões, de um ganho em distinção.

Todavia essa possibilidade de progresso ou de expansão da alma parece chocar-se com a quantidade total de progresso no mundo, a qual é definida pela convergência de todas as regiões que correspondem às mônadas compossíveis.[36] Isso seria verdadeiro se não houvesse o tempo, isto é, se todas as mônadas existentes fossem chamadas ao mesmo tempo à elevação que as torna racionais. Mas não é assim: as almas destinadas a se tornar racionais esperam sua hora no mundo

---

36. Cf. Lettre à Bourguet, 5 de agosto de 1715, que define a quantidade de progresso pela "sequência" do mundo como "a mais perfeita de todas as sequências possíveis", embora nenhum estado seja o mais perfeito.

e são inicialmente apenas almas sensíveis adormecidas no sêmen de Adão, contendo somente um "ato selado" que marca a hora da sua elevação futura como um ato de nascimento. Esse ato de nascimento é uma luz que se acende na sombria mônada. Inversamente, quando morremos, redobramo-nos infinitamente sobre nós mesmos, voltamos a ser uma alma animal ou sensitiva até que a ressurreição dos corpos nos comunique uma segunda e última elevação. Mais ainda, nossa alma, que voltou a ser sensitiva durante um longo momento, traz consigo um novo ato selado, sendo dessa vez um ato de falecimento, que é seu último pensamento racional antes da morte. Os condenados são precisamente aqueles cujo derradeiro pensamento é o ódio a Deus, porque é o máximo de ódio possível ou a menor amplitude da razão, quando suas almas vomitam tudo e só contêm claramente esse ódio ou essa raiva. A ressurreição conduz ainda os condenados a esse pensamento que eles convertem em seu novo presente.[37] Essa ordem do tempo é que é preciso considerar na questão do progresso: toda uma dramaturgia das almas que as faz ascender, redescender, reascender.

É verdade que em todos os casos o mundo só existe dobrado nas mônadas que o expressam e que ele só se desdobra virtualmente como o horizonte comum de todas as mônadas ou como a lei exterior da série que elas incluem. Mas, num sentido mais restrito, num sentido intrínseco, pode-se dizer que uma mônada, quando chamada a "viver" e, mais ainda, quando chamada à razão, desdobra em si própria essa região do mundo que corresponde a sua zona inclusa iluminada: ela é chamada a "desenvolver todas as suas percepções", sendo essa sua tarefa. Ora, nesse mesmo momento há uma infinidade de mônadas que ainda não foram chamadas e que permanecem dobradas, há uma

---

37. Sobre "o ato selado que faz efeito ulteriormente" nas almas sensitivas chamadas a se tornar racionais, cf. *La cause de Dieu plaidée par sa justice*, § 82. Sobre o retorno a um estado sensitivo após a morte, à espera da ressurreição: *Considérations sur la doctrine d'un esprit universel*, §§ 12-14. Sobre o caso dos condenados, tanto do ponto de vista do último pensamento quanto da ressurreição: *Profession de foi du philosophe*, pp. 37, 93.

infinidade de outras que recaíram ou que recaem na noite, redobradas sobre si mesmas, e há uma infinidade de outras que se condenaram, endurecidas numa só dobra que jamais desfarão. É graças a essas três involuções que uma alma-mônada pode, durante sua vida racional, amplificar e aprofundar a região que ela desdobra, levá-la ao mais alto grau de evolução, de desenvolvimento, de distinção, de reflexão: um progresso infinito da consciência, que ultrapassa as variações estatísticas de que falamos há pouco. Diz-se frequentemente que esse progresso de uma alma dava-se necessariamente em detrimento das outras. Mas não é verdade, podendo as demais fazer outro tanto, com exceção das condenadas. É somente em detrimento dos condenados, que livremente cercearam-se, que se tem esse progresso. Sua pior punição talvez seja servir ao progresso dos outros, não pelo exemplo negativo que dão, mas pela quantidade de progresso positivo que deixam involuntariamente no mundo ao renunciar à sua própria claridade. Nesse sentido, malgrado eles próprios, os condenados nunca pertenceram tanto ao melhor dos mundos possíveis. O otimismo de Leibniz está fundado na infinidade dos condenados como alicerce do melhor dos mundos: *eles liberam uma quantidade infinita de progresso possível* e, o que multiplica sua raiva, tornam possível um mundo em progresso. Não se pode pensar no melhor dos mundos sem ouvir os gritos de ódio de Belzebu, gritos que estremecem o andar de baixo. A casa barroca constitui seus dois andares reservando um para os condenados e outro para os bem-aventurados, como no *Juízo Final* de Tintoretto. Aí também a quantidade total de progresso não é determinada por Deus, nem de antemão, nem após, mas eternamente, no cálculo da série infinita que passa por todos os aumentos de consciência e por todas as subtrações de condenados.[38]

---

38. Michel Serres (*Le système de Leibniz, I*, pp. 233-286) analisou detalhadamente os esquemas de progresso em Leibniz, com suas implicações matemáticas e físicas, notadamente nas Lettres à Bourguet. Parece-nos que os condenados têm um papel físico indispensável a esses esquemas (quase como "demônios").

6
QUE É UM ACONTECIMENTO?

Whitehead sucessor

Whitehead, o sucessor ou o diádoco, como os platônicos diziam do chefe de escola. Mas é uma escola um pouco secreta. Com Whitehead retine pela terceira vez a questão *que é um acontecimento?*.[1] Ele recomeça a crítica radical do esquema atributivo, o grande jogo dos princípios, a multiplicação das categorias, a conciliação do universal e do caso, a transformação do conceito em sujeito: toda uma *hybris*. É provisoriamente a última grande filosofia anglo-americana, exatamente antes que os discípulos de Wittgenstein estendam suas brumas, sua suficiência, seu terror. Um

---

1. Reportamo-nos a seguir aos três livros principais de Whitehead: *The concept of Nature*, Cambridge University Press, para as duas primeiras componentes do acontecimento, extensões e intensidades; e para a terceira, as preensões, *Process and reality*, The Free Press, e *Adventures of ideas, idem*. Sobre o conjunto da filosofia de Whitehead, consulte-se Wahl, *Vers le concret*, Ed. Vrin, Cesselin, *La philosophie organique de Whitehead*, PUF, Dumoncel, *Whitehead ou le cosmos torrentiel*, Archives de philosophie, dezembro de 1984 e janeiro de 1985.

acontecimento não é somente "um homem é esmagado": a grande pirâmide é um acontecimento, e sua duração por 1 hora, 30 minutos, 5 minutos..., uma passagem da Natureza ou uma passagem de Deus, uma visão de Deus. Quais são as condições de um acontecimento, para que tudo seja acontecimento? O acontecimento produz-se em um caos, em uma multiplicidade caótica, com a condição de que intervenha uma espécie de crivo.

Extensão, intensidade, indivíduo

O caos não existe, é uma abstração, porque é inseparável de um crivo que dele faz sair alguma coisa (algo em vez de nada). O caos seria um puro *Many*, pura diversidade disjuntiva, ao passo que o alguma coisa é um *One*, não já uma unidade mas sobretudo o artigo indefinido que designa uma singularidade qualquer. Como o *Many* se torna um *One*? É preciso que um grande crivo intervenha, como uma membrana elástica e sem forma, como um campo eletromagnético ou como o receptáculo do *Timeu*, para fazer com que alguma coisa saia do caos, *mesmo que esse algo dele difira muito pouco*. É nesse sentido que Leibniz já podia dar várias aproximações do caos. De acordo com uma aproximação cosmológica, o caos seria o conjunto dos possíveis, isto é, todas as essências individuais, visto que cada uma tende à existência por sua conta; mas o crivo só deixa passar compossíveis e a melhor combinação de compossíveis. Segundo uma aproximação física, o caos seria as trevas sem fundo, mas o crivo daí extrai o fundo sombrio, o *fuscum subnigrum*, que, por menos que difira do negro, contém todavia todas as cores: o crivo é como a máquina infinitamente maquinada que constitui a Natureza. De um ponto de vista psíquico, o caos seria um universal aturdimento, o conjunto de todas as percepções possíveis como outros tantos infinitesimais ou infinitamente pequenos; mas o crivo extrairia dele diferenciais capazes de se integrarem em percepções reguladas.[2] Se o caos não existe, é por ser ele apenas o reverso do grande crivo e porque este compõe ao infinito séries de todo e de partes, séries que só nos parecem caóticas (sequências aleatórias) por causa da nossa impotência em segui-las ou por causa da insuficiência dos nossos crivos pessoais.[3] Nem mesmo a caverna é um caos, mas uma série cujos elementos são ainda cavernas cheias de uma matéria cada vez mais sutil, estendendo-se cada uma delas sobre as seguintes.

Tem-se aí a primeira componente ou condição do acontecimento, tanto para Whitehead como para Leibniz: a extensão. Há extensão quando um elemento estende-se sobre os seguintes, de tal maneira que ele é um todo, e os seguintes, suas partes. Tal conexão todo-partes forma uma série infinita que não tem último termo nem limite (se forem negligenciados os limites dos nossos sentidos). O acontecimento é uma vibração com uma infinidade de harmônicos ou de submúltiplos, tal como uma onda sonora, uma onda luminosa, ou mesmo uma parte de espaço cada vez menor ao longo de uma duração cada vez menor. Pois o tempo e o espaço não são limites, mas coordenadas abstratas de todas

---

2. Michel Serres foi quem analisou essa operação do crivo ou da *cribatio* em Leibniz, I, pp. 107-127: "Haveria dois infraconscientes: o mais profundo seria estruturado como um conjunto qualquer, pura multiplicidade ou possibilidade em geral, mistura aleatória de signos; o menos profundo seria recoberto de esquemas combinatórios dessa multiplicidade, seria já estruturado como uma matemática completa, aritmética, geometria, cálculo infinitesimal..." (p. 111). Serres mostra a oposição profunda entre esse método e o método cartesiano: há uma infinidade de filtros ou de crivos superpostos, desde nossos próprios sentidos até o filtro último para além do qual haveria o caos. O modelo do filtro é a chave das *Méditations sur la connaissance, la vérité et les idées.*

3. Lettre à Bourguet, março de 1714 (GPh, III, p. 565): "Quando sustento que não há caos, não quero dizer que nosso globo ou outros corpos nunca estiveram num estado de confusão exterior..., mas quero dizer que aquele que tivesse os órgãos sensitivos suficientemente penetrantes para aperceber-se de pequenas partes das coisas encontraria tudo organizado... É impossível que uma criatura seja capaz de tudo penetrar ao mesmo tempo na menor parcela da matéria, pois a subdivisão atual vai ao infinito".

as séries, elas próprias em extensão: o minuto, o segundo, o décimo de segundo... Podemos então considerar uma segunda componente do acontecimento: as séries extensivas têm propriedades intrínsecas (por exemplo, altura, intensidade, timbre de um som, ou de um matiz, valor, saturação da cor), que entram por sua conta em novas séries infinitas, aquelas convergindo para limites, e a relação entre limites constituindo uma conjunção. A matéria, ou o que preenche o espaço e o tempo, apresenta tais caracteres que, a cada vez, determinam sua textura em função dos diferentes materiais que aí entram. Já não são extensões, mas, como vimos, intensões, intensidades, graus. Já não é algo em vez de nada, mas isto em vez daquilo. Não mais o artigo indefinido, mas o pronome demonstrativo. É notável que a análise de Whitehead, fundada sobre a matemática e a física, pareça totalmente independente da de Leibniz, embora coincida com ela.

Em seguida, vem a terceira componente, que é o indivíduo. O confronto com Leibniz é aí o mais direto. Para Whitehead, o indivíduo é criatividade, formação de um Novo. Não mais o indefinido nem o demonstrativo, mas o pessoal. Se denominamos elemento o que tem partes e é uma parte mas também o que tem propriedades intrínsecas, dizemos que o indivíduo é uma "concrescência" de elementos. A concrescência é coisa distinta de uma conexão ou de uma conjunção, é uma *preensão:* um elemento é o dado, o *datum* de um outro elemento que o preende. A preensão é a unidade individual. Toda coisa preende seus antecedentes e seus concomitantes, e de próximo em próximo preende o mundo. O olho é uma preensão da luz. Os viventes preendem a água, a terra, o carbono e os sais. Em certo momento, a pirâmide preende os soldados de Bonaparte ("quarenta séculos vos contemplam"), e reciprocamente. Pode-se dizer que "ecos, reflexos, rastros, deformações prismáticas, perspectivas, limiares, dobras" são as preensões que antecipam de alguma maneira a vida psíquica.[4] O

---

4. Dumoncel, 1985, p. 573.

vetor de preensão vai do mundo ao sujeito, do *datum* preendido ao preendente ("superjecto"). Assim, os *data* de uma preensão são seus elementos *públicos*, ao passo que o sujeito é o elemento íntimo ou *privado*, que expressa a imediatidade, a individualidade, a novidade.[5] Mas o *datum*, o preendido, é por sua vez uma preensão preexistente ou coexistente, de modo que toda preensão é preensão de preensão, e o acontecimento é *"nexus* de preensões". Cada preensão nova torna-se um *datum*, torna-se pública, mas para outras preensões que a objetivam; o acontecimento é, inseparavelmente, a objetivação de uma preensão e a subjetivação de uma outra; ele é ao mesmo tempo público e privado, potencial e atual, entra no devir de outro acontecimento e é sujeito do seu próprio devir. Há sempre algo de psíquico no acontecimento.

Além do preendente e do preendido, a preensão apresenta três outros caracteres, Primeiramente, a forma subjetiva é a maneira pela qual o *datum* é expresso no sujeito ou a maneira pela qual o sujeito preende ativamente o *datum* (emoção, avaliação, projeto, consciência...). É a forma sob a qual o *datum* é dobrado no sujeito, *feeling* ou maneira, pelo menos quando a preensão é positiva. É que há preensões negativas, uma vez que o sujeito exclui certos *data* de sua concrescência, sendo então preenchido apenas pela forma subjetiva dessa exclusão. Em segundo lugar, a visada subjetiva assegura a passagem de um *datum* a outro numa preensão ou de uma preensão a outra num devir e põe o passado num presente cheio de futuro. Finalmente, a satisfação como fase final, o *self-enjoyment*, marca a maneira pela qual o sujeito cuida de si próprio e atinge uma vida privada cada vez mais rica, quando a preensão preenche-se com seus próprios *data*. É uma noção bíblica, e também neoplatônica, que o empirismo inglês levou ao mais alto ponto (notadamente Samuel

---

5. Process and reality invoca constantemente o par "público-privado". A origem dessa distinção está no *Discours de métaphysique*, § 14; veremos a importância desse tema.

Butler). A planta canta a glória de Deus, ocupando-se tanto mais consigo mesma quanto mais contempla e contrai intensamente os elementos dos quais procede, e experimenta nessa preensão o *self-enjoyment* do seu próprio devir.

As preensões e as mônadas

Esses caracteres da preensão pertencem também à mônada leibniziana. Primeiramente, a percepção é o *datum* do sujeito preendente, não no sentido de que este sofreria um efeito passivo, mas, ao contrário, uma vez que atualiza um potencial ou o objetiva em virtude da sua espontaneidade: assim, pois, a percepção é a expressão ativa da mônada, em função do seu próprio ponto de vista.[6] Mas a mônada tem várias formas ativas de expressão, formas que são suas maneiras, conforme suas percepções sejam sensíveis, afetivas ou conceptuais.[7] A apetição designa, nesse sentido, a passagem de uma percepção a outra como constitutiva de um devir. Finalmente, esse devir não se acaba sem que o conjunto das percepções tenda a se integrar num "prazer inteiro e verdadeiro", Contentamento de que a própria mônada enche-se quando expressa o mundo, Alegria musical de contrair as vibrações, de, sem o saber, calcular os harmônicos dessas vibrações e de tirar delas a força para ir sempre mais longe, para produzir alguma coisa de novo.[8] Com efeito, é com Leibniz que surge em filosofia o problema que será também de Whitehead e Bergson: não como atingir o eterno mas em que condições o mundo objetivo permite uma produção subjetiva de novidade, isto é, uma criação? O melhor dos mundos não tinha outro sentido: não é o menos abominável ou o menos feio, mas aquele cujo Todo deixava

---

6. Lettre à Des Bosses, abril de 1709: "A ação própria da alma é a percepção".
7. Lettre à Arnauld, setembro de 1687, GPh, II, p. 112.
8. *Principes de la Nature et de la Grâce*, § 17.

como possível uma produção de novidade, *uma liberação de verdadeiros quanta de subjetividade privada,* mesmo que ao preço da subtração dos condenados. O melhor dos mundos é não aquele que reproduz o eterno mas aquele em que se produz o novo, aquele que tem uma capacidade de novidade, de criatividade: conversão teleológica da filosofia.[9]

Objetos eternos

Nem por isso deixa de haver Objetos eternos. É essa, aliás, a quarta e última componente do acontecimento, segundo Whitehead: as extensões, as intensidades, os indivíduos ou preensões e, finalmente, os objetos eternos ou "ingressos". Com efeito, as extensões não param de se deslocar, ganhando e perdendo partes levadas pelo movimento; as coisas não param de se alterar; mesmo as preensões não param de entrar e sair de compostos variáveis. Os acontecimentos são fluxos. Então o que nos permite dizer é o mesmo rio, é a mesma coisa ou a mesma ocasião:...? É a grande pirâmide... É preciso que uma permanência encarne-se no fluxo, que ela seja captada na preensão. A grande pirâmide significa duas coisas: uma passagem da Natureza ou um fluxo, que perde e ganha moléculas a cada momento, mas também um objeto eterno, que permanece o mesmo através dos momentos.[10] Ao passo que as preensões são sempre atuais (uma preensão só é um potencial em relação a outra preensão atual), os objetos eternos são puras Possibilidades que se realizam nos fluxos, mas são também

---

9. É a *Profession de foi du philosophe* que vai mais longe na análise do "contentamento" subjetivo e na conciliação da "novidade" com o todo (pp. 87-89).
10. Whitehead, *The concept of Nature*, p. 77: "O acontecimento constituído pela vida natural na grande pirâmide ontem e hoje é divisível em duas partes, a grande pirâmide ontem e a grande pirâmide hoje. Mas o objeto de recognição, que também é chamado grande pirâmide, é o mesmo objeto hoje e ontem".

puras Virtualidades que se atualizam nas preensões. Eis por que uma preensão não capta outras preensões sem apreender objetos eternos (*feeling* propriamente conceptual). Os objetos eternos ingressam no acontecimento. Algumas vezes são Qualidades, como uma cor, um som, que qualificam um composto de preensões; outras vezes são Figuras, como a pirâmide, que terminam um extenso; outras vezes ainda são Coisas, como o ouro, o mármore, que recortam uma matéria. Sua eternidade não se opõe à criatividade. Inseparáveis de processos de atualização ou de realização nos quais entram, os objetos eternos só têm permanência nos limites dos fluxos que os realizam ou das preensões que os atualizam. Portanto, um objeto eterno pode parar de encarnar-se, assim como novas coisas, um novo matiz, uma nova figura podem finalmente encontrar suas condições.

A situação não era diferente em Leibniz, pois, se as mônadas ou substâncias simples são sempre atuais, elas não só remetem a virtualidades que elas atualizam em si próprias (o que é testemunhado pelas ideias inatas), como remetem ainda a possibilidades que se realizam nas substâncias compostas (as qualidades percebidas, por exemplo), ou nos agregados materiais (coisas), ou nos fenômenos extensos (figuras). É que, embaixo, tudo é rio "num fluxo perpétuo, com partes aí entrando e daí saindo continuamente".[11] O permanente, portanto, não se reduz às mônadas que atualizam o virtual, mas estende-se às possibilidades que eles captam em seus atos de reflexão e que se encarnam nos compostos materiais extensos. Os objetos reflexivos são o correlato de mônadas racionais, como, em Whitehead, os objetos eternos são o correlato de preensões pensantes. Figuras, coisas e qualidades são esquemas de permanência que se refletem ou se atualizam nas mônadas mas que se realizam nos fluxos. Veremos que mesmo as substâncias compostas necessitam de uma qualidade última que marca cada uma.

---

11. *Monadologie*, § 71 (e sobre os "atos reflexivos", § 30.).

O concerto

Há concerto esta noite. É o acontecimento. Vibrações sonoras estendem-se, movimentos periódicos percorrem o extenso com seus harmônicos ou submúltiplos. Os sons têm propriedades internas, altura, intensidade, timbre. As fontes sonoras, instrumentais ou vocais, não se contentam em emiti-los: cada uma percebe os seus e percebe os outros ao perceber os seus. São percepções ativas que se entre-expressam, ou então são preensões que se preendem umas às outras: "Primeiro, o piano solitário lamentou-se, como um pássaro abandonado por sua companheira; o violino escutou-o, respondendo-lhe como que de uma árvore vizinha. Era como um começo do mundo..." As fontes sonoras são mônadas ou preensões que se enchem de uma alegria de si, de uma satisfação intensa, à medida que se preenchem com suas percepções e passam de uma percepção a outra. E as notas da escala são objetos eternos, puras Virtualidades que se atualizam nas fontes, mas são também puras Possibilidades que se realizam nas vibrações ou fluxos. "É como se os instrumentistas, mais do que interpretar a pequena frase, executassem os ritos que ela exige para aparecer..." Mas eis que Leibniz acrescenta a esse conjunto as condições de um concerto barroco: supondo-se que o concerto se reparta em duas fontes sonoras, presume-se que cada uma só ouça suas próprias percepções mas afine-se com as da outra fonte melhor ainda do que se as percebesse, isso graças às regras verticais de harmonia que se encontram envolvidas em suas respectivas espontaneidades. São os acordes que substituem as conexões horizontais.[12]

---

12.   Cf. as condições do concerto, Lettre à Arnauld, abril de 1687, GPh, II, p. 95.

O leibnizianismo moderno: Supressão da condição de clausura, o neobarroco

Há uma grande diferença que depende dessa condição barroca de Leibniz. É que, em Whitehead, as preensões atuam diretamente umas sobre as outras, seja porque tomem outras como *data*, e formem um mundo com elas, seja porque excluam outras (preensões negativas), mas sempre no mesmo universo em processo. Em Leibniz, ao contrário, as mônadas só excluem universos incompossíveis com seu mundo, e todas as que existem expressam o mesmo mundo sem exclusiva. Como esse mundo não existe fora das mônadas que o expressam, elas não atuam umas sobre as outras, não têm correlações horizontais entre si, não têm relações intramundanas, mas somente uma relação harmônica indireta, visto que têm o mesmo expresso: elas "entre-expressam-se", mas sem que se captem mutuamente. Dir-se-á que nos dois casos as unidades monádicas e preensivas não têm porta nem janela. Mas, segundo Leibniz, é porque o ser-para o mundo das mônadas está submetido a uma condição de clausura e todas as mônadas compossíveis incluem um só e mesmo mundo. Segundo Whitehead, ao contrário, é uma condição de abertura que faz com que toda preensão já seja preensão de uma outra preensão, ou para captá-la ou para excluí-la: a preensão é aberta por natureza, aberta ao mundo sem ter de passar por uma janela.[13] Sem dúvida, essa diferença tem uma razão. Em Leibniz, como vimos, as bifurcações, as divergências de séries, são verdadeiras fronteiras entre mundos incompossíveis entre si, de modo que as mônadas que existem incluem integralmente o mundo compossível que passa à existência. Para Whitehead (e para muitos filósofos contemporâneos), ao contrário, as bifurcações, as divergências, as incompossibilidades e os desacordos pertencem ao

---

13. Era a observação de Heidegger: a mônada não tem necessidade de janela, porque ela "já está fora conforme seu próprio ser" (*Les problèmes fondamentaux de la phénoménologie*, Gallimard, p. 361).

142 Papirus Editora

mesmo mundo variegado, *que já não pode estar incluído em unidades expressivas,* mas que é somente feito ou desfeito segundo unidades preensivas e conforme configurações variáveis ou cambiantes capturas. Num mesmo mundo caótico, as séries divergentes traçam veredas sempre bifurcantes; é um "caosmos", como se encontra em Joyce, mas também em Maurice Leblanc, Borges ou Gombrowicz.[14] Até mesmo Deus deixa de ser um Ser que compara os mundos e escolhe o mais rico compossível; ele se torna Processo, processo que ao mesmo tempo afirma as incompossibilidades e passa por elas. O jogo do mundo mudou singularmente, pois tornou-se o jogo que diverge. Os seres estão esquartejados, mantidos abertos pelas séries divergentes e pelos conjuntos incompossíveis que os arrastam para fora, em vez de se fecharem sobre o mundo compossível e convergente que expressam de dentro. Nesse sentido, a matemática moderna tem podido desenvolver uma concepção fibrada segundo a qual as "mônadas" experimentam caminhos no universo e entram em sínteses associadas a cada caminho.[15] É sobretudo um mundo de capturas, mais do que de clausuras.

Podemos compreender melhor em que o barroco é uma transição. A razão clássica desabou sob a influência de divergências, incompossibilidades, desacordos, dissonâncias. Mas o barroco é a última tentativa de reconstituir uma razão clássica, repartindo as divergências em outros tantos mundos possíveis e fazendo das incompossibilidades outras tantas fronteiras entre os mundos. Os desacordos que surgem num mesmo mundo podem ser violentos, mas *eles se resolvem em acordos/acordes,* porque as únicas dissonâncias irredutíveis são as existentes entre mundos diferentes. Em resumo, o universo barroco vê esfumar-se suas linhas melódicas, mas aquilo

---

14. Ver notadamente o jogo das séries divergentes em *Cosmos,* de Gombrowicz, Ed. Denoël.

15. Sobre a nova monadologia matemática, desde Riemann, cf. Gilles Chatelet, "Sur une petite phrase de Riemann", *Analytiques,* n⁰ 3, maio de 1979.

que ele assim parece perder volta ele a ganhar em harmonia, pela harmonia. Confrontado ao poder das dissonâncias, ele descobre uma florescência de acordos/acordes extraordinários, longínquos, que se resolvem num mundo escolhido, mesmo que ao preço da condenação. Virá o neobarroco com seu desfraldar de séries divergentes no mesmo mundo, com sua irrupção de incompossibilidades na mesma cena, ali onde Sexto viola e não viola Lucrécia, onde César atravessa e não atravessa o Rubicão, onde Fang mata, é morto e não mata nem é morto. A harmonia, por sua vez, atravessa uma crise em proveito de um cromatismo ampliado, em proveito de uma emancipação da dissonância ou de acordos/acordes não resolvidos, não reportados a uma tonalidade. O modelo musical é o mais apto para fazer com que se compreenda a ascensão da harmonia no barroco e, depois, a dissipação da tonalidade no neobarroco: da clausura harmônica à abertura para uma politonalidade ou para uma "polifonia de polifonias", como diz Boulez.

Parte III

TER UM CORPO

7
A PERCEPÇÃO NAS DOBRAS

A exigência de ter um corpo

Devo ter um corpo; é uma necessidade moral, uma "exigência". Em primeiro lugar, devo ter um corpo, porque há o obscuro em mim. Mas, desde esse primeiro argumento, é grande a originalidade de Leibniz. Ele não diz que apenas o corpo explica o que há de obscuro no espírito. Ao contrário, o espírito é obscuro, o fundo do espírito é sombrio, e essa natureza sombria é que explica e exige um corpo. Denominemos "matéria primeira" nossa potência passiva ou a limitação da nossa atividade: dizemos que nossa matéria primeira é exigência de extenso mas também de resistência ou de antitipia, e ainda exigência individuada de ter um corpo que nos pertence.[1] É por haver uma infinidade de mônadas individuais que cada uma deve ter um corpo individuado,

---

1. Lettres à Des Bosses, março de 1706 (uma matéria primeira é "própria" ou "fixada" a cada enteléquia). As cartas a Des Bosses estão traduzidas e comentadas por Christiane Frémont em *L'être et la relation*, Ed. Vrin: cf. os comentários sobre a noção de exigência.

A dobra 147

sendo esse corpo como que a sombra das outras mônadas sobre ela. Não há o obscuro em nós por termos um corpo, mas devemos ter um corpo porque há o obscuro em nós: Leibniz substitui a indução física cartesiana por uma dedução moral do corpo.

Mas esse primeiro argumento dá lugar a outro que parece contradizê-lo e que é mais original ainda. Dessa vez, devemos ter um corpo, porque nosso espírito tem uma zona de expressão privilegiada, clara e distinta. É a zona clara que é agora exigência de ter um corpo. Leibniz chega a dizer, inclusive, que o expresso claramente por mim é que tem "relação com meu corpo".[2] Com efeito, se a mônada de César expressa claramente a travessia do Rubicão, não é por ter o rio uma relação de proximidade com seu corpo? O mesmo ocorre com todas as outras mônadas cuja zona de expressão clara coincida com as imediações do corpo. Todavia, há aí uma inversão de causalidade, justificável sob certos aspectos mas que não deve impedir que restituamos a verdadeira ordem da dedução: 1) cada mônada condensa certo número de acontecimentos singulares, incorpóreos, ideais, que ainda não colocam em jogo os corpos, embora só possamos enunciá-los sob a forma " César atravessa o Rubicão, é assassinado por Brutus... "; 2) esses acontecimentos singulares, incluídos na mônada como predicados primitivos, constituem sua zona de expressão clara ou seu "departamento"; 3) eles estão necessariamente em relação com um corpo que pertence a essa mônada e encarnam-se em corpos que agem imediatamente sobre ele. Em resumo, é *porque* cada mônada tem uma zona clara que ela deve ter um corpo, constituindo essa zona uma relação com o corpo, não uma relação dada mas uma relação genética que engendra seu próprio *relatum*. É por termos uma zona clara que devemos ter um corpo encarregado de percorrê-la ou de explorá-la do nascimento à morte.

---

2.   É constante nas Lettres à Arnauld, notadamente em abril de 1687.

Encontramo-nos diante de duas dificuldades. Por que a exigência de ter um corpo está fundada ora sobre um princípio de passividade, no obscuro e confuso, ora também sobre nossa atividade, no claro e distinto? E, mais particularmente, como a existência do corpo pode decorrer do claro e distinto? Retomando a pergunta de Arnauld, como o que expresso clara e distintamente pode ter relação com meu corpo, cujos movimentos são todos conhecidos apenas obscuramente?[3]

Primeira etapa da dedução: Do mundo à percepção na mônada

As singularidades próprias de cada mônada prolongam-se em todos os sentidos até as singularidades das outras. Portanto cada mônada expressa o mundo inteiro, mas obscuramente, confusamente, pois ela é finita, ao passo que o mundo é infinito. Eis por que o fundo da mônada é tão sombrio. Como o mundo não existe fora das mônadas que o expressam, está ele incluído em cada uma sob a forma de percepções ou de "representantes", *elementos atuais infinitamente pequenos*.[4] Ou seja, não existindo o mundo fora das mônadas, trata-se de pequenas percepções sem objeto, de micropercepções alucinatórias. O mundo só existe em seus representantes tais como estão incluídos em cada mônada. É um marulho, um rumor, uma névoa, uma dança de poeira. É um estado de morte ou de catalepsia, de sonho ou de adormecimento, de desvanecimento, de aturdimento. É como se o fundo de cada mônada fosse constituído por uma infinidade de pequenas dobras (inflexões) que não param de se fazer e se desfazer em todas as direções, de modo que a espontaneidade da mônada é como a de um adormecido

---

3. Arnauld, Lettre à Leibniz, agosto de 1687.
4. *Monadologie*, § 63: "Estando o universo regulado numa ordem perfeita, é preciso que haja também uma ordem no representante, isto é, nas percepções da alma".

que rola de um lado para outro em sua cama.[5] As micropercepções, ou representantes do mundo, são essas pequenas dobras em todos os sentidos, dobras em dobras, sobre dobras, conforme dobras, um quadro de Hantaï ou uma alucinação tóxica de Clérambault.[6] São essas pequenas percepções obscuras, confusas, que compõem nossas macropercepções, nossas apercepções conscientes, claras e distintas: uma percepção consciente jamais aconteceria se ela não integrasse um conjunto infinito de pequenas percepções que desequilibram a macropercepção precedente e preparam a seguinte. Como uma dor sucederia a um prazer, se mil pequenas dores, ou melhor, semidores que vão reunir-se na dor consciente, já não estivessem dispersas no prazer? Por mais bruscamente que eu dê uma paulada no cachorro que está comendo, ele terá tido as pequenas percepções da minha chegada em surdina, do meu odor hostil, da elevação do pau, percepções que sustentam a conversão do prazer em dor. Como uma fome sucederia a uma saciedade, se mil pequenas fomes elementares (de sais, de açúcar, de gordura etc.) não se desencadeassem de acordo com ritmos diversos, desapercebidos? Inversamente, se a saciedade sucede a fome, isso acontece pela satisfação de todas essas pequenas fomes particulares. As pequenas percepções são não apenas a passagem de uma percepção, como são também os componentes de cada percepção. Elas constituem o estado animal ou animado por excelência: a inquietude. São "aguilhões", pequenas dobraduras que estão presentes tanto no prazer quanto na dor. Os aguilhões são os representantes do mundo na mônada fechada. O animal está à espreita, a alma está à espreita, significa que há sempre pequenas percepções que não se integram na percepção presente,

---

5. Sobre as pequenas percepções e os aguilhões, cf. *Nouveaux essais*, II, cap. 1, §§ 9-25; cap. 20, §§ 6-9; cap. 21, §§ 29-36.
6. Clérambault, guiado pelo seu amor às dobras, analisou as alucinações ditas "liliputianas", marcadas por estrias, grades e redes: o espírito do clorálico está "rodeado por um véu (no qual) o jogo das dobras torna a transparência desigual" (*OEuvre psychiatrique*, PUF, I, pp. 204-250).

mas que há também pequenas percepções que não se integravam na percepção precedente e nutrem aquela que advém ("então era isso!"). O nível *macroscópico* distingue as percepções e as apetições que são passagem de uma percepção a outra. É a condição das grandes dobras compostas, dos drapeados. Mas o nível *microscópico* já não distingue as pequenas percepções e as pequenas inclinações: aguilhões da inquietude, aguilhões que produzem a instabilidade de toda percepção.[7] A teoria das pequenas percepções apoia-se desse modo em duas razões: uma razão metafísica, segundo a qual cada mônada, ao perceber, expressa um mundo infinito que ela inclui; uma razão psicológica, segundo a qual cada percepção consciente implica essa infinidade de pequenas percepções que a preparam, que a compõem ou que a seguem. *Do cosmológico ao microscópico, mas também do microscópico ao macroscópico.*

As pequenas percepções: O ordinário e o relevante. Relações diferenciais

É próprio da percepção pulverizar o mundo, mas também espiritualizar a poeira.[8] A questão toda está em saber como se passa das pequenas percepções às percepções conscientes, das percepções moleculares às percepções molares. Seria por um processo de totalização, como quando capto um todo cujas partes me são insensíveis? Assim, apreendo o ruído do mar ou do povo reunido, mas não o murmúrio de cada vaga ou de cada pessoa, murmúrios que, todavia, compõem esses ruídos. Mas, embora Leibniz por vezes se expresse nesses termos de totalidade, trata-se de coisa distinta

---

7.   Sobre a distinção de um processo microscópico e de um processo macroscópico na percepção, cf. Whitehead, *Process and reality*, p. 129.

8.   É nesses termos que Gabriel Tarde define a "monadologia", que ele invoca: "Monadologie et sociologie", *Essais et mélanges sociologiques*, Ed. Maloine, p. 335.

de uma adição de partes homogêneas.[9] Não se trata de uma relação partes-todo, pois também o todo pode ser tão insensível quanto as partes, como quando *não* capto o ruído do moinho d'água ao qual me acostumei em demasia. Um rumor e um aturdimento são todos, mas não são necessariamente percepções conscientes. Na verdade, Leibniz nunca deixa de esclarecer que a relação da pequena percepção com a percepção consciente é não de parte a todo mas de *ordinário a relevante ou notável:* "O que é relevante deve ser composto de partes que não o são".[10] Devemos compreender literalmente, isto é, matematicamente, que uma percepção consciente produz-se quando pelo menos duas partes heterogêneas entram numa relação diferencial que determina uma singularidade. É como na equação da circunferência em geral $ydy + xdx = 0$, na qual $dy/dx = -x/y$ expressa uma grandeza determinável. Seja a cor verde: certamente, o amarelo e o azul podem ser percebidos, mas, se sua percepção dissipa-se por ter-se tornado pequena, eles entram numa relação diferencial (d azul/d amarelo) que determina o verde. E nada impede que o amarelo ou o azul, cada um por sua conta, já esteja determinado pela relação diferencial de duas cores que nos escapam ou de dois graus de claro-escuro: dy/dx = amarelo. Seja a fome: é preciso que a falta de açúcar, a falta de gordura etc., entrem em relações diferenciais que determinem a fome como algo relevante ou notável. Seja o ruído do mar: é preciso que pelo menos duas vagas sejam um pouco percebidas como nascentes e heterogêneas para que entrem numa relação capaz de determinar a percepção de uma terceira, da que "excele" sobre as outras e torna-se consciente (o que implica estarmos perto do mar). Seja a posição de

---

9. Sobre esse problema, com o exemplo do ruído do mar, os textos principais são: *Discours de métaphysique,* § 33; Lettre à Arnauld, abril de 1687; *Considération sur la doctrine d'un Esprit universel,* § 14; *Monadologie,* §§ 20-25; *Principes de la Nature et de la Grâce,* § 13. Elias Canetti retomou recentemente a teoria dos pequenos aguilhões, mas fez dela uma simples recepção, acumulação e propagação de comandos vindos de fora: *Masse et puissance,* Gallimard, p. 321.

10. *Nouveaux essais,* II, cap. 1, § 18.

um adormecido: é preciso que todas as pequenas curvas, que todos os pequenos dobramentos entrem em relações que produzam uma atitude, um hábito, uma grande dobra sinuosa como boa posição capaz de integrá-los. A "boa forma" macroscópica depende sempre de processos microscópicos.

Toda consciência é limiar. Sem dúvida, em cada caso será preciso dizer por que o limiar é este ou aquele. Mas, tomando-se os limiares como outros tantos *minima* de consciência, as pequenas percepções são cada vez menores que o mínimo possível: infinitamente pequenas nesse sentido. *São selecionadas em cada ordem aquelas que entram em relações diferenciais* e que produzem, assim, a quantidade que surge no limiar de consciência considerado (o verde, por exemplo). As pequenas percepções são, portanto, não partes da percepção consciente mas requisitos ou elementos genéticos, "diferenciais da consciência". Mais ainda que Fichte, Salomon Maïmon, o primeiro pós-kantiano a retornar a Leibniz, extrai todas as consequências de um tal automatismo psíquico da percepção: longe de a percepção supor um objeto capaz de nos afetar e condições sob as quais seríamos afetáveis, a determinação recíproca das diferenciais (dy/dx) traz consigo a determinação completa do objeto como percepção e a determinabilidade do espaço-tempo como condição. Para além do método kantiano de condicionamento, Maïmon restitui um método de gênese interna subjetiva: entre o vermelho e o verde há não somente uma diferença empírica exterior mas um conceito de diferença interna tal que "o modo da diferencial constitui o objeto particular, e as relações das diferenciais constituem as relações entre os diferentes objetos".[11] O objeto físico e o espaço matemático

---

11. Salomon Maïmon, *Versuch über Transzendantalphilosophie*, Berlim, 1790, p. 33. Kant enunciará suas críticas na carta a Marcus Herz, na qual Maïmon é censurado por restaurar o entendimento infinito. Martial Gueroult fez uma exposição do conjunto da filosofia de Maïmon, insistindo nas "diferenciais da consciência" e no princípio de determinação recíproca *La philosophie transcendantale de Salomon Maïmon*, Ed. Alcan, cap. II.

remetem, ambos, a uma psicologia transcendental (diferencial e genética) da percepção. O espaço-tempo deixa de ser um dado puro para se tornar o conjunto ou o nexo das relações diferenciais no sujeito, e o próprio objeto deixa de ser um dado empírico para se tornar o produto dessas relações na percepção consciente. Do mesmo modo, há Ideias do entendimento, sendo o verde como qualidade a atualização de um Objeto eterno ou Ideia no sujeito, não menos que tal ou qual figura como determinação do espaço. Se se objeta, com Kant, que tal concepção reintroduz um entendimento infinito, talvez seja preciso responder que o infinito é, aqui, apenas como que a presença de um inconsciente no entendimento finito, a presença de um impensado no pensamento finito, de um não eu no finito, presença que o próprio Kant, por sua vez, será forçado a descobrir, quando vier a cavar a diferença entre um eu determinante e um eu determinável. Para Maïmon, como para Leibniz, a determinação recíproca das diferenciais remete não a um entendimento divino mas às pequenas percepções como representantes do mundo no eu finito (a relação com o entendimento infinito decorre daí, e não o inverso). O infinito atual no eu finito é exatamente a posição de equilíbrio ou desequilíbrio barroco.

Compreendemos como o mesmo argumento poderá invocar ora o obscuro, ora o claro. É que o claro, em Leibniz, sai do obscuro e não para de nele imergir. Do mesmo modo, a escala cartesiana obscuro-claro-confuso-distinto ganha um novo sentido e relações inteiramente novas. As pequenas percepções constituem a obscura poeira do mundo incluído em cada mônada, constituem o fundo sombrio. São as relações diferenciais entre esses atuais infinitamente pequenos que *clarificam*, isto é, que constituem uma percepção clara (o verde) com certas pequenas percepções obscuras, evanescentes (amarelo e azul). Sem dúvida, o amarelo e o azul, eles próprios, podem ser percepções claras e conscientes, mas com a condição de também ser obtidas, cada qual por sua vez, por relações diferenciais

154 Papirus Editora

entre outras pequenas percepções: diferenciais de diferentes ordens. *As relações diferenciais sempre selecionam as pequenas percepções que entram em cada caso* e produzem ou obtêm a percepção consciente que delas saem. Do mesmo modo, o cálculo diferencial é o mecanismo psíquico da percepção, o automatismo que ao mesmo tempo imerge no obscuro e determina o claro, inseparavelmente: seleção das pequenas percepções obscuras e obtenção da percepção clara. Tal automatismo deve ser apreendido de duas maneiras, universalmente e individualmente. De um lado, posto que o mesmo mundo está incluído em todas as mônadas existentes, estas apresentam a mesma infinidade de pequenas percepções e as mesmas relações diferenciais que nelas produzem percepções conscientes estranhamente semelhantes. Todas as mônadas percebem, assim, o mesmo verde, a mesma nota, o mesmo rio, e em cada caso é um só e mesmo objeto eterno que se atualiza nelas. Mas, por outro lado, a atualização é diferente de acordo com cada mônada, e nunca é o mesmo verde, no mesmo grau de claro-escuro que duas mônadas percebem. Dir-se-ia que cada mônada, de um lado, privilegia certas relações diferenciais (que lhe dão assim percepções exclusivas), e que, por outro, deixa as outras relações diferenciais abaixo do grau necessário, ou melhor, deixa uma infinidade de pequenas percepções subsistir nela sem de modo algum entrar em relações. Portanto, no limite, todas as mônadas têm a infinidade de pequenas percepções compossíveis, mas são próprias de cada mônada as relações diferenciais que nela vão selecionar algumas dessas percepções para produzir percepções claras. É nesse sentido que cada mônada, como vimos, expressa o mesmo mundo que as demais, mas não deixa de haver nela uma zona de expressão clara que lhe pertence exclusivamente, zona que se distingue da de qualquer outra mônada: seu "departamento".

É isso que aparece, mesmo quando nos atemos ao claro e ao distinto na classificação leibniziana das ideias. Ao contrário de Descartes, Leibniz parte do obscuro: é que o claro sai do obscuro por

A dobra 155

um processo genético. Outrossim, o claro imerge no obscuro e não para de nele imergir: ele é claro-obscuro por natureza, é desenvolvimento do obscuro, é *mais ou menos* claro, tal como o sensível o revela.[12] Resolve-se assim o paradoxo precedente: mesmo supondo que as mesmas relações diferenciais estabeleçam-se em todas as mônadas, elas não atingirão em todas o grau de claridade requerido pela percepção consciente em conformidade com seu limiar. É sobretudo possível explicar as duas dificuldades encontradas inicialmente: que a mesma exigência invoque ora o obscuro, ora o claro, e que o próprio claro dependa daquilo que só é conhecido obscuramente. Isso acontece por ser próprio do claro sair do obscuro (como através de um primeiro filtro ao qual sucederão muitos filtros) para o distinto e o confuso etc.[13] Com efeito, as relações diferenciais desempenham verdadeiramente um papel de filtro, e por conseguinte de uma infinidade de filtros, pois elas só deixam passar as pequenas percepções capazes de fornecer uma percepção relativamente clara em cada caso. Mas, como os filtros mudam de natureza a cada nível, é preciso dizer que o claro é relativamente obscuro e absolutamente confuso, assim como o distinto é relativamente confuso e absolutamente inadequado. Qual é então o alcance da expressão cartesiana "claro e distinto", expressão que Leibniz conserva apesar de tudo? Como pode ele dizer que a zona privilegiada de cada mônada é não só clara mas distinta, dado que ela consiste em acontecimento confuso? É que a percepção clara, como tal, nunca é distinta, mas é "distinguida", no sentido de relevante, notável: ela se sobressai em relação às outras percepções, e o primeiro filtro é justamente aquele

---

12. Lettre à Arnauld, abril de 1687: essa percepção, "embora obscura e confusa, que a alma tem de antemão do futuro, é a causa verdadeira do que lhe sucederá e da percepção *mais clara* que ela terá depois, quando a *obscuridade será desenvolvida*". E *Nouveaux essais*, II, cap. 29, § 2.

13. Sobre os filtros ou sobre a escala de graduação, e sobre a oposição de Leibniz a Descartes a esse respeito, cf. Yvon Belaval, *Leibniz critique de Descartes*, Gallimard, pp. 164-167 (e Michel Serres, *Le système de Leibniz*, PUF, I, pp. 107-126). O livro de Belaval é uma profunda análise da lógica da ideia em Leibniz.

que se exerce sobre os *ordinários* para deles obter o *relevante* (claro e distinguido).[14] Mas, propriamente falando, o distinto supõe um outro filtro, que toma o relevante como *regular* e dele obtém *singularidades:* as singularidades internas da ideia ou da percepção distinta. Trata-se de perguntar se é preciso invocar um terceiro filtro (do adequado ou mesmo do completo), capaz de obter do singular o ordinário, de modo que a organização dos filtros seria um sistema circular, embora esse terceiro filtro exceda nossa potência. É o conjunto que nos permitiria dizer, como Baltasar: Tudo é ordinário! E Tudo é singular!

Recapitulação das singularidades

O que aqui nos interessa é menos o desenvolvimento da teoria da ideia do que os diferentes sentidos do singular. Encontramos o singular segundo três sentidos: em primeiro lugar, a singularidade é inflexão, é o ponto de inflexão que se prolonga até a vizinhança de outras singularidades, constituindo assim linhas de universo de acordo com relações de distância; em seguida, singularidade é o centro de curvatura do lado côncavo, uma vez que ele define o ponto de vista da mônada de acordo com relações de perspectiva; finalmente, singularidade é o relevante, de acordo com relações diferenciais que constituem a percepção na mônada. Ver-se-á que há um quarto tipo de singularidade, que constitui os *extrema, maxima* e *minima,* na matéria ou no extenso. Então, no mais profundo do mundo e do conhecimento barrocos, manifesta-se essa subordinação do verdadeiro ao singular e ao relevante.

---

14. É nesse sentido que Leibniz diz: "Só damos atenção aos pensamentos mais distinguidos", isto é, relevantes (*Nouveaux essais,* II, cap. 1, § 11). Tais pensamentos só são ditos distintos por serem relativamente os *mais* claros, os *menos* obscuros. Portanto Leibniz pode escrever: "a alma expressa mais distintamente o que pertence ao seu corpo" (Lettre à Arnauld, abril de 1687), ou: "Ela representa mais distintamente o corpo que lhe é afetado" (*Monadologie,* § 62), embora se trate somente de claridade.

Voltemos à percepção. Todas as mônadas expressam obscuramente o mundo inteiro, mesmo que não seja na mesma ordem. Cada uma encerra em si a infinidade de pequenas percepções. Potentes ou débeis, não é por aí, portanto, que elas se distinguem. O que as distingue é sua zona de expressão clara, relevante ou privilegiada. No limite, podem-se conceber *mônadas totalmente nuas* que não teriam essa zona de luz: viveriam na noite ou quase, viveriam na vertigem e no aturdimento das pequenas percepções obscuras. Nenhum mecanismo diferencial de determinação recíproca viria selecionar algumas dessas pequenas percepções para delas obter uma percepção clara. Elas nada teriam de relevante. Mas tal estado-limite só se apresenta na morte, sendo apenas uma abstração fora disso.[15] O menor animálculo tem clarões que lhe permitem reconhecer seu alimento, seu inimigo, às vezes seu parceiro: se o vivente implica uma alma, é porque as proteínas já dão testemunho de uma atividade de percepção, de discriminação e distinção, em suma, de uma "força primitiva" que os impulsos físicos e as afinidades químicas não podem explicar ("forças derivativas"). Do mesmo modo, não há reações que decorram de excitações, mas ações orgânicas exteriores que dão testemunho de uma atividade perceptiva interna na alma. Se o vivente tem uma alma, é porque ele percebe, distingue ou discrimina, de modo que toda psicologia animal é primeiramente uma psicologia da percepção. Na maior parte dos casos, a alma contenta-se com poucas percepções claras e distinguidas: a do Carrapato tem três delas, a percepção da luz, a percepção olfativa da presa e a percepção táctil do melhor lugar, e todo o resto na imensa Natureza, que o Carrapato todavia expressa, não passa de aturdimento, poeira de pequenas percepções obscuras e não integradas.[16] Mas, se há

---

15. *Monadologie*, §§ 20-24: "Se em nossas percepções nada tivéssemos de distinguido e, por assim dizer, de realçado e de um gosto mais elevado, estaríamos sempre no aturdimento. É esse o estado das mônadas totalmente nuas". E Lettre à Hartsocker, 30 de outubro de 1710 (GPh, III, p. 508): "É verdade que não há alma que durma sempre".

16. Jacob von Uexküll, *Mondes animaux et monde humain*, Ed. Gonthier, p. 24: "No mundo gigantesco que envolve o carrapato, três estimulantes brilham como sinais

uma escala animal ou uma "evolução" na série animal, é na medida em que as relações diferenciais, cada vez mais numerosas e de ordem cada vez mais profunda, determinam uma zona de expressão clara, não só mais vasta mas mais firme, estando cada uma das percepções conscientes que a compõem associada a outras no processo infinito da determinação recíproca. São *mônadas memorativas*. Mais ainda, certas mônadas são dotadas do poder de estender e intensificar sua zona, de atingir uma verdadeira conexão de suas percepções conscientes (não uma simples consecução associativa) e de duplicar o claro com o distinto, e mesmo com o adequado: *mônadas racionais ou reflexivas*, que encontram, é verdade, sua condição de autodesenvolvimento no sacrifício de algumas delas, as Condenadas, que regridem ao estado de mônadas quase nuas, aquelas que têm como única percepção clara o ódio a Deus.

Disso deriva a possibilidade de uma classificação mesmo que sumária das mônadas em função dos seus caracteres perceptivos: as mônadas quase nuas, as mônadas memorativas e as reflexivas ou racionais.[17] Fechner, outro dos maiores discípulos de Leibniz, fundador de uma psicofísica inseparável dos mecanismos espirituais da alma monádica, continuará desenvolvendo a classificação, da vertigem ou do aturdimento à vida luminosa. Fechner aí verá as três idades do homem, com todas as possibilidades de regressão e de condenação pelas quais ele próprio passa, mônada reduzida ao seu compartimento escuro ou ao seu fundo sombrio, entregue ao formigamento digestivo das pequenas percepções, mas também com a potência de uma ressurreição, de uma reascensão à luz intensa, expansiva.[18] Há poucas mônadas que não podem crer-se condenadas

---

luminosos nas trevas, servindo-lhe de postes indicadores que o conduzirão à meta sem desfalecimento".

17.   *Principes de la Nature et de la Grâce*, § 4.
18.   Fechner, "Le petit livre de la vie après la mort", 1836, em *Patio VIII*, Ed. de l'Eclat (comentário de Claude Rabant, que analisa notadamente a grande crise de Fechner, fotofobia, transtornos digestivos e fuga de ideias, pp. 21-24).

em certos momentos: quando suas percepções claras extinguem-se sucessivamente, quando entram numa noite em relação à qual a vida do Carrapato parece singularmente rica. Mas, em função da liberdade, chega também o momento em que uma alma reconquista-se e pode dizer a si própria com o espanto de um convalescente: Meu Deus, que pude fazer durante todos esses anos?

Mecanismo psíquico da percepção alucinatória. Poeiras e dobras na alma

Se os mecanismos diferenciais das nossas percepções claras entravam-se, então as pequenas percepções forçam a seleção e invadem a consciência, como no adormecimento e no aturdimento. Toda uma poeira de percepções coloridas sobre fundo negro; mas, se a observamos melhor, vemos não tratar-se de átomos e sim de dobras minúsculas que não param de se fazer e se desfazer sobre pedaços de superfície justapostos, brumas ou névoas que agitam suas abas em velocidades que nenhum dos nossos limiares de consciência pode suportar em estado normal. Porém, quando nossas percepções claras voltam a se formar, elas ainda traçam uma dobra que agora separa a consciência e o inconsciente, que junta os pequenos pedaços de superfície numa grande superfície, que modera as velocidades e rejeita todo tipo de pequenas percepções, para fazer com as outras o sólido tecido da apercepção: a poeira cai e vejo a grande dobra das figuras à medida que o fundo desfaz suas pequenas dobras. Dobras sobre dobras, é esse o estatuto dos dois modos de percepção ou dos dois processos, o microscópico e o macroscópico. Eis por que a desdobra nunca é o contrário da dobra, mas é o movimento que vai de umas dobras às outras. Algumas vezes, desdobrar significa que desenvolvo, que desfaço as dobras infinitamente pequenas que não param de agitar o fundo, mas para traçar uma grande dobra sobre a qual aparecem formas, sendo esta a operação da vigília: projeto o mundo "sobre a superfície de uma dobradura"...[19] Outras vezes, ao contrário, desfaço sucessivamente as dobras de consciência que passam por todos os meus limiares, as "vinte e duas dobras" que me rodeiam e me separam do fundo, para descobrir de súbito esse fundo inumerável das pequenas dobras móveis que me arrastam a velocidades excessivas na operação da vertigem, como "a correia do chicote de um cocheiro em fúria...".[20] Sempre desdobro entre duas dobras, e se perceber é desdobrar, percebo sempre nas dobras. *Toda percepção é alucinatória, porque a percepção não tem objeto.* A grande percepção não tem objeto e nem mesmo remete a um mecanismo físico de excitação que a explicaria de fora: ela só remete ao mecanismo exclusivamente psíquico das relações diferenciais entre pequenas percepções que a compõem na mônada.[21] E as pequenas percepções não têm objeto e não remetem a nada de físico: elas só remetem ao mecanismo metafísico e cosmológico de acordo com o qual o mundo não existe fora das mônadas que o expressam, mundo que está,

---

19. Cocteau, *La difficulté d'être*, Ed. du Rocher, pp. 79-80.
20. Michaux, "Les 22 plis de la vie humaine", *Ailleurs*, Gallimard, p. 172. O tema da dobra está presente em toda a obra de Michaux, na escrita, na desenhada, na pintada, como testemunha a coletânea *La vie dans les plis* ou o poema "Emplie de" (*Emplie de voiles sans fin de vouloirs obscurs. Emplie de plis, Emplis de nuit. Emplie de plis indéfinis, des plis de ma vigie...*"). ["Pleno de véus sem fim de quereres obscuros. Pleno de dobras, Plenos da noite. Pleno das dobras indefinidas, das dobras da minha vigília..."]. As reminiscências leibnizianas são numerosas em Michaux: a bruma e o aturdimento, as alucinações liliputianas, as pequenas percepções à grande velocidade e pequena superfície, a espontaneidade ("apenas uma vaga, uma vaga sem o oceano... é um caso de espontaneidade mágica"). O próprio texto precedente de Cocteau ressoa com os de Michaux, porque também ele vai da vigília ao sonho e da percepção consciente às pequenas percepções: "A dobradura por intermédio da qual a eternidade se nos torna vivível não se faz no sonho como na vida. Algo dessa dobradura aí desdobra-se... " Finalmente, Fernando Pessoa desenvolveu uma concepção metafísica, psicológica e estética da percepção, concepção muito original e todavia próxima de Leibniz, fundada nas pequenas percepções e nas "séries marítimas": encontra-se uma notável análise dessa concepção em José Gil, *Pessoa et la métaphysique des sensations*, Ed. de la Différence.
21. *Monadologie*, § 17: "A percepção e o que dela depende é inexplicável por razões mecânicas... Assim, é na substância simples, e não na composta ou na máquina, que é preciso procurá-la".

portanto, necessariamente dobrado nas mônadas, e as pequenas percepções são essas pequenas dobras representantes do mundo (e não representações de objeto). A ideia de percepção alucinatória sofreu certamente uma lenta degradação na psicologia; mas é porque foram esquecidas as condições propriamente leibnizianas, isto é, o duplo circuito, microscópico e macroscópico, o ser-para o mundo das pequenas percepções e as relações diferenciais para as grandes percepções. A alucinação é sempre dupla, algo assim como o que Clérambault distingue nos estados clorálicos: "alucinações de pequena superfície" e de "grande superfície". Dizer que percebemos sempre nas dobras significa que apreendemos figuras sem objeto, apreendemos através da poeira sem objeto que as próprias figuras soerguem do fundo, poeira que torna a cair deixando as figuras um momento à vista. Vejo a dobra das coisas através da poeira que elas levantam e cujas dobras afasto. Não vejo em Deus, vejo nas dobras. A situação da percepção não é a que a *Gestalt* descreverá, ao estabelecer as leis da "boa forma" contra a ideia de uma percepção alucinatória, mas é descrita por Leibniz e Quincey: *quando se aproxima um exército ou um rebanho* sob nossos olhares alucinados ... – o acontecimento:

"Durante a hora seguinte, quando a doce brisa da manhã refrescou um pouco, a nuvem de poeira ampliou-se e tomou aparência de imensos cortinados aéreos, com suas abas pesadas caindo do céu sobre a terra: e em certos lugares, ali onde os turbilhões da brisa agitavam as dobras dessas cortinas aéreas, apareciam rasgos que tomavam às vezes a forma de arcos, de pórticos e de janelas pelas quais, levemente, começavam a se desenhar as cabeças de camelos encimados por formas humanas; e, por momentos, o movimento de homens e de cavalos que avançam desprega-se desordenadamente; depois, através de outras aberturas ou perspectivas, aparecia ao longe o brilho de armas polidas. Mas, por vezes, quando o vento enfraquecia-se ou se acalmava, todas essas aberturas de variadas formas, presentes no véu fúnebre da bruma, fechavam-se, e a procissão inteira desaparecia por um instante, ao passo que o crescente estrondo, os clamores, os gritos e os gemidos, que emanavam de miríades de homens furiosos, revelavam, numa língua que não se podia desconhecer, o que se passava atrás dessa tela de nuvem."[22]

Segunda etapa da dedução: Da percepção ao corpo orgânico

A primeira etapa da dedução vai da mônada ao percebido. Mas, precisamente, tudo parece deter-se aí, numa espécie de suspense berkeleyniano, e nada nos autoriza a concluir pela presença de um corpo que seria o nosso ou pela existência de corpos que viriam afetá-lo. Há somente o percebido, interior à mônada, e o fenômeno é o percebido.[23] Todavia há uma grande diferença em relação a Berkeley: o percebido, como "ser de imaginação", não é um dado, mas possui uma dupla estrutura que permite estabelecer sua gênese. A macropercepção é o produto de relações diferenciais que se estabelecem entre micropercepções; é, portanto, um mecanismo psíquico inconsciente que engendra o percebido na consciência.[24] Será explicada assim a unidade variável e relativa de tal ou qual fenômeno: todo fenômeno é coletivo, como um rebanho, um exército, um arco-íris. Certamente, a coleção de pequenas percepções não tem unidade (aturdimento), mas, em troca, recebe uma unidade mental das relações diferenciais que se exercem e do grau de determinação recíproca dessas relações. Uma coleção terá tanto mais unidade quanto mais ela tiver "relações entre os ingredientes", relações necessariamente efetuadas pelo pensamento. A questão toda está

---

22. Thomas de Quincey, *La révolte des Tartares*, Actes Sud, pp. 76-77.
23. Cf. Lettre à Des Bosses, junho de 1712: "Penso que seja útil ao exame fundamental das coisas explicar todos os fenômenos unicamente pelas percepções das mônadas".
24. Sobre as reações de Leibniz à leitura de Berkeley, cf. André Robinet, "Leibniz: Lecture du Treatise de Berkeley", *Etudes philosophiques*, 1983.

em saber se Leibniz, esforçando-se por engendrar o percebido e a unidade do percebido na mônada, não está se esforçando também por engendrar corpos fora das mônadas, fora de suas percepções.

A que "se assemelha" a percepção?

Por que não prescindir dos corpos? Que nos leva a ultrapassar o fenômeno ou o percebido? Leibniz diz frequentemente que, se não houvesse corpos fora da percepção, as únicas substâncias percipientes seriam humanas ou angélicas, em detrimento da variedade e da animalidade do universo. Se não houvesse corpo fora do percebido, haveria menos variedade nos próprios percipientes (que "devem" precisamente estar unidos a corpos).[25] Mas o verdadeiro argumento é mais estranho e mais complexo: é que o percebido *assemelha-se* a alguma coisa na qual ele nos força a pensar. Tenho uma percepção branca, percebo o branco: esse percebido assemelha-se à espuma, isto é, a uma infinidade de pequenos espelhos que refletiriam sob nossos olhos um raio de luz. Sinto uma dor: essa dor assemelha-se ao movimento de alguma coisa pontiaguda que nos escava a carne em círculos centrífugos.[26] O argumento parece ser de tão difícil compreensão, que é preciso multiplicar as precauções. Em primeiro lugar, Leibniz não diz que a percepção assemelha-se a um objeto mas que ela evoca uma vibração recolhida por um órgão receptor: a dor representa não o alfinete nem seu movimento de translação "tal como o de uma roda de carroça" mas os mil pequenos movimentos ou batimentos que se irradiam na carne; "a dor não se assemelha aos movimentos de um alfinete, mas pode muito bem assemelhar-se aos movimentos que esse alfinete causa em nosso corpo e representar esses movimentos na alma"; o branco "assemelha-se não ao espelho esférico convexo" mas a

---

25. Lettres à Arnauld, novembro de 1686 (GPh, II, p. 77) e abril de 1687 (p. 98).
26. Os dois textos essenciais são: *Addition à l'explication du système nouveau...* (GPh, IV, pp. 575-576); e *Nouveaux essais*, II, cap. 8, §§ 13-15.

uma infinidade de "pequenos espelhos convexos, tais como os que se vê na espuma ao ser ela olhada de perto". A relação de semelhança é aqui como que uma "projeção": a dor e a cor são projetadas sobre o plano vibratório da matéria, algo assim como o círculo ao ser projetado em parábola ou hipérbole. A projeção é a razão de uma "relação de ordem" ou de analogia que se apresenta, portanto, sob a seguinte forma:

$$\frac{\text{pequenas percepções}}{\text{percepção consciente}} = \frac{\text{vibrações de matéria}}{\text{órgão}}$$

Em segundo lugar, dizer que o percebido assemelha-se a algo não significa imediatamente que a percepção represente um objeto. Os cartesianos afirmavam um geometrismo da percepção, mas por meio dele a percepção clara e distinta estava apta para representar o extenso. Quanto às percepções obscuras ou confusas, operavam apenas como signos convencionais desprovidos de representatividade, e portanto de semelhança. Totalmente distinto é o ponto de vista de Leibniz, sendo outra a geometria, e não tendo a semelhança o mesmo estatuto. São as qualidades sensíveis, enquanto percepções confusas ou mesmo obscuras, que, em virtude de uma geometria projetiva, assemelham-se a alguma coisa, sendo, por conseguinte, "signos naturais". E aquilo a que elas se assemelham não é o extenso, nem mesmo o movimento, mas a matéria no extenso, as vibrações, molabilidades, "tendências ou esforços" no movimento. A dor não representa o alfinete no extenso, mas assemelha-se aos movimentos moleculares que ele produz numa matéria. Com a percepção, a geometria mergulha no obscuro. É sobretudo o sentido da semelhança que muda completamente de função: julga-se a semelhança pelo semelhante, não pelo assemelhado. Assemelhar-se o percebido à matéria faz com que a matéria seja necessariamente produzida conforme essa relação e não que essa relação seja conforme a um modelo preexistente. Ou melhor, a relação de semelhança, o próprio semelhante é que é o modelo e que impõe à matéria ser aquilo a que ele se assemelha.

Em terceiro lugar, como se apresenta então o assemelhado, de acordo com a analogia precedente? Como se apresenta o lado material da analogia? Não é preciso invocar um mecanismo físico material que seria idêntico ao mecanismo psíquico na alma, pois este, interior à mônada, exclui toda causalidade externa. Leibniz chega frequentemente a colocar em questão o estatuto do cálculo diferencial e a ver nele apenas uma ficção cômoda e bem-fundada.[27] A esse respeito, a questão não é a do infinito atual ou dos infinitamente pequenos, que valem tanto para a matéria quanto para as percepções obscuras (elas se "assemelham"). A questão é sobretudo a seguinte: o cálculo diferencial é adequado ao infinitamente pequeno? A resposta é negativa, uma vez que o infinito atual não conhece um todo maior nem menores partes e não tende rumo a limites. As relações diferenciais intervêm apenas para extrair das pequenas percepções obscuras uma percepção clara: portanto o cálculo é exatamente um mecanismo psíquico e, se é fictício, ele o é no sentido de que esse mecanismo é o mecanismo de uma percepção alucinatória. O cálculo tem sem dúvida uma realidade psicológica, mas não tem aqui realidade física. Não cabe supô-lo naquilo a que a percepção se assemelha, isto é, não se trata de fazer dele um mecanismo físico, salvo por convenção e reduplicando a ficção. Os mecanismos físicos são fluxos de infinitamente pequenos, que constituem deslocamentos, cruzamentos e acumulações de ondas, ou "conspirações" de movimentos moleculares. Quando Leibniz vier a definir os caracteres essenciais dos corpos, ele assinalará dois: a potência de diminuir ao infinito, em virtude de suas partes infinitamente pequenas, e a potência de estar sempre em fluxo, de ter partes que não param de chegar e de ir.[28] Os mecanismos físicos operam

---

27. As Lettres à Varignon, fevereiro, abril e junho de 1702 (GM, IV), exprimem a complexidade da posição de Leibniz.

28. *Nouveaux essais*, II, cap. 27, § 4: "Há transformação, envolvimento ou desenvolvimento, e finalmente fluxo do corpo e desta alma". Sobre "o movimento dos fluidos" e as pedras lançadas na água, Lettre à la princesse Sophie, fevereiro de 1706, GPh, VII, pp. 566-567. Sobre os "movimentos conspirativos", Lettres à Hartsoeker, GPh, III.

não por diferenciais, que são sempre diferenciais da consciência, mas por comunicação e propagação do movimento, "como os círculos que uma pedra lançada faz nascer na água". É inclusive nesse sentido que a matéria está repleta de órgãos ou que os órgãos pertencem plenamente à matéria, porque eles são apenas a contração de várias ondas ou raios: é próprio de um órgão receptor contrair as vibrações que recebe.[29] Ele está na origem de um princípio de causalidade física, pois recolhe o efeito de uma infinidade de causas ("igualdade da causa plena e do efeito inteiro"). Portanto, há uma grande diferença entre a causalidade física, sempre extrínseca, que vai de um corpo a todos aqueles dos quais ele recebe o efeito e que chegam ao infinito no universo (regime do influxo ou da interação universal), e a causalidade psíquica, sempre intrínseca, que vai de cada mônada aos efeitos de percepção do universo que ela produz espontaneamente, independentemente de todo influxo de uma mônada a outra. A essas duas causalidades correspondem dois cálculos ou dois aspectos do cálculo, que devemos distinguir mesmo que sejam inseparáveis: um remete ao mecanismo psicometafísico da percepção; o outro, ao mecanismo físico-orgânico da excitação ou do impulso. São como duas metades.

Órgãos e vibrações: Mecanismo físico da excitação. Redobras da matéria. O estatuto do cálculo

Isso não impede que a percepção consciente assemelhe-se às vibrações contraídas pelo corpo ou que o limiar de consciência corresponda às condições do órgão, tal como é desenvolvido pela psicofísica de Fechner a partir da analogia precedente. Uma qualidade percebida pela consciência assemelha-se às vibrações contraídas

---

29. *Monadologie*, § 25: a Natureza tomou o cuidado de "fornecer órgãos que recolhem vários raios de luz ou várias ondulações do ar, a fim de que estes se tornem mais eficazes pela sua união".

pelo organismo.[30] Os mecanismos diferenciais interiores à mônada assemelham-se aos mecanismos de comunicação e de propagação do movimento extrínseco, embora não sejam os mesmos e não devam ser confundidos. A relação das vibrações com o receptor introduz na matéria limites que tornam possível a aplicação do cálculo diferencial, mas essa própria relação não é diferencial. A aplicação do cálculo diferencial à matéria (por semelhança) está baseada na presença de órgãos receptores em toda parte dessa matéria. Talvez fosse possível tirar daí consequências concernentes à interpretação do cálculo em Leibniz e Newton, respectivamente. É notório que eles não o conceberam da mesma maneira. Ora, determinando as grandezas de acordo com as velocidades dos movimentos ou dos crescimentos que as engendram ("fluxões"), Newton inventa um cálculo adequado ao movimento de uma matéria fluente e adequado mesmo aos seus efeitos sobre um órgão. Mas, considerando que essas flexões desvanecem-se na grandeza crescente que elas compõem, Newton deixa intata a questão de saber onde subsistem os diferentes componentes. O cálculo de Leibniz, ao contrário, fundado na determinação recíproca das "diferenciais", é estritamente inseparável de uma Alma, uma vez que só a alma conserva e distingue os pequenos componentes.[31] O cálculo de Leibniz é adequado ao mecanismo psíquico, tanto quanto o de Newton o é ao mecanismo físico, e a diferença entre os dois é tanto metafísica quanto matemática. Não seria falso dizer que o cálculo de Leibniz assemelha-se ao de Newton: com efeito, ele se aplica à matéria só por semelhança, mas recorde-se que o semelhante é que é modelo, que dirige aquilo a que se assemelha.

---

30. Bergson reencontrará essa ideia de uma semelhança entre a qualidade percebida pela consciência e os pequenos movimentos "contraídos" por um órgão receptor: *Matière et mémoire*, "Résumé et conclusion".

31. Lettre à la princesse Sophie (p. 570): "Só a natureza recebe, com efeito, todas as impressões e com elas compõe uma, mas, sem a alma, a ordem das impressões que a matéria recebeu não poderia ser desenredada, e as impressões seriam tão somente confundidas... Aí onde as impressões precedentes são distinguidas e guardadas é onde há uma alma".

168 Papirus Editora

A dedução tem duas etapas: uma estabelece para a mônada a exigência de ter um corpo (matéria primeira ou matéria-limitação), e a outra mostra como a exigência é satisfeita (matéria segunda ou matéria-fluxo). Resumamos a segunda etapa, do percebido ao corpo: 1) a percepção clara-obscura manifesta uma relação de semelhança com um receptor material que recolhe vibrações; 2) tais receptores são denominados órgãos ou corpos orgânicos e constituem em corpos as vibrações que recebem ao infinito; 3) o mecanismo físico dos corpos (fluxão) não é idêntico ao mecanismo psíquico da percepção (diferenciais), mas este é semelhante àquele; 4) sendo a semelhança modelo, Deus criou necessariamente uma matéria que está em conformidade com aquilo que se lhe assemelha, matéria vibratória atualmente infinita (partes infinitamente pequenas), na qual estão distribuídos por toda parte, disseminados, órgãos receptores; 5) assim, passa-se de um aspecto a outro da percepção, que já não é somente representante do mundo, mas torna-se representação de objeto em conformidade com órgãos. Em resumo, Deus fornece à mônada os órgãos ou o corpo orgânico correspondente às suas percepções. Então estamos em condições de compreender o conjunto da teoria da dobra. A operação da percepção constitui as dobras na alma, as dobras com as quais a mônada é atapetada por dentro; mas essas dobras assemelham-se a uma matéria que deve, por conseguinte, organizar-se em redobras exteriores. Encontramo-nos, inclusive, num sistema quadripartito de dobragem, como é testemunhado pela analogia precedente, dado que a percepção abrange as microdobras das pequenas percepções e a grande dobra da consciência, enquanto a matéria abrange as pequenas dobras vibratórias e sua amplificação sobre um órgão receptor. As dobras na alma assemelham-se às redobras da matéria, e assim as dirigem.

Tenho uma zona de expressão clara e distinguida, porque tenho singularidades primitivas, acontecimentos ideais virtuais a que estou votado. A partir daí a dedução desenrola-se: *tenho um corpo, porque tenho uma zona de expressão clara e distinguida*. Com efeito, o que expresso claramente, chegado o momento, concernirá a meu corpo, agirá diretamente sobre meu corpo, sobre a circunvizinhança, circunstâncias ou meio. César é a mônada espiritual que expressa claramente a travessia do Rubicão: há, portanto, um corpo que o fluido, que tal fluido, virá molhar. Mas, nesse ponto, quando a percepção tornou-se percepção de objeto, tudo pode se inverter sem inconveniente, posso reencontrar a linguagem ordinária ou a ordem habitual e empírica da semelhança: tenho uma zona de expressão clara e privilegiada, porque tenho um corpo. O que expresso claramente é o que sucede ao meu corpo. A mônada expressa o mundo "segundo" seu corpo, segundo os órgãos do seu corpo, segundo a ação dos outros corpos sobre o seu. "O que se passa na alma representa o que se faz nos órgãos."[32] Pode-se dizer, por conseguinte, que a mônada "padece". Na verdade, ao passo que a mônada tira de si todo o percebido, faço como se os corpos que agem sobre o corpo dela agissem sobre ela e causassem suas percepções. Simples maneira de falar, ou se trata de um problema mais profundo a ser resolvido somente pela análise das causalidades?

---

32. *Monadologie,* § 25. E *Nouveaux essais,* II, cap. 21, § 72.

8
OS DOIS ANDARES

As duas metades: Uns aos outros, os "cada-um". Matemática das metades. Papel dos extrema

Leibniz censura os nominalistas, já num texto de juventude, por conceberem totalidades tão somente coletivas e estarem falhando, portanto, no que se refere ao conceito: a compreensão do conceito é um distributivo, não um coletivo. Os carneiros são coletivamente membros de um rebanho, mas os homens são racionais, cada um por sua conta.[1] Ora, Leibniz nota que as mônadas, enquanto seres racionais, são, no que respeita ao mundo, como elas são com respeito à compreensão do seu conceito: cada uma por sua conta inclui o mundo inteiro. As mônadas são os cada-um *(every)*, ao passo que os corpos são *one, some* ou *any:* William James e Russell tirarão grande partido dessa diferença. As mônadas são unidades distributivas, segundo

---

1. *Du stlyle philosophique de Nizolius* (GPh, IV), § 31: os todos coletivos e os todos distintivos ou distributivos.

A dobra 171

uma relação cada-um/todo, ao passo que os corpos são coletivos, rebanhos ou agregados, segundo uma relação uns-aos-outros. Portanto, a repartição dos dois andares parece estrita, pois temos no alto as mônadas racionais ou os Cada-Um, como aposentos privados que não se comunicam, que não agem uns sobre os outros e que são as variantes de uma mesma decoração interior, ao passo que encontramos embaixo o universo material dos corpos, como os Comuns que não param de comunicar movimento, de propagar ondas, de agir uns sobre os outros. Há convergência, sem dúvida, porque cada mônada *expressa* o todo do mundo e porque um corpo recebe a *impressão* de "todos" os corpos, ao infinito.[2] Mas essa convergência passa por vias ou caminhos completamente diferentes: regime de expressão e regime de impressão, causalidade vertical e imanente, causalidade transitiva horizontal. Pode-se opor esses caminhos sumariamente: num caso, trata-se de conceitos da liberdade ou da graça, trata-se de "decretos livres", de causas finais e de "necessidade moral" (o melhor); noutro caso, estamos diante de conceitos da natureza, de causas eficientes, de "máximas subalternas" como leis físicas, e a necessidade é aí hipotética (se um é... então o outro...).

Há não somente convergências mas amplas imbricações de ambas as partes. As máximas subalternas fazem parte dos decretos livres e algumas concernem diretamente às mônadas, uma vez que estas já formam uma "natureza" primeira; a necessidade moral e a necessidade física formam um bloco, e as causas eficientes nunca agiriam se causas finais não viessem satisfazer à condição.[3]

---

2. *Monadologie*, §§ 61-62.

3. Com efeito, os primeiros decretos livres de Deus concernem ao todo do mundo (necessidade moral); mas a natureza particular de cada mônada, sua região clara, obedece a máximas subalternas (necessidade hipotética: se tal é o todo, então a parte...). Cf. *Discours de métaphysique*, § 16, e *Remarques sur la lettre de M. Arnauld* de maio de 1686. Nesse sentido, a necessidade hipotética está bem ancorada na necessidade moral, como mostra *Origine radicale des choses*; e, inversamente, a necessidade moral e as causas finais impregnam os encadeamentos da necessidade hipotética *(Discours de métaphysique,* § 19).

Todavia, trata-se realmente de duas metades, como acabamos de ver em relação ao cálculo infinitesimal. Com efeito, se se assimila o objeto, isto é, o mundo, à equação primitiva de uma curva de inflexão infinita, obtém-se a posição ou o ponto de vista respectivo das mônadas como *forças primitivas*, o que se consegue por meio de uma simples regra das tangentes (vetores de concavidade), e extrai-se da equação relações diferenciais que estão presentes em cada mônada entre pequenas percepções, de tal maneira que cada uma expressa toda a curva do seu ponto de vista. Portanto, é uma primeira parte, um primeiro momento do objeto, o objeto como percebido ou o mundo como expresso. Mas subsiste a questão de saber qual é a outra parte que corresponde agora à equação de partida: não são mais puras relações mas equações diferenciais e integrações que determinam as causas eficientes da percepção, isto é, que concernem a uma matéria e corpos aos quais a percepção assemelha-se. É este o segundo momento do objeto, não mais a expressão, mas o conteúdo.[4] Já não são decretos, mas máximas ou leis empíricas da Natureza segunda. Já não são singularidades de inflexão, mas *singularidades de extremo*, porque a curva é relacionada agora, e somente agora, a coordenadas que permitem determinar mínimos ou máximos. Já não são vetores de concavidade, que definem a posição das mônadas em relação à inflexão, mas vetores de gravidade, que definem a posição de equilíbrio de um corpo no mais baixo do centro de gravidade (a catenária). Já não é uma determinação recíproca por meio de relações diferenciais, mas uma determinação completa do objeto pelo máximo ou mínimo: encontrar a forma de uma linha fechada de comprimento dado que limita a maior superfície plana possível, encontrar a superfície de área mínima limitada por um contorno dado. Em toda parte na

---

4. Hegel mostra que a aplicação do cálculo infinitesimal implica a distinção de duas partes ou momentos do "objeto", e ele admira Lagrange por ter posto isso em evidência: *Science de la logique,* Ed. Aubier, II, pp. 317-337.

matéria, o cálculo "de *minimis* e *maximis*" permitirá determinar a modificação do movimento em relação à ação, a trajetória da luz em relação à reflexão ou à refração, a propagação das vibrações em relação às frequências de harmônicos, mas também a organização dos receptores e a difusão geral ou a repartição de equilíbrio das *forças derivativas* de todo tipo, elásticas e plásticas.[5]

É como se a equação do mundo devesse ser tratada duas vezes: uma vez nos espíritos que a concebem mais ou menos distintamente; outra vez numa Natureza que a efetua sob forma de dois cálculos. Sem dúvida, esses dois cálculos encadeiam-se ou se prolongam, são complementares e devem ser homogeneizados. Eis por que Leibniz pode apresentar a escolha do mundo ou das mônadas como algo que já opera por meio de um cálculo de máximo e de mínimo; a diferença das duas metades nem por isso deixa de subsistir, pois num caso são as relações diferenciais que determinam um máximo de quantidade de ser, ao passo que no outro caso é o máximo (ou o mínimo) que determina as relações na equação. Vimos a diversidade dos singulares em Leibniz: as propriedades de extremo regulam certamente a constituição do mundo escolhido na Natureza, mas a própria escolha remete primeiramente a *outras propriedades*, de inflexão, que põem em jogo a forma do conjunto num nível superior, como a propriedade de ser o limite de uma sequência convergente.[6] Portanto, a grande

---

5. *Essai analogique dans la recherche des causes* (GPh, VII). Maurice Janet analisa as principais propriedades de extremo: *La finalité en mathématiques et en physique*, Recherches philosophiques, II. O problema da "braquistócrona", frequentemente tratado por Leibniz, é um problema de extremo ("descida mínima"). Nos *Principia mathematica*, de Newton, o mesmo sucede com a questão da ogiva (a melhor forma de um projétil num líquido).

6. Albert Lautman, depois de analisar os temas de Janet, marca bem os limites dos extremos ou a diferença de natureza entre dois tipos de propriedade: "Uma vez que as propriedades que tornam a seleção possível são propriedades de máximo e de mínimo, elas conferem certamente ao ser obtido uma vantagem de simplicidade e como que uma aparência de finalidade, mas essa aparência desaparece quando se constata que o que assegura a passagem à existência não é o fato de que as

equação, o mundo, tem dois níveis, dois momentos ou duas metades: uma pela qual ele está envolvido ou dobrado nas mônadas, outra pela qual está ele engajado ou redobrado na matéria. Se se confundem as duas, é todo o sistema que desaba, tanto matemática quanto metafisicamente. No andar superior, temos uma linha de curvatura variável, sem coordenadas, uma curva de inflexão infinita, em que vetores internos de concavidade marcam para cada ramo a posição de mônadas individuais em falta de gravidade. Mas somente no andar de baixo temos coordenadas que determinam extremos, extremos que definem a estabilidade de figuras, figuras que organizam massas, massas que seguem um vetor extrínseco de gravidade ou de maior declive: já é a ogiva como simetrização da inflexão que realiza a figura apta para reencontrar o mínimo de resistência de um fluido.[7] É certamente a organização da casa barroca e sua repartição em dois andares: um inteiramente sem gravidade individual, o outro com gravidade de massa, e a tensão dos dois, quando o primeiro se eleva ou volta a cair, elevação espiritual e gravidade física.

Raymond Ruyer (o mais recente dos grandes discípulos de Leibniz) opõe as "formas verdadeiras" às figuras e estruturas.[8] As figuras são funções que remetem a eixos de coordenadas, e as estruturas

---

propriedades em questão sejam propriedades extremadas, mas o fato de que a seleção determinada por elas está implicada no conjunto da estrutura considerada... A propriedade excepcional que a distingue já não é uma propriedade de extremo, mas a propriedade de ser o limite de uma sequência convergente..." (*Essai sur les notions de structure et d'existence en mathématique*, 10-18, cap. VI, pp. 123-125). É verdade que Leibniz, na *Origine radicale des choses*, assimila a seleção do melhor mundo a uma propriedade de extremo, mas ele o faz ao preço de uma ficção que consiste em considerar o espaço como uma "receptividade" vazia, comum a todos os mundos possíveis, e do qual seria preciso preencher um máximo de lugares. De fato, vimos que a distinção dos conjuntos incompossíveis repousava não mais sobre propriedades de extremo, mas, ao contrário, sobre propriedades de série.

7. Cf. Bernard Cache, *L'ameublement du territoire*, onde os dois andares são nitidamente distinguidos (inflexão, extremos, vetores de concavidade-vetor de gravidade).
8. Cf. Raymond Ruyer, sobretudo *La conscience et le corps, Éléments de psychologie, Néofinalisme*, PUF, e *La genèse des formes viventes*, Ed. Flammarion.

são funcionamentos que remetem a posições relativas ordenadas de próximo em próximo, segundo estados de equilíbrio e ligações horizontais, mesmo quando há relação de dominância. Mas as formas, ditas substanciais ou individuais, são posições absolutas verticais, superfícies ou volumes absolutos, domínios unitários de "sobrevoo", que já não implicam como as figuras uma dimensão suplementar para apreender a si mesmas e que já não dependem como as estruturas de ligações localizáveis preexistentes. São almas, mônadas, superjectos em "autossobrevoo". Presentes a si na dimensão vertical, sobrevoando a si mesmas sem tomar distância, não são nem objetos capazes de explicar a percepção, nem sujeitos capazes de apreender um objeto percebido, mas interioridades absolutas que apreendem a si mesmas e tudo o que as preenche, num processo de *self-enjoyment*, tirando de si todo o percebido ao qual elas estão copresentes nessa superfície interna de um só lado, independentemente de órgãos receptores e de excitações físicas que não intervêm nesse nível. Meus olhos remeteriam a um terceiro olho, e este a um quarto, se uma forma absoluta não fosse capaz de ver a si mesma e, por conseguinte, de ver todos os detalhes do seu domínio, esse domínio em cujos lugares, em sua totalidade, ela se encontra ao mesmo tempo: *ligações não localizáveis*. Essas formas verdadeiras dizem-se não apenas de organismos vivos mas de partículas físico-químicas, molécula, átomo, fóton, toda vez que há seres individuais assinaláveis que não se contentam em funcionar mas não param de "se formar". A questão, portanto, não é a de um vitalismo, embora a variedade interna das formas dê conta das diferenças entre o orgânico e o inorgânico. De qualquer maneira, as formas verdadeiras ou absolutas são forças primitivas, unidades primárias essencialmente individuais e ativas, que atualizam um virtual ou potencial, e que concordam umas com as outras sem se determinarem de próximo em próximo.

A *Gestalttheorie* acreditou ter atingido essas formas ao invocar, tanto para as figuras percebidas como para as estruturas físicas, uma ação do todo e equilíbrios dinâmicos extremados, tipo "bolha de sabão", que permitiriam ultrapassar as simples ações de contato, os mecanismos de próximo em próximo e as ligações preexistentes (por exemplo, uma lei de tensão mínima explicaria a fixação fóvea sem supor condutores especiais). Mas talvez a *Gestalt* tenha reencontrado assim a grande tentativa dos newtonianos, quando começaram a elaborar as noções de atração e de campo para ultrapassar a mecânica clássica. Ora, a esse respeito, a oposição de Leibniz a Newton explica-se não apenas pela crítica do vazio mas porque os fenômenos de "atração", aos quais Leibniz reconhece de bom grado uma especificidade (magnetismo, eletricidade, volatilidade), não parecem ter para ele, todavia, uma natureza capaz de ultrapassar a ordem dos mecanismos de contato ou de próximo em próximo (os "impulsos", as "impulsões").[9] Um trajeto criado de instante em instante por uma diminuição infinitesimal de tensão opera tanto de próximo em próximo como um caminho preformado, carril ou tubulação; um preenchimento progressivo de todo o espaço possível por um conjunto de ondas não implica menos ações de contato num fluido. As leis de extremo, recentemente invocadas por D'Arcy Thomson para dar conta de fenômenos orgânicos, implicam ainda caminhos no extenso que só se podem comparar quando se supõe a forma que se pretende explicar. Em resumo, não nos aproximamos assim das unidades primárias ativas; ao contrário, permanecemos num extenso sem sobrevoo e em ligações sem razão suficiente. O que Leibniz reclama contra Newton (como Ruyer contra os gestaltistas)

---

9. Leibniz declara que concorda com Newton sobre a lei de gravitação inversa aos quadrados, mas pensa que a atração explica-se suficientemente por meio do caso especial dos fluidos e de "suas impulsões" (circulação harmônica dos planetas, da qual decorreria uma força centrípeta). É toda uma teoria da formação de um vetor de gravidade: *Essai sur les causes des mouvements célestes*, GM, VI; e sobre o magnetismo, Ed. Dutens, II. Sobre a alternativa "atração-impulsão", inclusive em Newton, cf. Koyré, *Etudes newtoniennes*, Gallimard, pp. 166-197. Koyré sublinha, não sem ironia, a importância do *Essai* para uma conciliação da atração newtoniana com a ação de próximo em próximo ("Leibniz fez o que Huyghens não conseguiu fazer...", pp. 166 e 179).

é o estabelecimento de uma verdadeira forma, irredutível a um todo aparente ou a um campo fenomênico, pois ela deve guardar a distinção de seus detalhes e sua própria individualidade, mesmo na hierarquia em que entra. Certamente, têm uma grande importância tanto os semitodos como as partes, tanto as atrações como os impulsos, os equilíbrios dinâmicos e mecânicos, as leis de extremo e as leis de contato, as ondas e os tubos, os ligantes e as colas. São indispensáveis, mas constituem apenas ligações secundárias horizontais e seguem máximas subalternas, de acordo com as quais as estruturas funcionam e as figuras ordenam-se ou se encadeiam, *uma vez que estejam formadas*. Se há finalidade aqui, é somente aquela que o mecanismo realiza.

Todas essas leis são como que estatísticas, porque concernem a coleções, amontoados, organismos, e não mais a seres individuais. Assim, não expressam as forças primitivas de seres individuais, mas distribuem forças derivativas nas massas, forças elásticas, forças de atração, forças plásticas, forças que determinam em cada caso as ligações materiais. A grande diferença não passa, portanto, entre o orgânico e o inorgânico, mas atravessa tanto um como o outro, distinguindo o que é ser individual e o que é fenômeno de massa ou de multidão, o que é forma absoluta e o que são figura ou estrutura maciças, molares.[10] São os dois andares ou os dois aspectos do cálculo. No alto, os seres individuais e as formas verdadeiras ou forças primitivas; embaixo, as massas e as forças derivativas, figuras e estruturas. Sem dúvida, os seres individuais são as razões últimas e suficientes: são suas formas ou forças primitivas, é a hierarquia, o acordo e a variedade dessas formas que compõem em última instância as coleções, os diferentes tipos de coleção. Mas o andar de baixo não é menos irredutível por implicar uma perda de individualidade dos componentes e por relacionar forças materiais ou secundárias de ligação aos tipos de coleções

---

10. Ruyer, *La genèse des formes viventes*, pp. 54 e 68.

compostas. É certo que um andar dobra-se sobre o outro, mas, antes de tudo, cada um comporta um modo de dobra muito diferente. Não é à maneira de uma cadeia genética ou mesmo de uma gástrula que uma cadeia montanhosa pregueia-se. Esse exemplo é ainda referido ao orgânico e ao inorgânico. O que é preciso distinguir radicalmente são as redobras da matéria, que consistem sempre em esconder algo da superfície relativa que elas afetam, e as dobras da forma, que, ao contrário, revelam a si mesmas o detalhe de uma superfície absoluta, copresente a todas as suas afecções.

Virtual-atual, possível-real: O acontecimento

Por que o andar de baixo, que não é uma simples aparência? É que o mundo, a linha embrulhada do mundo, é como um virtual que se atualiza nas mônadas: o mundo só tem atualidade nas mônadas, e cada uma delas o expressa do seu próprio ponto de vista, sobre sua própria superfície. Mas o par virtual-atual não esgota o problema, havendo um segundo par muito diferente, o par possível-real. Por exemplo, Deus escolheu um mundo numa infinidade de mundos possíveis: os outros mundos têm igualmente sua atualidade em mônadas que os expressam: Adão não pecando ou Sexto não violando Lucrécia. Portanto, há um atual que permanece possível e que não é forçosamente real. O atual não constitui o real, devendo ser ele próprio realizado, e o problema da realização do mundo acrescenta-se ao da sua atualização. Deus é "existentificante", mas o Existentificante é, de um lado, Atualizante e é, por outro, Realizante. O mundo é uma virtualidade que se atualiza nas mônadas ou nas almas, mas é também uma possibilidade que deve realizar-se nas matérias ou nos corpos.

Pode-se objetar, dizendo que é curioso que a questão da realidade coloque-se a propósito dos corpos que, mesmo não sendo aparências, são simples fenômenos. Mas, propriamente

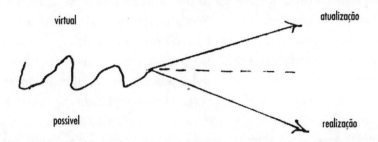

falando, fenômeno é o percebido na mônada. Quando, em virtude da semelhança entre o percebido e algo = x, perguntamos se não há corpos agindo uns sobre os outros, de tal maneira que nossas percepções internas se lhes correspondam, estamos levantando com isso a questão de uma realização do fenômeno, ou melhor, de um "realizante" do percebido, isto é, a questão da transformação do mundo atualmente percebido em mundo objetivamente real, em Natureza objetiva.[11] Não é o corpo que realiza, mas é no corpo que algo se realiza, com o que o próprio corpo se torna real ou substancial.

O processo de atualização opera por distribuição, mas o processo de realização opera por semelhança. Isso suscita um ponto particularmente delicado, pois, se o mundo está tomado num duplo processo, de atualização nas mônadas e de realização nos corpos, cabe perguntar em que consiste ele próprio, de que modo defini-lo como *o que* se atualiza e se realiza? Encontramo-nos diante de acontecimentos: a alma de Adão peca atualmente (segundo causas finais), e também seu corpo absorve realmente a maçã (segundo causas eficientes). Minha alma experimenta uma dor atual, meu corpo recebe um golpe real. Mas o que é essa parte secreta do acontecimento, parte que se distingue ao mesmo tempo da sua própria realização e da sua própria atualização, muito embora ela não exista fora disso? Essa morte, por exemplo, que

---

11. É a Correspondência com Des Bosses que levanta essa questão da "realização" dos fenômenos ou do percebido fora das almas. Sobre "o Realizante", Lettre de abril de 1715.

nem é realidade exterior da morte, nem sua intimidade na alma, que é? Já vimos, é a pura inflexão como idealidade, singularidade neutra, um incorpóreo tanto quanto um impassível; é, para falar como Blanchot, "a parte do acontecimento que o acabamento deste" não pode atualizar e que nem pode realizar-se com a efetuação dele.[12] É o expressável de todas as expressões, o realizável de todas as realizações, *Eventum tantum* ao qual tentam igualar-se alma e corpo, mas que não para de sobrevir nem deixa de nos esperar: virtualidade e possibilidade puras, o mundo à maneira de um incorpóreo estoico, o puro predicado. Como diria o filósofo chinês (ou japonês), o mundo é o Círculo, a pura "reserva" dos acontecimentos que se atualizam em cada eu e se realizam nas coisas uma a uma. A filosofia de Leibniz, como se vê nas cartas a Arnauld, exige essa preexistência ideal do mundo, tanto em relação às mônadas espirituais como em relação ao universo material, exige essa parte muda, essa parte de inquietante sombreado do acontecimento. Só podemos falar do acontecimento já engajado na alma que o expressa e no corpo que o efetua, mas de modo algum poderíamos falar sem essa parte que dele se subtrai. Por mais difícil que seja, devemos pensar a batalha naval a partir de um potencial que transborda as almas que conduzem a batalha e os corpos que a executam.

É em relação ao mundo que se pode dizer que o universo material é expressivo tanto quanto as almas: estas expressam atualizando, o outro expressa realizando. Certamente, são dois regimes muito diferentes de expressão, são realmente distintos, pois um é distributivo e o outro é coletivo: cada mônada expressa por sua conta o mundo inteiro, independentemente das outras e sem influxo, ao passo que todo corpo recebe a impressão ou o influxo dos outros, e é o conjunto

---

12. Tema frequente em Maurice Blanchot: cf. *L'espace littéraire,* Gallimard, pp. 160-161. Essa concepção do acontecimento pode ser aproximada de uma tradição chinesa ou japonesa, tal como traduzida e comentada por René de Ceccatty e Nakamura: *Shôbôgenzô, La réserve visuelle des événements dans leur justesse,* pelo monge Dôgen (século XIII), Ed. de La Différence.

dos corpos, é o universo material que expressa o mundo. Portanto, a harmonia preestabelecida apresenta-se primeiramente como um acordo entre os dois regimes. Mas estes têm uma segunda diferença entre si: a expressão da alma vai do todo ao particular, isto é, do mundo inteiro a uma zona privilegiada, ao passo que a expressão do universo vai de parte em parte, do próximo ao longínquo, na medida em que um corpo corresponde à zona privilegiada da alma e sofre de próximo em próximo a impressão de todos os outros. Desse ponto de vista, há sempre *um corpo* que expressa do seu lado, com os seus circunvizinhos, o que uma alma expressa na sua região particular, e a harmonia preestabelecida está entre a alma e "seu corpo". Mas o que permite falar em "o corpo de uma mônada", "seu corpo", dado que a mônada é sempre um Cada-um, *Every*, enquanto o corpo é sempre um corpo, um *One*? Em que está fundada a pertença de um corpo a cada mônada, apesar da distinção real e da diferença de andar ou de regime? É preciso que um *One*, sem deixar de ser um *One*, pertença a cada *Every*. Em resumo, a harmonia preestabelecida não se distingue somente em si mesma do ocasionalismo de Malebranche ou do paralelismo de Espinosa, mas distingue-se também por suas consequências: longe de substituir o problema da reunião da alma e do corpo, da encarnação ou da "presença imediata", ela o torna mais necessário ainda, mesmo que seja somente para passar do primeiro ao segundo aspecto.[13] Com efeito, a harmonia explica as correspondências entre cada alma e o universo material, mas, quando se invoca a correspondência entre a

---

13. Leibniz sublinha frequentemente que a união da alma e do corpo, definida por uma "presença imediata", não se confunde com a harmonia: *Théodicée*, discours § 55; *Remarque... sur un endroit des Mémoires de Trévoux* (GPh, VI, pp. 595-596); Lettre à Rémond, novembro de 1715 (GPh, III, p. 658). Cf. o comentário de Christiane Frémont, *Lêtre et la relation*, Ed. Vrin, p. 41. *O Système nouveau de la Nature*, § 14, marca o liame dos dois problemas e a passagem de um ao outro. É certo que o ocasionalismo de Malebranche invoca também a encarnação, mas como mistério da fé. Embora tenda algumas vezes a se expressar assim, Leibniz considera o problema da encarnação como inteligível e solúvel, pelo menos ao nível do homem.

alma e seu corpo, a harmonia não pode explicar isso por uma relação qualquer no corpo, porque uma tal relação supõe uma pertença preestabelecida. E somente no âmbito de uma teoria da pertença que o problema encontrará sua solução: que quer dizer pertencer e em que sentido *um* corpo pertence a cada alma?

Leibniz e Husserl: Teoria das pertenças

Com toda razão, Husserl invoca Leibniz na última das *Meditações cartesianas*. Com efeito, ele desenvolve toda uma teoria da pertença, retomando três grandes momentos expostos por Leibniz: a mônada é *o Ego* em sua plenitude concreta, o Eu reportado a uma "esfera de pertença", à esfera das suas posses; mas eu, mônada, encontro na esfera do que me pertence a marca de algo que não me pertence, algo que me é estranho; posso, assim, constituir uma Natureza objetiva à qual pertencem o estranho e eu próprio. À primeira questão, "o que me pertence?", Leibniz já responde como Husserl o fará: é, primeiramente, o pensamento do eu, o *cogito*, mas também o fato de que tenho pensamentos diversos, todas as minhas percepções cambiantes, todos os meus predicados incluídos, o mundo inteiro como percebido; e, ainda, o que me pertence é essa zona do mundo que expresso claramente, minha posse especial; e, de resto, o que me pertence é a matéria primeira que possuo como exigência de ter um corpo. E, enfim, é o corpo, é um corpo; possuo um corpo que vem satisfazer a exigência, como vimos anteriormente: um corpo orgânico ao qual estou imediatamente "presente", do qual disponho de uma maneira imediata e ao qual coordeno o percebido (percebo com órgãos, com as mãos, com os olhos ...). Eis toda a listagem das minhas posses; a última distingue-se de todas as outras, porque é extrínseca, não estando o corpo *em* minha mônada. Já se pode esclarecer a grande diferença que haverá entre Leibniz e Husserl: é ao nível do corpo que Husserl descobre o estranho como o outro-eu, a outra mônada, "por transposição aperceptiva a partir do meu próprio corpo". O mesmo não ocorre em Leibniz, para quem a pluralidade das mônadas foi descoberta numa etapa anterior: com efeito, tudo o que excede minha zona clara ou meu departamento e que todavia incluo, tudo o que permanece sombrio ou obscuro em mim é como a imagem negativa de outras mônadas, porque outras mônadas fazem disso sua zona clara. Assim sendo, já existe uma comunidade de mônadas, e uma Natureza primeira constituída por todas as suas respectivas zonas claras, Natureza que não tem necessidade dos corpos para aparecer. Certamente, nenhuma mônada contém outras, mas as minhas posses intrínsecas comportam suficientemente a marca de estranhos, cuja sombra descubro em mim, em meu fundo sombrio, pois nada há de obscuro em mim que não deva ser decantado numa outra mônada. Em Leibniz, portanto, se um encontro com o estranho se produz ao nível do corpo, esse encontro será não com o outro-eu mas com algo mais inesperado, que constitui uma Natureza segunda.

Alma e corpo: A pertença revertida, as pertenças provisórias

Tenho um corpo, um corpo me pertence: como pode minha mônada ter uma posse extrínseca, fora dela, no andar de baixo? Uma das teses essenciais de Leibniz consiste em estabelecer ao mesmo tempo a distinção real e a inseparabilidade: não é por serem realmente distintas que duas coisas devem ser separáveis. É aí que a Harmonia e a União encontram o princípio da sua repartição: a harmonia preestabelecida da alma e do corpo rege sua distinção real, ao passo que a União determina sua inseparabilidade.[14] Mesmo

---

14. *Théodicée*, discours § 55: "Embora eu não sustente de modo algum que a alma mude as leis do corpo nem que o corpo mude as leis da alma, e tenha introduzido a harmonia preestabelecida para evitar esse transtorno, não deixo de admitir uma verdadeira união entre a alma e o corpo, que faz de cada um deles um suposto".

quando morro, minha mônada não se separa de um corpo cujas partes contentam-se em involuir. Já vimos que minha mônada não percebe em si mesma sem ter um corpo à "semelhança" do qual ela percebe. Em virtude da generalidade da ordem de semelhança, trata-se de um corpo genérico, específico, orgânico: um corpo de homem ou então de cavalo, de cachorro... A exigência de ter um corpo é certamente individual, mas não é individual o corpo que vem cumpri-la, pelo menos não imediatamente. Leibniz insiste frequentemente nesse ponto: Deus não dá um corpo à alma sem fornecer órgãos a esse corpo. Ora, o que faz com que um corpo orgânico seja específico ou genérico? Sem dúvida, ele é feito de infinidades de partes materiais atuais, em conformidade com a divisão infinita, em conformidade com a natureza das massas ou coleções. Mas essas infinidades, por sua vez, não comporiam órgãos se não fossem inseparáveis de multidões de pequenas mônadas, mônadas de coração, de fígado, de joelho, de olhos, de mãos (segundo sua zona privilegiada que corresponde a tal ou qual infinidade): mônadas animais que pertencem, elas próprias, às partes materiais do "meu" corpo e que não se confundem com a mônada a que meu corpo pertence. São somente os requisitos do meu corpo orgânico, específico ou genérico; e não cabe perguntar se a matéria pensa ou percebe, mas apenas se ela é separável ou não dessas pequenas almas capazes de perceber.[15] Vê-se, portanto, que a teoria leibniziana da pertença procede a uma reversão fundamental que não vai parar de relançá-la: é preciso distinguir as mônadas que têm um corpo, às quais um corpo pertence, e as mônadas que são os requisitos específicos desse corpo ou que pertencem às partes desse corpo. E essas segundas mônadas, essas próprias mônadas de corpo, têm um corpo que lhes pertence, corpo especificamente distinto daquele de que elas são os requisitos, e cujas partes, por sua vez, possuem multidões de mônadas terceiras. E essas mônadas

---

15. *Nouveaux essais,* fim do Prefácio.

terceiras...[16] A alma e o corpo são sempre realmente distintos, mas a inseparabilidade traça um vaivém entre os dois andares: minha mônada única tem um corpo; as partes desse corpo têm multidões de mônadas; cada uma dessas mônadas tem um corpo...

Se meu corpo, o corpo que me pertence, é um corpo segundo a lei das coleções, é porque suas partes não só crescem e diminuem, involuem e evoluem, mas não param de passar, não param de ir (fluxão). Quando elas se vão, as mônadas que delas são inseparáveis seguem-nas ou escapam-me: requisitos do meu corpo, mas eram requisitos tão somente *pro tempore*.[17] Portanto, a teoria da pertença distingue pertenças não simétricas e revertidas (um corpo pertence a minha mônada, mônadas pertencem às partes do meu corpo), mas distingue também pertenças constantes ou temporárias (um corpo pertence constantemente a minha mônada, mônadas pertencem temporariamente ao meu corpo). É aí que se dá na teoria da pertença a revelação de um semiestranho: o animal em mim como ser concreto. A grande diferença em relação a Husserl é que este não vê problema especial na composição orgânica: meu corpo não suscita problema na minha esfera de pertença, e o estranho surge apenas com o outro corpo, através do qual viso um *Alter-Ego* que não me pertence; quanto ao animal, é somente uma "anomalia" desse Outro. Para Leibniz, ao contrário, o *alter-ego* já surgiu numa etapa precedente da dedução fenomenológica e é suficientemente explicado pela harmonia preestabelecida. Com a união da alma e do corpo, o estranho que surge agora nas minhas pertenças, para fazê-las oscilar, é o animal, e primeiramente os pequenos animais inseparáveis das partes fluentes do meu corpo, uma vez que eles voltam a se tornar estranhos para

---

16. *Monadologie*, § 70; Lettre à Des Bosses, junho de 1712.
17. Lettre à Arnauld, setembro de 1687 (GPh, II, p. 120). E *Monadologie*, § 71: "De maneira alguma é preciso imaginar, como alguns que apreenderam mal meu pensamento, que cada alma tenha uma massa ou porção de matéria própria ou a ela afeta para sempre e que, por conseguinte, possua outros viventes inferiores sempre destinados ao seu serviço..."

186 Papirus Editora

mim como o eram antes. "Se a alma de César, por exemplo, devesse estar só na natureza, o autor das coisas teria podido evitar dar-lhe órgãos; mas esse mesmo autor quis fazer ainda uma infinidade de outros seres que estão envolvidos nos órgãos uns dos outros; nosso corpo é uma espécie de mundo cheio de uma infinidade de criaturas que também mereciam existir".[18] Os animais que encontro no exterior não passam de um aumento destes, e não é apenas uma psicologia animal que se mostra essencial ao sistema de Leibniz, mas também uma monadologia animal. O que minha esfera de pertença leva-me a descobrir essencialmente são as pertenças revertidas, temporárias ou provisórias (embora um corpo sempre me pertença). De fato, é muito difícil para cada um de nós fazer a lista das suas próprias posses. Não é fácil saber o que nos pertence e por quanto tempo. A fenomenologia não basta. O grande inventário de Malone é testemunho disso na literatura moderna. Malone é uma mônada nua, quase nua, aturdida, degenerada, cuja zona clara não para de retrair, cujo corpo não para de involuir, cujos requisitos não param de fugir. É difícil para ele saber o que lhe pertence ainda "de acordo com sua definição", o que lhe pertence apenas pela metade e por um momento, coisa ou animálculo, a menos que seja ele o que pertence, mas a quem? É uma questão metafísica. Ser-lhe-ia necessário um gancho especial, uma espécie de *vinculum* para selecionar as posses, mas não há nem mesmo esse gancho.

Esses avatares da pertença ou da posse têm uma grande importância filosófica. É como se a filosofia penetrasse num novo elemento, é como se substituísse o elemento do Ser pelo do Ter. Certamente, a fórmula "ter um corpo" não é uma novidade, mas o que é novo é ter-se incidido a análise sobre as espécies, os graus, as relações e as variáveis da posse, para fazer disso o conteúdo ou o desenvolvimento da noção de Ser. Muito mais do que Husserl,

---

18.   Lettre à Lady Masham, junho de 1704 (GPh, III, p. 356).

foi Gabriel Tarde quem apreendeu plenamente a importância dessa mutação e pôs em questão o injustificável primado do verbo ser: "O oposto verdadeiro do eu não é o não eu, é *o meu;* o oposto verdadeiro do ser, isto é, o tendo, não é o não ser, é *o tido*".[19] Já no interior da mônada, Leibniz erigia "tenho pensamentos diversos" como correlato de "sou pensante": as percepções como predicados incluídos, isto é, como propriedades internas, vinham substituir os atributos. A predicação era do domínio do ter e vinha resolver as aporias do ser ou da atribuição. Com mais razão, o corpo como propriedade extrínseca vai introduzir nas posses fatores de reversão, de revolvimento, de precarização, de temporalização. Com efeito, esse novo domínio do ter não nos introduz num calmo elemento, que seria o do proprietário ou da propriedade, determinado uma vez por todas. O que se regula no domínio do ter, através da propriedade, são as relações moventes e perpetuamente remanejadas das mônadas entre si, tanto do ponto de vista da harmonia, que as considera "cada-uma a cada-uma", como do ponto de vista da união, que as considera "umas e as outras". Há também aí uma casuística. Finalmente, uma mônada tem como propriedade não um atributo abstrato, movimento, elasticidade, plasticidade, mas outras mônadas, como uma célula tem outras células ou como um átomo tem outros átomos. São fenômenos de subjugação, de dominação, de apropriação, que preenchem o domínio do ter, e este encontra-se sempre sob certa potência (eis por que Nietzsche sentir-se-á tão próximo de Leibniz). Ter ou possuir é dobrar, isto é, expressar o que se contém "numa certa potência". Se o barroco foi frequentemente reportado ao capitalismo, é por estar ele ligado a uma crise da propriedade, crise que aparece ao mesmo

---

19. Em seu artigo essencial, "Monadologie et sociologie", Gabriel Tarde apresenta essa substituição do ser pelo ter como uma verdadeira reversão da metafísica, que decorre diretamente da mônada: *Essais et mélanges sociologiques*, Ed. Maloine. Jean Milet comentou esse tema e propõe denominar "Ecologia" essa disciplina que substitui a Ontologia (*Gabriel Tarde et la philosophie de l'histoire*, Ed. Vrin, pp. 167-170).

tempo com a escalada de novas máquinas no campo social e com a descoberta de novos viventes no organismo.

Dominação e vínculo

A pertença e a posse remetem à dominação. Um corpo específico pertence a minha mônada, mas *à medida que* minha mônada domina as mônadas que pertencem às partes do meu corpo. A expressão, como cifra das correspondências, ultrapassa-se rumo à dominação como cifra das pertenças; cada mônada expressa o mundo inteiro e, portanto, todas as outras mônadas, mas de um ponto de vista que liga cada uma mais estreitamente a determinadas outras, que elas dominam ou que as dominam. Se um corpo me pertence sempre, é porque as partes que se vão dele são substituídas por outras, cujas mônadas caem por sua vez sob a dominação da minha (há uma periodicidade da renovação das partes, não partindo todas ao mesmo tempo): o corpo é análogo ao navio de Teseu que os atenienses sempre repararam.[20] Mas, considerando que nenhuma mônada contém outras, a dominação continuaria sendo uma noção vaga se Leibniz não chegasse a defini-la precisamente por um "vínculo substancial". É um estranho liame, um gancho, um jugo, um nó, uma correlação complexa que comporta termos variáveis e um termo constante.

As três espécies de mônada: Dominantes, dominadas, degeneradas. Multidões, organismos e amontoados

O termo constante será a mônada dominante, porque a correlação vinculatória lhe pertence ou é a ela "fixada". Aparentemente,

---

20. *Nouveaux essais*, II, cap. 27, §§ 4-6; e constantemente na correspondência com Des Bosses.

isso pode surpreender tanto mais que essa correlação, tendo outras mônadas como termos variáveis (portanto dominadas), não pode ser um predicado *contido* em seu sujeito. Eis por que a correlação será dita "substancial", não tendo um predicado. Tendo toda correlação um sujeito, a mônada dominante é bem sujeito do vínculo, mas "sujeito de adesão", não de inerência ou de inesão.[21] É um paradoxo quase insuportável no leibnizianismo, como foi destacado por muitos comentadores. Tomar as correlações como predicados não é paradoxo, desde que se compreenda o que é um predicado e o que o diferencia de um atributo; e a harmonia preestabelecida não implica qualquer relação exterior entre as mônadas, mas somente acordos/acordes regulados de dentro. Em troca, o paradoxo parece intransponível desde que se invoque uma posse extrínseca, isto é, uma correlação, que tem certamente um sujeito mas não está em seu sujeito, não é predicado. O que Leibniz aí descobre é que a mônada, como interioridade absoluta, como superfície interior de um só lado, nem por isso deixa de ter um outro lado ou um mínimo de fora, uma forma de fora estritamente complementar. É a topologia que pode resolver a contradição aparente? Com efeito, esta se dissipa quando se lembra que a "unilateralidade" da mônada implica, como condição de clausura, uma torsão do mundo, uma dobra infinita, que só pode desdobrar-se, em conformidade com a condição, restituindo o outro lado não como exterior à mônada mas como o exterior ou o fora de sua própria interioridade: um tabique, uma membrana flexível e aderente, coextensiva a todo o dentro.[22] É esse vínculo o liame primário não localizável que borda o interior absoluto.

---

21. Sobre essa distinção, nas teorias escolásticas do *vinculum*, cf. Boehm, *Le* vinculum substantiale *chez Leibniz*, Ed. Vrin, pp. 77-98. E Lettre à Des Bosses, abril de 1715: "Esse liame estará sempre ligado à mônada dominante".

22. Buffon desenvolve uma ideia paradoxal muito próxima do vínculo: um "molde interior" que se impõe às moléculas orgânicas variáveis (*Histoire des animaux*, cap. III. E Canguilhem, *Connaissance de la vie*, Ed. Hachette, pp. 63-67; e 215-217, sobre o emprego da palavra "mônada" em história natural, segundo Leibniz).

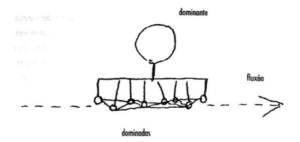

Quanto aos termos variáveis, são as mônadas que entram sob a correlação como "objetos", mesmo que só por um momento. Esses termos podem existir sem a correlação, e esta sem eles: a correlação é exterior às variáveis, assim como ela é o fora da constante.[23] A correlação é tanto mais complexa à medida que toma uma infinidade de variáveis. Estas serão ditas dominadas, precisamente na medida em que entram sob a correlação ligada à dominante ou constante. Quando elas deixam de estar sob essa correlação, entram sob uma outra, sob um outro vínculo ligado a uma outra dominante (a menos que se liberem de todo vínculo). Para avaliar a ação do vínculo, devemos distinguir nitidamente dois aspectos. Em primeiro lugar, é o vínculo que toma suas variáveis *em multidão, por multidões*. Isso não quer dizer que as mônadas que entram sob sua empresa percam em si sua individualidade (o que implicaria um milagre). O vínculo até mesmo supõe essa individualidade e supõe as modificações ou percepções internas das mônadas, mas nada muda nelas e não depende delas. Ele apenas tira delas uma "modificação comum", isto é, um Eco que elas têm em conjunto quando se refletem numa parede.[24] Como Yvon Belaval e Christiane Frémont mostraram, o próprio vínculo é que é "parede reflexiva", e ele o é por ser essa

---

23. Lettre à Des Bosses, maio de 1716: o vínculo é "naturalmente vínculo, mas não essencialmente, pois ele exige as mônadas, porém não as envolve essencialmente, pois pode existir sem elas e elas sem ele".
24. Lettre à Des Bosses, abril e agosto de 1715.

forma do fora que depende da dominante ou constante; quanto às mônadas variáveis, elas são os "emissores", e o eco é a modificação de conjunto.[25] É nesse sentido que o vínculo trata suas variáveis num efeito de multidão e não em sua individualidade: donde a passagem da óptica à acústica, ou do espelho individual ao eco coletivo, remetendo os efeitos de murmúrio e de ruído a esse novo registro acústico. Ora, se o vínculo toma as mônadas em multidões, então ele opera a reversão da pertença. Enquanto as mônadas são consideradas em sua individualidade, um corpo pertence a cada mônada que lhe é inseparável: isso é verdadeiro da mônada dominante, mas igualmente de cada mônada dominada, que, tomada individualmente, é por sua vez dominante e possui portanto um corpo. Mas produz-se o inverso, quando as mônadas dominadas são tomadas em multidões sob um vínculo: nesse caso, são elas que pertencem a infinidades de partes materiais que lhes são inseparáveis. Elas constituem a especificidade dessas partes em geral, no duplo sentido de homogeneidade de partes que não param de se substituir e de heterogeneidade para as partes que se coordenam. Em resumo, como membrana ou parede, o vínculo opera uma espécie de seleção sobre as mônadas que recebe como termos: são multidões selecionadas que constituem em cada caso a especificidade das partes orgânicas, que constituem, portanto, a unidade específica ou genérica do corpo ao qual essas partes remetem. E esse corpo não é certamente o de uma mônada variável, pois esta, por sua vez, só tem o corpo a título individual e quando serve de constante. O corpo orgânico composto de partes materiais é precisamente aquele que a dominante possui, *um* corpo que encontra aqui a determinação de sua unidade específica.

---

25. A teoria do vínculo é tardia em Leibniz, aparecendo na correspondência com Des Bosses (1706-1716). Os problemas a esse respeito foram particularmente esclarecidos pelos comentários de Belaval, *Leibniz, initiation à sa philosophie*, Ed. Vrin, pp. 244-252, e de Christiane Frémont, *L'être et la relation*, Ed. Vrin, pp. 31-42. C. Frémont mostra toda a importância do vínculo para a teoria leibniziana da correlação, renovando a compreensão dessa teoria.

Mas o outro aspecto surge quando o vínculo é reportado não às mônadas dominadas variáveis mas diretamente a essa dominante ou constante. Com efeito, enquanto fixado ou ligado a uma dominante individual, o vínculo determina uma unidade individual do corpo que lhe pertence: esse corpo que tenho não é somente corpo de homem, de cavalo ou de cachorro, é o meu. Mais ainda, não haveria unidade específica se a unidade individual já não estivesse pressuposta sob essa primeira função do vínculo. Se tantas partes materiais podem ir-se a cada instante para ser substituídas por outras, não é somente porque são elas especificamente substituíveis, mas é porque o corpo ao qual elas pertencem de passagem permanece individualmente uno, um corpo uno, em virtude da mônada à qual ele não para de pertencer. É todo um ciclo da alma e do corpo, círculo que passa por *Every, One* e retorna a *Every* por intermédio das pertenças ou do "possessivo": 1) *cada* mônada individual possui *um* corpo do qual é inseparável; 2) cada mônada possui um corpo enquanto é ela o sujeito constante do vínculo que lhe é fixado (*seu* vínculo); 3) esse vínculo tem como variáveis mônadas tomadas em multidões; 4) essas multidões de mônadas são inseparáveis de infinidades de partes materiais às quais elas pertencem; 5) essas partes materiais constituem a composição orgânica de *um* corpo, cujo vínculo considerado com relação às variáveis assegura a unidade específica; 6) *esse* corpo é o que pertence à mônada individual, ele é *seu* corpo, uma vez que já dispõe de uma unidade individual, graças ao vínculo agora considerado em relação à constante.

É ainda mais complicado se se considera a classificação necessária das mônadas. Tomadas individualmente, todas as mônadas sem exceção expressam o mundo inteiro e só se distinguem pelo seu departamento, pela zona clara de sua expressão. As mônadas racionais têm uma zona tão ampla e tão intensa, que ela se presta a operações de reflexão ou de aprofundamento que as fazem tender a Deus. Mas toda mônada animal também tem sua zona clara, por mais reduzida que seja, mesmo o carrapato, mesmo uma mônada de sangue, de fígado... Assim tomada em sua individualidade, toda mônada é uma *substância simples*, uma *força primitiva ativa*, uma *unidade de ação ou de mudança internas*. Certamente, ela tem um corpo, é inseparável de um corpo correspondente a sua zona clara, mas ela não o contém e é realmente distinta dele: ela somente o exige em razão da limitação da sua força, que constitui sua potência passiva ou sua *matéria primeira (moles)*. É uma mônada dominante, uma vez que exige. Todas as mônadas racionais são dominantes e não podem ser de outro modo. Porém, mesmo na morte, quando "parece" ter perdido seu corpo, quando volta a ser animal, a mônada antes racional não para de ser dominante. Todas as mônadas animais, todas as mônadas, por mais sombrias que sejam, são dominantes sob certos aspectos: uma vez que têm um corpo, mesmo infinitamente involuído, mesmo esmagado ou mutilado. Elas estão imediatamente presentes no corpo, mas por *projeção*: a força primitiva ativa projeta-se como dominante num ponto no corpo.[26]

As mônadas dominadas formam uma segunda espécie (embora sejam dominantes, ou de primeira espécie, do ponto de vista precedente). Nunca as mônadas racionais são dominadas, mas as mônadas animais podem sempre sê-lo. Elas o são precisamente quando tomadas em multidões e não mais em sua individualidade. Quando tomadas em multidões, não são dominadas em relação ao corpo que possuem, cada uma por sua conta, pois são dominantes justamente sob essa relação. São tomadas em multidões em relação a agregados infinitos de partes materiais que, ao contrário, as possuem e que lhes são inseparáveis. Essas partes, então, compõem certamente um corpo, mas não é o corpo das mônadas dominadas; é o corpo

---

26. Lettre à Arnauld, abril de 1687: a alma do verme partido em dois ao infinito, ou a alma do bode nas cinzas, essas almas permanecem numa parte, por menor que seja, na qual se projetam. Lettre à Lady Masham, junho de 1704: "o ponto de vista" da alma está no corpo. *Nouveaux essais*, III, cap. 8, §§ 13-15: é de acordo com uma relação de projeção que situamos uma dor, por exemplo, no corpo.

da dominante, o corpo que sua mônada dominante possui. Com efeito, o que toma uma infinidade de mônadas em multidão é um nó, um vínculo que é fixado a uma mônada individual determinável como determinante e que relaciona ao corpo desta os agregados materiais correspondentes à multidão considerada. Anteriormente, tratamos como sinônimos "multidões" e amontoados ou agregados. Vemos agora que eles se distinguem (realmente), sendo materiais os agregados, e monádicas as multidões; estas, sob vínculo, fazem com os agregados, dos quais são inseparáveis, as partes orgânicas do corpo da mônada que as domina. Das massas, as multidões fazem um organismo; organizam os agregados. Desse modo, são forças ativas, mas *coletivas e derivativas* (forças "plásticas"): não mais unidades de mudança interna, mas unidades de geração e corrupção aparentes que dão conta da composição orgânica pelo envolvimento, desenvolvimento e fluxão das partes materiais. E, em vez de se projetarem num corpo que lhes pertence, relacionam-se coletivamente às partes materiais a que pertencem, sendo elas próprias ditas materiais.[27] Conclui-se daí que as mônadas de segunda espécie, as mônadas em multidão, constituem no sentido mais restrito *substâncias corporais ou compostas, substanciais:* "multidão de substâncias cuja massa *(massa)* é a do corpo inteiro" e que são "as partes de uma matéria segunda".[28] Todavia, posto que as mônadas são tomadas em multidão apenas sob vínculo, as substâncias corporais ou compostas são passíveis de uma definição mais ampla, que compreende a

---

27. Propriamente falando, é certo que não há geração nem corrupção dos organismos, mas somente composição. Nem por isso Leibniz deixa de guardar a categoria de *geração-corrupção* para distingui-la das duas outras categorias da *Kínesis: a mudança interna, o movimento local exterior*. Mas, se a mudança é de natureza psíquica, a composição orgânica é material tanto quanto o movimento. Cf. Lettre à Lady Masham, julho de 1705, p. 368: as próprias forças plásticas são "mecânicas".
28. Lettre à Arnauld, outubro de 1687. E Lettre à Des Bosses, maio de 1716: "Restrinjo a substância corporal, isto é, composta, unicamente aos viventes, isto é, unicamente às máquinas orgânicas".

mônada dominante, de primeira espécie, uma vez que sua exigência de ter um corpo é efetivamente satisfeita pelas mônadas que ela domina: "Há substância composta somente onde há uma mônada dominante com um corpo vivente orgânico".

O mesmo se dá com a matéria dita segunda: se a matéria primeira ou "nua" *(moles)* é a exigência de ter um corpo, a matéria segunda ou "vestida" *(massa)* é num sentido amplo o que satisfaz a exigência, isto é, o organismo inseparável de uma multidão de mônadas. Mas, como não deixa de haver distinção real, a matéria segunda tem um sentido mais restrito, segundo o qual ela designa somente o agregado inorgânico que a multidão de mônadas organiza.[29] Podemos igualmente dizer que as forças derivativas se exercem sobre a matéria segunda, ou que elas lhe pertencem. É que os próprios agregados materiais têm estruturas e figuras que obedecem a leis estatísticas de equilíbrio, de contato ou de campo, de empuxo ou de tração, como vimos para os extremos. Mas essas leis ou ligações secundárias implicam que forças em multidão exerçam-se sobre os agregados e sejam coletivas sem serem por isso estatísticas: essas forças derivativas, com efeito, são aquelas de mônadas dominadas que conservam todavia sua individualidade, cada uma em relação a um outro corpo em que ela se projeta como força primitiva ou mônada dominante. Mais ainda, toda multidão de mônadas dominadas, com suas forças derivativas, só existe sob a individualidade pura de sua dominante, exercendo-se esta como força primitiva de sobrevoo. Assim, as forças derivativas traçam todo um domínio que se poderia dizer misto, ou melhor, intermediário entre as coleções estatísticas e as distribuições individuais e que se manifesta nos

---

29. Lettre à Des Bosses, maio de 1716: "a matéria segunda é um agregado"; *Nouveaux essais*, IV, cap. 3, § 4: ela "é tão-somente um amontoado". No sentido amplo, ao contrário: Lettre à Arnauld precedente e *De la Nature en elle-même*, § 12 ("a matéria segunda é substância completa"). Sobre as acepções de matéria segunda e matéria primeira e sobre a terminologia *"massa-moles"*, cf. os comentários de Christiane Frémont, pp. 103 e 132-133.

fenômenos de multidão.[30] É um domínio interindividual e interativo, mais que coletivo. É nesse aspecto que as forças derivativas pertencem à matéria segunda ou vestida, como matéria orgânica. Elas se exercem sobre os agregados, mas pertencem aos organismos. A matéria, então, tem não somente estruturas e figuras mas *texturas,* uma vez que comporta essas multidões de mônadas das quais é inseparável. Uma concepção barroca da matéria, em filosofia como em ciência ou em arte, deve chegar até aí, a uma texturologia que dá testemunho de um organicismo generalizado ou de uma presença dos organismos em toda parte (a pintura de Caravaggio?).[31] A matéria segunda está vestida, mas "vestido" quer dizer duas coisas: que a matéria é superfície portadora, estrutura revestida de um tecido orgânico, ou então que ela é o próprio tecido ou o revestimento, textura envolvendo a estrutura abstrata.

Esse domínio de multidão, interindividual, interativo, é muito agitado, pois ele é o das pertenças temporárias ou das possessões provisórias. A cada instante, agregados de partes (nunca todas de uma só vez) deixam meu corpo; portanto, multidões de mônadas dominadas pela minha entram sob outro vínculo, sob nova dominação. Já não será a mesma multidão, pois o vínculo mudou, mas já nem sequer serão as mesmas partes específicas, pois o novo vínculo opera outra seleção que decompõe e recompõe os agregados especificados. Certamente, Leibniz não reserva lugar para uma transformação das espécies, mas sua obra tem todo o espaço para mutações, explosões, associações e dissociações bruscas, reencadeamentos. O que Leibniz denomina metamorfose ou metaesquematismo não concerne somente à primeira propriedade dos corpos, isto é, sua capacidade de envolver ao infinito e de desenvolver até certo ponto suas partes específicas, mas concerne

---

30. Raymond Ruyer marcou bem esse domínio misto, seja nas cadeias de Markov (*La genèse des formes vivantes,* cap. VIII), seja nos fenômenos atômicos (*Néo-finalisme,* pp. 218-220).

31. Cf. Françoise Bardon, *Caravage ou l'experience de la matière,* PUF, pp. 68-71: Caravaggio como pintor de textura (a matéria sombreada é modulada pelas cores e formas que agem como forças); e a comparação com Bruno.

também à segunda propriedade, a fluxão, que faz com que as partes não parem de deixar seu agregado especificado para entrar em outros agregados totalmente distintos, distintamente especificados. Todavia, não sucede também que agregados materiais deixem um corpo orgânico sem entrar num outro ou que suas mônadas escapem à dominação em que estavam sem por isso entrar sob outro vínculo? Elas permanecem em estado de mônadas não ligadas, sem vínculo. Os agregados materiais parecem ter apenas ligações secundárias: já não são um tecido, mas um feltro, obtido por simples prensagem. Esses agregados inorgânicos, desorganizados, feltrados, continuam certamente a ter organismos em seus subagregados: todo corpo tem organismos em suas dobras, havendo organismos em toda parte... Acontece que nem tudo é orgânico. Dir-se-á que esses corpos inorgânicos não são substâncias corporais ou compostas, mas *compostos substanciais, semissubstâncias* ou tipos de *substanciados*.[32] Pela maneira de colocar a questão, vê-se bem que não se pode, como se desejaria para ir mais rápido, dar a ela a seguinte resposta: esses corpos são puramente mecânicos (mesmo levando em conta leis de extremos), esses corpos não têm ou já não têm mônadas. Não se pode responder assim, pois não seriam corpos. Seriam somente "fenômenos", e ainda a esse título seriam eles "percebidos" por uma mônada. Mas, visto que são corpos, fenômenos realizados, eles "têm" mônadas. Seguem ligações secundárias mecânicas, mas isso já o faziam os organismos. Toda partícula material tem mônadas e forças derivativas (embora já não sejam forças plásticas) sem as quais ela não obedeceria a qualquer máxima ou lei. Isso será sempre lembrado por Leibniz: orgânico *ou não*, nenhum corpo pode seguir uma lei se ele não tem uma *natureza interior* que o torne capaz disso. É uma besteira acreditar que a lei age em tal ou qual ocasião: como se a lei da gravitação "agisse" para fazer a coisa cair. É esse mesmo o ponto fundamental que opõe a harmonia preestabelecida ao ocasionalismo: o que Leibniz censura em

---

32. Lettre à Des Bosses, agosto de 1715: "semisseres que não são mantidos por um vínculo".

Malebranche foi ter submetido os corpos (e as almas) a leis gerais, que nem por serem gerais deixam de ser miraculosas, pois nenhuma força na natureza individual da coisa torna essa coisa capaz de segui-las.[33] Em resumo, os corpos inorgânicos têm forças, mônadas, *uma terceira espécie de mônada.*

Já não são mônadas dominantes nem dominadas. Poder-se-ia chamá-las degeneradas, no sentido em que se fala de cônicas degeneradas. Toda mônada é unidade interior, mas aquilo de que ela é a unidade não é forçosamente interior a ela. As mônadas de primeira espécie são unidades de mudança interna. As mônadas de segunda espécie são unidades de geração e corrupção orgânicas (composição). As mônadas degeneradas, por sua vez, são unidades de movimento exterior. O caráter extrínseco do movimento confunde-se com a própria condição dos corpos ou das partes materiais, como relação com uma circunvizinhança, determinação de próximo em próximo, ligação mecânica. Mas todo movimento que se faz segundo a lei, sob a ação de corpos exteriores ao infinito, tem igualmente uma unidade interior sem a qual ele não seria assinalável como movimento nem discernível do repouso. O que sucede com Leibniz é o mesmo que sucede com Bergson, como vimos: há uma determinação necessariamente extrínseca do trajeto mas que supõe uma unidade interna da trajetória, unidade com relação à qual a determinação extrínseca é tão somente obstáculo ou meio, obstáculo e meio ao mesmo tempo. O que é determinado de fora é a elasticidade, mas não a força interna que age sobre ela: essa força torna-se apenas "viva" ou "morta" numa proporção que está em conformidade com o estado extrínseco. Há uma força ativa elástica não só para o conjunto do movimento no universo mas para cada movimento discernível num agregado determinado e que poderia nesse último caso ser apenas

---

33. *Addition à l'explication su Système nouveau...* (GPh, IV, p. 587); Lettre à l'abbé de Conti (Dutens III, p. 446).

impedido ou desencadeado pelos outros agregados.[34] Essas forças ou unidades interiores de movimento pertencem aos agregados como tais e são mônadas degeneradas, sem vínculo. São "tendências". Com efeito, Leibniz tem o propósito de ultrapassar toda dualidade da potência e do ato, mas segundo vários níveis. As mônadas de primeira espécie são atos, *potências em ato*, pois são inseparáveis de uma atualização que elas operam. Mas as mônadas de segunda espécie tampouco são potências "nuas": são *disposições, hábitos*, uma vez que se situam sob um vínculo. E as de terceira espécie são *tendências*, uma vez que o que elas esperam de fora é não uma passagem ao ato mas "unicamente a supressão do impedimento".[35] É verdade que a tendência esgota-se no instante, o que parece contradizer a eternidade da mônada e a unidade da trajetória. Mas a instantaneidade da tendência significa somente que o próprio instante é tendência, não átomo, e que ele não desaparece sem passar a outro instante: eis por que é próprio à tendência ou à unidade interior de movimento ser recriada, reconstituída a cada instante, de acordo com um modo de eternidade particular. A tendência só é instantânea se o instante deixa de ser tendência ao futuro. A tendência não para de morrer, mas ela está morta somente durante o tempo ao longo do qual ela morre, isto é, instantaneamente, para ser recriada no instante seguinte.[36]

---

34. Sobre essas unidades interiores e a determinação externa, cf. *Eclaircissement des difficultés que M. Bayle a trouvées dans le système nouveau* (GPh, IV, pp. 544, 558); *De la réforme de la philosophie première et de la notion de substance; De la Nature en elle-même ou de la fórce immanente*, § 14.

35. Sobre a necessidade de remanejar o par aristotélico potência-ato, cf. Lettre à Des Bosses, fevereiro de 1706; *De la réforme de la philosophie première et de la notion de substance*. E sobre potência-disposição-tendência, *Nouveaux essais*, Prefácio; II, cap. 1, § 2, e cap. 21, § 1. Nesse último texto, as mônadas de primeira espécie são ditas "tendências primitivas"; é literalmente verdadeiro, visto que elas se "entreimpedem".

36. Além dos textos de juventude, o texto essencial é a Lettre à De Volder (em resposta a de agosto de 1699, GPh, II, p. 191). Gueroult mostra que os dois modelos do movimento, a ação livre e o trabalho, unificam-se a esse respeito: "Obtém-se uma como que sucessão de pulsações, tendo cada uma delas uma realidade distinta que marca a cada vez um instante diferente". Isso de modo algum sucede em razão de uma descontinuidade

As mônadas de terceira espécie são de algum modo pisca-piscantes, diferentemente das iluminantes e das iluminadas.

A força. Privado e público

Não é um contrassenso identificar as forças derivativas, sejam elas plásticas ou elásticas, com espécies de mônadas? Toda mônada é indivíduo, alma, substância, força primitiva, dotada de ação apenas interna, ao passo que as forças derivativas são ditas materiais, acidentais, modais, "estados de uma substância" e exercem-se sobre os corpos.[37] Mas a questão consiste em saber o que quer dizer estado e se é ele redutível a predicado. Se as forças derivativas não podem ser substâncias em virtude dos caracteres que se lhes reconhece, tampouco se vê como poderiam elas ser predicados contidos numa substância. Acreditamos que os termos "estado e modificação" devam ser entendidos não no sentido de predicado mas como estatuto ou aspecto (público). *As forças derivativas não são forças outras em relação às primitivas*, mas diferem delas no estatuto ou no aspecto. As forças primitivas são as mônadas ou substâncias em si e por si. As derivativas são *as mesmas*, mas sob vínculo, ou então no instante: num caso, são tomadas em multidões e tornam-se plásticas; noutro caso, são tomadas em amontoados e tornam-se elásticas; pois são os amontoados que mudam a cada instante (eles não passam de um instante a outro sem uma reconstituição). A força derivativa é não uma substância nem um predicado, mas várias substâncias, porque essa força existe somente em multidão ou em amontoado.[38] As forças derivativas podem ser

---

do tempo, mas em razão de que sua própria continuidade implica, ao contrário, a mudança do que a preenche nos dois instantes, por mais próximos que estejam. Cf. *Dynamique et métaphysique leibniziennes*, Les Belles Lettres, pp. 148-149.

37. Lettre à Jaquelot, março de 1703 (GPh, III, p. 457); Lettres à De Volder, junho de 1703, junho de 1704. Cf. o comentário de Gueroult e sua interpretação da força derivativa como "predicado", pp. 193-194.

38. Lettre à Jaquelot: " A matéria (refiro-me à segunda ou à massa) é não uma substância

ditas mecânicas ou materiais, mas no sentido em que Leibniz também fala de "almas materiais", porque nos dois casos elas pertencem a um corpo, estão presentes a um corpo, organismo ou agregado. Nem por isso deixam de ser realmente distintas desse corpo e não agem sobre ele, como tampouco agem umas sobre as outras: se elas estão presentes ao corpo, é *por requisição*, a título de requisitos. Esse corpo ao qual elas pertencem não é o seu, mas é um corpo que pertence por sua conta a uma mônada tomada fora de estatuto, fora de multidão e fora de amontoado, tomada em si e por si, como força primitiva. Essa força primitiva também está presente ao seu corpo, e sem agir sobre ele, mas de um outro modo: presente *por projeção*. Quanto às forças derivativas, por sua vez, elas têm um corpo que lhes pertence, mas o têm uma vez que saem do seu estatuto para entrar em si e por si, cada uma voltando a se tornar a força primitiva que nunca deixou de ser. Vimos como Whitehead, a partir de Leibniz, havia desenvolvido o público e o privado como categorias fenomenológicas. O que é público segundo Leibniz é o estatuto das mônadas, sua requisição, seu estar em-multidão, em-amontoado, seu estado derivativo. Mas o que é privado é seu em-si por-si, seu ponto de vista, seu estado primitivo e sua projeção. No primeiro aspecto, elas pertencem a um corpo que lhes é inseparável. No outro aspecto, um corpo lhes pertence, corpo do qual elas são inseparáveis. Não é o mesmo corpo, mas são as mesmas mônadas – salvo as racionais, que só têm ser privado, que não têm estatuto público e não se deixam derivar. Ou, pelo menos, as mônadas racionais só possuem um estatuto "público" a título privado, como membros distributivos de uma sociedade de espíritos da qual Deus é o monarca.[39]

---

mas substâncias..."; Lettre à Rémond, novembro de 1715 (GPh, III, p. 657): "A matéria segunda é não uma substância mas... um amontoado de várias substâncias". O *Système nouveau de la Nature* fala de "almas materiais", § 6.

39. *Discours de métaphysique*, §§ 35-36; *Monadologie*, §§ 83-86. No final da Lettre à Arnauld de abril de 1687, Leibniz evoca um "direito de burguesia" que seria preciso reservar às verdadeiras substâncias. Cf. os comentários de André Robinet, *Architetonique disjonctive...*, Ed. Vrin, p. 51.

Leibniz distingue frequentemente três classes de mônadas: as enteléquias nuas ou formas substanciais, que só têm percepções; as almas animais, que têm memória, sentimento e atenção; finalmente, os espíritos racionais. Vimos o sentido dessa classificação. Mas que relação há entre esses "graus" nas mônadas e o fato de que "umas dominem mais ou menos sobre outras"?[40] É que as racionais são sempre dominantes, mas as animais são ora dominadas, ora dominantes: *dominantes,* uma vez que possuem individualmente um corpo; *dominadas,* uma vez que se reportam em multidão a um outro corpo que possui uma dominante, sendo esta racional ou não. Quanto às enteléquias, são ainda almas, mas *degeneradas,* isto é, já não são dominantes nem dominadas, pois se reportam a um corpo em amontoado e a cada instante. Eis por que é preciso acrescentar, à distinção das classes de mônadas, uma outra distinção que só parcialmente coincide com ela, uma distinção de aspectos tal que uma mesma classe (almas animais) pode tomar vários estatutos, ora acedendo ao papel de dominantes, ora degenerando.

Há distinção real entre as almas e a matéria, entre a alma e o corpo: nunca um age sobre o outro, mas cada qual opera segundo suas próprias leis, um pela espontaneidade ou ação internas, o outro pela determinação ou ação externas. Isso quer dizer que não há influência, ação ou interação entre os dois, mesmo ocasional.[41] Todavia há "ação

---

40. *Principes de la Nature et de la Grâce,* § 4. Os outros textos sobre as classes de mônadas são, notadamente, a Lettre à Wagner, junho de 1710 (GPh, VII, p. 529) e *Monadologie,* §§ 18 e ss.

41. Esse tema constante de Leibniz é particularmente desenvolvido na polêmica com o médico Stahl (*Remarques et exceptions,* Dutens II). Leibniz sustenta, ao mesmo tempo, contra o mecanicismo, que há almas na Natureza, e, contra o "paganismo", que elas não agem fora delas mesmas ou sobre os corpos. Vê-se que Leibniz não se contenta com um vitalismo ou com um organicismo; mantém um animismo, ao qual, porém, recusa uma eficácia exterior. Seu vitalismo é, portanto, muito diferente de um vitalismo à maneira de Kant ou de Claude Bernard, que rompe com o animismo mas conserva dois níveis, sendo um mecânico e outro apenas regulador ou diretor, em suma, "ideal" sem ser ativo. A dificuldade da solução kantiana está em não mostrar bem o que é a ideia orgânica ou vital, se ela não for uma força, isto é, uma alma.

ideal": assim, quando assinalo alguma coisa de um corpo como a causa do que sucede a uma alma (um sofrimento) ou quando assinalo numa alma a causa do que sucede a um corpo (um movimento dito voluntário). Mas essa ação ideal implica somente o seguinte: que a alma e o corpo, cada qual à sua maneira ou segundo suas próprias leis, expressa uma só e mesma coisa, o Mundo. Portanto, há duas expressões, dois expressantes do mundo realmente distintos: um atualiza o mundo, o outro o realiza. Em relação a um acontecimento singular do mundo, chamar-se-á "causa ideal", em cada caso, o melhor expressante (se se consegue determinar o que quer dizer "o melhor"). Mas vê-se que não há dois mundos e, com mais forte razão, que não há três: há um só e mesmo mundo, mundo expresso, de um lado, pelas almas que o atualizam, e por outro, pelos corpos que o realizam, mundo que não existe fora dos seus expressantes. Não são duas cidades, uma Jerusalém celeste e uma terrestre, mas o topo e as fundações de uma mesma cidade, os dois andares de uma mesma casa. Desse modo, a distribuição dos dois mundos, o em-si e o para-nós, dá lugar a uma repartição totalmente distinta dos compartimentos da casa: os aposentos privados em cima (os cada-um) e os aposentos comuns em baixo (o coletivo ou os conjuntos). Kant reterá muito de Leibniz, notadamente a autonomia respectiva dos dois andares; mas, ao mesmo tempo, ele faz do andar de cima algo deserto ou inabitado e separa os dois andares de modo que recompõe dois mundos, à sua maneira, um dos quais tem apenas um valor regulador. Totalmente distinta é a solução de Leibniz.

Por onde passa a dobra?

Em Leibniz, os dois andares são e permanecem inseparáveis: realmente distintos e todavia inseparáveis, em virtude de uma presença do alto em baixo. O andar de cima dobra-se sobre o de baixo. Não há ação de um a outro, mas pertença, dupla pertença. A alma é princípio de vida por sua presença e não por sua ação. *A força é presença e não ação.* Cada alma é inseparável de um corpo que lhe pertence e está presente a ele por projeção; todo corpo é inseparável de almas que lhe pertencem e que estão presentes a ele por requisição. Essas pertenças não constituem uma ação, e mesmo as almas do corpo não agem sobre o corpo ao qual elas pertencem. Mas a pertença nos conduz a uma zona estranhamente intermediária, ou melhor, original, na qual todo corpo adquire a individualidade do possessivo, uma vez que ele pertence a uma alma privada, e as almas acedem a um estatuto público, isto é, são tomadas em multidão ou em amontoado, uma vez que elas pertencem a um corpo coletivo. Não seria nessa zona, nessa espessura ou nesse tecido entre os dois andares, que o alto dobra-se sobre o baixo, embora não se possa saber onde acaba um e onde começa o outro, onde acaba o sensível e onde começa o inteligível?[42] Serão dadas muitas respostas diferentes à questão *por onde passa a dobra?*. Como vimos, ela não passa apenas entre as essências e os existentes. Certamente, ela passa também entre a alma e o corpo, mas já passa entre o inorgânico e o orgânico do lado dos corpos, e passa ainda entre as "espécies" de mônadas do lado das almas. É uma dobra extremamente sinuosa, um ziguezague, uma ligação primitiva não localizável. Nessa zona, há mesmo regiões em que o vínculo é substituído por um liame mais frouxo, instantâneo. Sem dúvida, o vínculo (ou então seu substituto) liga somente almas a almas. Mas é ele que instaura a dupla pertença inversa de acordo com a qual ele as liga: a uma alma que possui um corpo, ele liga almas que esse corpo possui. Portanto, operando apenas sobre as almas, o vínculo, todavia, opera um vaivém da alma ao corpo e dos corpos às almas (donde as imbricações perpétuas dos dois andares). É em virtude desse vaivém que se pode assinalar ora no corpo uma "causa ideal"

---

42. *Nouveaux essais*, IV, cap. 16, § 12: "É difícil dizer onde o sensível e o racional começam, e qual é o mais baixo grau das coisas vivas... e só há diferença entre o grande e o pequeno, entre o sensível e o insensível".

do que se passa na alma, ora na alma uma causa ideal do que sucede ao corpo. Mais ainda, as almas podem ser ditas materiais, ou as forças podem ser ditas mecânicas, não que ajam sobre a matéria, mas porque lhe pertencem: é a matéria que continua fazendo as sínteses, de acordo com suas leis de exterioridade, ao passo que as almas constituem as unidades de síntese sob vínculo ou no instante. Inversamente, os corpos podem ser não só animais mas animados: não que ajam sobre as almas, mas porque elas lhes pertencem; só as almas têm uma ação interna de acordo com suas próprias leis, ao passo que os corpos não param de "realizar" essa ação de acordo com leis que são suas. É precisamente assim que os dois andares distribuem-se em relação ao mundo que eles expressam: o mundo atualiza-se nas almas e realiza-se nos corpos. Portanto, ele é dobrado duas vezes nas almas que o atualizam e é redobrado nos corpos que o realizam, e, a cada vez, isso acontece de acordo com um regime de leis que corresponde à natureza das almas ou à determinação dos corpos. Entre as duas dobras, há a entredobra, o *Zwiefalt*, a dobradura dos dois andares, a zona de inseparabilidade que faz dobradiça, costura. Dizer que os corpos realizam não é dizer que sejam reais: eles se tornam reais visto que aquilo que é atual na alma (a ação interna ou a percepção) *é realizado por Algo no corpo*. Não se realiza o corpo; realiza-se no corpo o que é atualmente percebido na alma. A realidade do corpo é a realização dos fenômenos no corpo. O que realiza é a dobra dos dois andares, o próprio vínculo ou seu substituto.[43] Uma filosofia transcendental leibniziana, que se interessa mais pelo acontecimento do que pelo fenômeno, substitui o condicionamento kantiano por uma dupla operação de atualização e de realização transcendentais (animismo e materialismo).

---

43. Lettre à Des Bosses, abril de 1715: *hoc realisans...*

9
A NOVA HARMONIA

Vestimenta barroca e matéria vestida

Se o barroco é definido pela dobra que vai ao infinito, em que é ele reconhecido de uma maneira mais simples? Primeiramente, ele é reconhecido no modelo têxtil, tal como é sugerido pela matéria vestida: é preciso que já o tecido, a vestimenta, libere suas próprias dobras da sua habitual subordinação ao corpo finito. Se há um vestuário propriamente barroco, é ele largo, com saias, com ondas infláveis, borbulhante, envolvendo o corpo com suas dobras autônomas, sempre multiplicáveis, em vez de se limitar a traduzir as dobras do corpo: um sistema renano do tipo canhões, mas também o gibão, o manto flutuante, o enorme colarinho, a camisa transbordante, tudo isso constitui a contribuição barroca por excelência ao século XVII.[1] Mas o barroco não se projeta somente em sua própria moda.

---

1. Cf. François Boucher, *Histoire du costume,* Ed. Flammarion, pp. 256-259 (o renano "é um calção de extrema largura, que chega a uma vara e meia por perna, com dobras

Em todos os tempos, em todo lugar, ele projeta as mil dobras de vestes que tendem a reunir seus respectivos portadores, a transbordar suas atitudes, a ultrapassar suas contradições corporais e a fazer das suas cabeças outros tantos nadadores. Isso é visível em pintura, onde a autonomia conquistada pelas dobras da veste, que invadem toda a superfície, torna-se um signo simples mas seguro de uma ruptura com o espaço da Renascença (Lanfranc e, antes, Rosso Fiorentino). Em Zurbarán, o Cristo é ornado com uma larga tanga bufante à moda dos renanos, e a Imaculada Conceição traja um imenso manto aberto e dilatado. E, quando as dobras da veste saem do quadro, isso acontece sob a forma sublime que Bernini lhes dá em escultura, quando o mármore capta ao infinito e é portador de dobras que já não se explicam pelo corpo mas por uma aventura espiritual capaz de abrasá-lo. Já não é uma arte das estruturas, mas das texturas, como os vinte mármores que Bernini compôs.

A dobra ao infinito: Pintura, escultura, arquitetura e teatro

Essa liberação das dobras que já não reproduzem simplesmente o corpo finito explica-se facilmente: um terceiro, terceiros introduzem-se entre a vestimenta e o corpo. São os Elementos. Nem sequer é necessário lembrar que a água e seus rios, o ar e suas nuvens, a terra e suas cavernas, a luz e seus fogos são em si dobras infinitas, como mostra a pintura de El Greco. Basta considerar sobretudo a maneira pela qual a relação da vestimenta com o corpo vai ser agora mediatizada, distendida, ampliada pelos elementos. Talvez a pintura tenha necessidade de sair do quadro e tornar-se escultura, para atingir plenamente esse efeito. Um vento sobrenatural, no *São Jerônimo* de

---

tão abundantes que apresenta absolutamente a forma de uma saia, não deixando adivinhar a separação das pernas").

Johann Joseph Christian, faz do manto um gibão túrgido e sinuoso que termina formando uma alta crista atrás do santo. No busto de *Luis XIV*, de Bernini, é o vento que reveste e orna a parte alta do manto, a imagem do soberano barroco enfrentando os elementos, em oposição ao soberano "clássico" esculpido por Coysevox. Não é sobretudo o fogo que pode, sozinho, dar conta das dobras extraordinárias da túnica da *Santa Tereza* de Bernini? É outro regime da dobra que surge sobre a bem-aventurada *Ludovica Albertoni*, remetendo dessa vez a uma terra profundamente lavrada. Finalmente, a própria água dobra, e o apertado e ajustado serão ainda uma dobra de água que revela o corpo melhor do que o faz a nudez: as célebres "dobras molhadas" saem dos baixo-relevos de Goujon para afetar o volume inteiro, para constituir o envoltório, bem como o molde interior e a teia de aranha de todo o corpo, incluindo o rosto, como nas obras-primas tardias de Spinazzi (*a Fé*) e de Corradini (*o Pudor*).[2] Em todos esses casos, as dobras da vestimenta ganham autonomia, amplitude, e *não apenas por um simples cuidado de decoração* mas para exprimir a intensidade de uma força espiritual que se exerce sobre o corpo, seja para revertê-lo, seja para restabelecê-lo ou para elevá-lo, mas sempre para revolvê-lo e moldar seu interior.

Portanto os grandes elementos intervêm de muitas maneiras: como o que assegura a autonomia das dobras de tecido em relação a um portador finito; como o que eleva a dobra material ao infinito; como "forças derivativas" que tornam sensível uma força espiritual infinita. Isso é visível não só nas obras-primas do barroco mas também em seus estereótipos, em suas fórmulas repisadas ou em sua produção corrente. Com efeito, se se quer colocar à prova a definição do barroco, dobra que vai ao infinito, não se pode contentar-se com

---

2. Cf. Bresc-Bautier, Ceysson, Fagiolo dell'Arco, Souchal, *La grande tradition de la sculpture du XVe au XVIIIe siècle,* Ed. Skira. Fagiolo dell'Arco faz um comentário excelente da escultura barroca, e Souchal, do "rococó". Os exemplos que invocamos estão todos reproduzidos e analisados nesse livro, pp. 191, 224, 231, 266, 270.

A dobra 209

as obras-primas, mas é preciso descer às receitas ou às modas que mudam um gênero: por exemplo, a *natureza-morta* tem como objeto tão somente as dobras. A receita da natureza-morta barroca é a seguinte: roupagens fazendo dobras de ar ou de nuvens pesadas; toalha de mesa com dobras marítimas ou fluviais; ourivesaria ardendo em dobras de fogo; legumes, cogumelos ou frutos confeitados são captados em suas dobras de terra. O quadro é de tal modo repleto de dobras que se tem uma espécie de "saturação" esquizofrênica, dobras que não se poderiam desenrolar sem tornar o quadro infinito, obtendo-se dele a lição espiritual. Parece-nos que essa ambição de cobrir a tela com dobras reencontra-se na arte moderna: dobra por todo lado, a dobra *all-over*.

A unidade das artes

A lei de extremo da matéria é um máximo de matéria para um mínimo de extenso. Assim, a matéria tem tendência para sair do quadro, como é frequente na ilusão de óptica, e para estirar-se horizontalmente: é certo que elementos como o ar e o fogo tendem para o alto, mas a matéria em geral não para de desdobrar suas redobras em comprimento e largura, em extensão. Wölfflin destacou essa "multiplicação das linhas em largura", esse gosto pelas massas e esse "pesado alargamento da massa", essa fluidez ou viscosidade que arrasta tudo para um declive imperceptível, toda uma conquista do informal: "o gótico sublinha os elementos de construção, molduras sólidas, enchimento leve; o barroco sublinha a matéria: ou a moldura desaparece totalmente ou permanece, mas, apesar do desenho tosco, não é suficiente para conter a massa que transborda e passa por cima".[3] Se o barroco instaurou uma arte total ou uma unidade das

---

3. Wölfflin, *Renaissance et baroque*, Ed. Montfort, p. 73 (e todo o capítulo III).

Fieravino, chamado o Cavaleiro Maltês

Bettera, "Alegoria dos cinco sentidos" (segunda metade do século XVII)

artes, isso se deu primeiramente em extensão, tendendo cada arte a se prolongar e mesmo a se realizar na arte seguinte, que a transborda. Observou-se que o barroco restringia frequentemente a pintura e a circunscrevia aos retábulos, mas isso ocorria porque a pintura sai da sua moldura e realiza-se na escultura em mármore policromado; e a escultura ultrapassa-se e realiza-se na arquitetura; e a arquitetura, por sua vez, encontra na fachada uma moldura, mas essa própria moldura desloca-se do interior e coloca-se em relação com a circunvizinhança, de modo que realiza a arquitetura no urbanismo. Nos dois extremos da cadeia, o pintor tornou-se urbanista, podendo-se assistir ao prodigioso desenvolvimento de uma continuidade das artes em largura ou em extensão: um encaixe de molduras que são transpostas por uma matéria que passa através de cada uma delas. Essa unidade extensiva das artes forma um teatro universal que transporta o ar e a terra e mesmo o fogo e a água. As esculturas são aí verdadeiros personagens, e a cidade é um cenário, sendo os próprios espectadores imagens pintadas ou esculturas. A arte inteira torna-se *Socius*, espaço social público, povoado de bailarinos barrocos. No informal moderno, reencontra-se talvez esse gosto de instalar-se "entre" duas artes, entre pintura e escultura, entre escultura e arquitetura, para atingir uma unidade das artes como "desempenho" e para incluir o espectador nesse próprio desempenho (a arte *minimal* é assim chamada segundo uma lei de extremo).[4] Dobrar-desdobrar, envolver-desenvolver são

---

4. As esculturas planas de Carl Andre, e também a concepção das "peças" (no sentido de aposentos de um apartamento) ilustram não só as passagens pintura-escultura, escultura-arquitetura, mas a unidade extensiva da arte dita *minimal*, na qual a forma já não limita um volume mas abarca um espaço ilimitado em todas as suas direções. Pode surpreender a situação propriamente leibniziana evocada por Tony Smith: um carro fechado percorre uma autoestrada iluminada apenas pelos seus faróis, e no para-brisa o asfalto desfila a toda velocidade. É *uma mônada* com sua zona privilegiada (se se objeta que a clausura não é de fato absoluta por estar o asfalto do lado de fora, é preciso lembrar que o neoleibnizianismo exige mais uma condição de captura do que de clausura absoluta; e, mesmo no caso em pauta, a clausura pode ser considerada perfeita, uma vez que o asfalto de fora nada tem que ver com aquele que desfila no

as constantes dessa operação tanto hoje como no barroco. Esse teatro das artes é a máquina viva do "Sistema novo", tal como Leibniz a descreve, máquina infinita cujas peças são na sua totalidade máquinas "dobradas diferentemente e mais ou menos desenvolvidas".

O mundo em cone: Alegoria, emblema e divisa

Mesmo comprimidos, dobrados e envolvidos, os elementos são potências de alargamento e de estiramento do mundo. Não basta nem mesmo falar de uma sucessão de limites ou de molduras, pois toda moldura marca uma direção do espaço, direção que coexiste com as outras, e cada forma une-se ao espaço ilimitado em todas as suas direções simultaneamente. É um mundo largo e flutuante, pelo menos em sua base, uma cena ou um imenso platô. Mas essa continuidade das artes, essa unidade coletiva em extensão, ultrapassa-se rumo a uma unidade totalmente distinta, compreensiva e espiritual, pontual, *conceptual:* o mundo como pirâmide ou cone, que liga sua larga base material, perdida nos vapores, a uma *ponta,* fonte luminosa ou ponto de vista. É o mundo de Leibniz, que não tem dificuldade em conciliar a continuidade plena em extensão com a mais compreensiva e a mais retraída individualidade.[5] A *Santa Tereza* de Bernini encontra

---

vidro). Seria preciso haver um recenseamento detalhado dos temas explicitamente barrocos presentes na arte *minimal* e já no construtivismo: cf. a bela análise do barroco feita por Strzeminski e Kobro, *L'espace uniste, écrits du constructivisme polonais,* Ed. L'Age d'homme. E *Artstudio,* nº 6, outono de 1987: artigos de Criqui sobre Tony Smith, de Assenmaker sobre Carl Andre, de Celant sobre Judd, de Marjorie Welish sobre LeWitt e de Gintz sobre Robert Morris, que fazem um confronto constante com o barroco (reportar-se, notadamente, às dobras de feltro de Morris, pp. 121 e 131). Seria preciso também um estudo especial sobre os "desempenhos" de Cristo: os envolvimentos gigantes e as dobras desses envoltórios.

5. Cf. não só a pirâmide da *Théodicée,* que cobre todos os mundos possíveis, mas o cone dos *Nouveaux essais* (IV, cap. 16, § 12), que vale para o conjunto do nosso mundo. "As coisas elevam-se rumo à perfeição pouco a pouco e por graus insensíveis; é difícil

sua unidade espiritual não na flecha do pequeno sátiro, que tão somente propaga o fogo, mas na fonte superior dos raios de ouro, no alto. A lei da cúpula, figura do barroco por excelência, é dupla: sua base é um vasto cinto contínuo, móvel e agitado mas que converge ou tende para um vértice como interioridade fechada (a cúpula de Lanfranc para *Sant'Andréa della Valle*). Sem dúvida, a ponta do cone é substituída por um arredondado que forma uma superfície côncava em vez de um ângulo agudo; é não somente para abrandar a ponta mas porque esta deve ser ainda uma forma infinitamente dobrada, curvada em concavidade, assim como a base é matéria desdobrável e redobrada. Essa lei da cúpula vale para toda escultura e mostra como toda escultura é arquitetura, ordenação. O corpo esculpido, tomado numa infinidade de dobras de tecido de mármore, remete, de um lado, a uma base composta de personagens ou potências, verdadeiros elementos de bronze, que marcam menos os limites do que as direções de desenvolvimento; por outro lado, esse corpo remete à unidade superior, obelisco, custódia ou cortina de estuque, de onde desce o acontecimento que o afeta. Assim se repartem as forças derivativas embaixo e a força primitiva no alto. Sucede, inclusive, que um grupo organizado segundo a vertical tenda a bascular opticamente e a colocar suas quatro potências num plano horizontal fictício, ao passo que o corpo esculpido parece inclinar-se 45 graus para ganhar altura em relação a essa base (o túmulo de Gregório XV). O mundo como cone faz com que coexistam, para as próprias artes, a mais alta unidade interior e a mais larga unidade de extensão. É que esta nada seria sem aquela. Já faz um certo tempo que se elabora a hipótese de um universo infinito, o qual perdeu todo *centro* assim como qualquer figura assinalável; mas é próprio do barroco dar-lhe uma unidade, por projeção, unidade que emana de um *vértice* como ponto de vista. O mundo é há muito tempo tratado como um teatro de base, sonho

---

dizer onde começam o sensível e o racional... É como a quantidade aumenta ou diminui num cone regular".

ou ilusão, vestimenta de Arlequim, como diz Leibniz; mas é próprio do barroco não cair na ilusão nem dela sair, mas *realizar* alguma coisa na própria ilusão ou comunicar-lhe uma *presença* espiritual que torne a dar às suas peças e pedaços uma unidade coletiva.[6] O *príncipe de Homburgo* e todos os personagens de Kleist são heróis mais barrocos do que românticos, pois, vítimas do aturdimento de pequenas percepções, não param de realizar a presença na ilusão, no esvaecimento, no aturdimento, ou de converter a ilusão em presença: Pentesileia-Tereza? Os barrocos sabem perfeitamente que a alucinação não finge a presença, mas que a presença é alucinatória.

Walter Benjamin levou a compreensão do barroco a um progresso decisivo, quando mostrou que a alegoria era não um símbolo malogrado, uma personificação abstrata, mas uma potência de figuração totalmente diferente da potência do símbolo: este combina o eterno e o instante, quase no centro do mundo, mas a alegoria descobre a natureza e a história segundo a ordem do tempo; faz da natureza uma história e transforma a história em natureza, num mundo que já não tem centro.[7] Se consideramos a relação lógica de um conceito com seu objeto, vemos que há duas maneiras de ultrapassá-la, sendo uma simbólica e a outra alegórica. Ora isolamos, purificamos ou concentramos o objeto, cortamos todos os liames que o ligam ao universo, mas, assim procedendo, nós o alçamos, nós o colocamos

---

6. Sobre a formação de um universo infinito que já não tem centro e sobre o papel de Bruno a esse respeito, cf. Koyré, *Du monde clos à l'univers infini*, Gallimard; Michel Serres foi quem mostrou que uma nova unidade destaca-se daí, com a condição de substituir o centro de uma esfera pelo vértice de um cone (*Le système de Leibniz*, II, pp. 653-657). Sobre o tema do teatro, Yves Bonnefoy mostrou a posição complexa do barroco: nem ilusão, nem tomada de consciência, mas servir-se da ilusão para produzir o ser, construir um lugar da Presença alucinatória ou "reconverter o nada percebido em presença", pois Deus fez bem o mundo com nada. É o que Bonnefoy chama de "movimento da interioridade": cf. *Rome 1630*, Ed. Flammarion.

7. Cf. Benjamin, "Allégorie et Trauerspiel", *Origine du drame baroque allemand*, Ed. Flammarion. E Hocquenghem e Scherer, "Pourquoi nous sommes allégoriques", "Pourquoi nos restons baroques, *L'âme atomique*, Ed. Albin Michel.

em contato não mais com seu simples conceito mas com uma Ideia que desenvolve esteticamente ou moralmente esse conceito. Ora, ao contrário, o próprio objeto é que é ampliado segundo toda uma rede de correlações naturais; nesse caso, é ele que transborda sua moldura para entrar num ciclo ou série, ao passo que o conceito é que se encontra, então, cada vez mais restringido, vindo a se tornar interior, envolvido numa instância que se pode dizer, no limite, "pessoal": é esse o mundo em cone ou em cúpula, cuja base, sempre em extensão, já não se reporta a um centro, mas tende rumo a uma ponta ou vértice. O mundo da alegoria apresenta-se particularmente nas divisas e nos emblemas: por exemplo, um porco-espinho é figurado, ilustrando a inscrição "De perto e de longe", porque o porco-espinho eriça seus espinhos de perto mas também lança de longe suas cerdas. As divisas ou os emblemas têm três elementos que nos levam a compreender melhor o que é a alegoria: as imagens ou figurações, as inscrições ou sentenças, os possuidores pessoais ou nomes próprios. Ver, ler, dedicar (ou assinar).

O conceitismo de Leibniz

Em primeiro lugar, *imagens de base,* mas que tendem a romper toda moldura, a formar um afresco contínuo para entrar em ciclos ampliados (seja com outros aspectos do mesmo animal, seja com outros animais): é que o figurado, animal ou outra coisa, nunca é uma essência ou atributo, como no símbolo, mas é um acontecimento que, como tal, relaciona-se com uma história, com uma série. Mesmo nas piores figurações, "a Fidelidade coroa o Amor", encontramos o encanto da alegoria, a presença do acontecimento que invoca um precedente e uma sequência. Em segundo lugar, as *inscrições,* que devem estar numa relação obscura com as imagens, são proposições como atos simples e indecomponíveis, tendendo a um conceito interior, conceito verdadeiramente proposicional: não é um juízo que se decompõe em sujeito e atributo, mas a proposição toda é que é predicado, como em "De perto e de longe". Finalmente, as diversas inscrições ou proposições, isto é, o próprio conceito proposicional, relacionam-se com um sujeito individual que envolve esse conceito e que se deixa determinar como possuidor: a alegoria apresenta-nos Virtudes, mas não são as virtudes em geral; são as do cardeal Mazarino, as pertenças do cardeal; mesmo os Elementos apresentam-se sob uma pertença, pertencem a Luís IV ou a outro. O conceito torna-se *concetto*, isto é, uma ponte, porque está ele dobrado no sujeito individual como na unidade pessoal que junta em si as diversas proposições, mas que também as projeta nas imagens do ciclo ou da série.[8] Embora os praticantes e teóricos do conceitismo quase nunca tenham sido filósofos, elaboraram ricos materiais para uma nova teoria do conceito reconciliado com o indivíduo. Eles talham um mundo em cone, que se manifesta e se impõe no barroco. Esse mundo aparece no frontispício do livro de Emmanuel Tesauro, *A luneta de Aristóteles* (1655), como a alegoria da alegoria: "No centro desse frontispício encontra-se uma anamorfose cônica, isto é, uma imagem recomposta num cone. A frase '*Omnis in unum*' torna-se assim legível; essa frase deformada é inscrita por uma figura alegórica que representa a Pintura. Segundo Tesauro, a Pintura transformaria o real em figurado, mas o cone permite reencontrar o real".[9]

---

8. Muitos autores do século XVII, notadamente Tesauro, esforçam-se em distinguir as divisas *(imprese)* e os emblemas: as primeiras remeteriam a um indivíduo, ao passo que as segundas expressariam uma verdade moral e teriam o privilégio de se desenvolverem em ciclos. Mas todo mundo reconhece que a distinção é abstrata e que a referência pessoal não cessa. Mesmo esfumada, há sempre pertença. Ver, notadamente, Cornelia Kemp, "Cycles d'emblèmes dans les églises de l'Allemagne du Sud au XVIIIe siècle", e Friedhelm Kemp, "Figuration et inscription", em *Figures du baroque*, PUF. Cornelia Kemp cita um exemplo particularmente interessante, o ciclo de São Leonardo, em Apfeltrach: o nome próprio contém um conceito proposicional duplo *(leo e nardus)*, que inspira as duas partes do ciclo de imagens.

9. Vanuxem, "Le baroque au Piémont", em *Renaissance maniérisme baroque*, Ed. Vrin, p. 295.

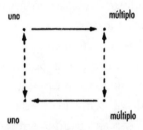

É grande a participação de Leibniz nesse mundo, ao qual ele dá a filosofia que lhe faltava. As instâncias principais dessa filosofia manifestam-se como a transformação do objeto sensível numa Série de figuras ou de aspectos submetidos a uma lei de continuidade; como sinalização de acontecimentos que correspondem a esses aspectos figurados e que se inscrevem em proposições; como a predicação dessas proposições a um sujeito individual que contém seu conceito e define-se como ponta ou ponto de vista, um princípio dos indiscerníveis assegurando a interioridade do conceito e do indivíduo. Isso tudo é o que Leibniz resume às vezes na tríade "cenografias-definições-pontos de vista".[10] A mais importante consequência que daí decorre concerne à nova relação do uno e do múltiplo. Sendo sempre o uno unidade *do* múltiplo, no sentido objetivo, deve também haver multiplicidade "do" uno e unidade "do" múltiplo, desta vez num sentido subjetivo. Donde a existência de um ciclo, *Omnis in unum*, de modo que as relações uno-múltiplo e múltiplo-uno são completadas por uno-uno e múltiplo-múltiplo, como mostrou Serres.[11] Este quadro encontra sua solução no caráter

---

10. *Nouveaux essais*, III, cap. 3, § 15: "Há várias definições que expressam uma mesma essência, como a mesma estrutura, ou a mesma cidade, pode ser representada por diferentes cenografias, conforme é olhada a partir de diferentes lados". Recorde-se que é somente por comodidade de expressão que se diz que o ponto de vista varia com cada cenografia: na verdade, o ponto de vista é a condição sob a qual as "cenografias" formam uma série.
11. Serres, II, p. 620: "O plano icnográfico do universo, a correlação cada um-todos e todos-cada um como tema sistemático do leibnizianismo e desta obra".

distributivo do uno como unidade individual, ou Cada-um, e no caráter coletivo do múltiplo como unidade composta, multidão ou amontoado. É a pertença e sua reversão que mostram como o múltiplo pertence à unidade distributiva, mas também como a unidade coletiva pertence ao múltiplo. E, se é verdade que a pertença é a chave da alegoria, é preciso conceber a filosofia de Leibniz como a alegoria do mundo, a assinatura do mundo, e não mais como o símbolo de um cosmo à maneira antiga. A esse respeito, a fórmula da *Monadologia*, "os compostos simbolizam com os simples", longe de marcar um retorno ao símbolo, indica a transformação ou a tradução do símbolo em alegoria. A alegoria de todos os mundos possíveis aparece no relato da *Teodiceia*, que se pode chamar de uma anamorfose piramidal, e que combina as figuras, as inscrições ou proposições, os sujeitos individuais ou pontos de vista com seus conceitos proposicionais (desse modo, "violar Lucrécia" é uma proposição-predicado, sendo Sexto o sujeito como ponto de vista e estando o conceito interior contido no ponto de vista "o império romano", cuja alegoria nos é dada, assim, por Leibniz).[12] O barroco introduz um novo tipo de relato; segundo as três características precedentes, a descrição toma nesse relato o lugar do objeto, o conceito torna-se narrativo, e o sujeito, ponto de vista, torna-se sujeito de enunciação.

A música ou a unidade superior

A unidade de base, a unidade coletiva em extensão, o processo material horizontal que opera por ultrapassamento da moldura, o universal teatro como continuidade das artes tendem rumo a uma outra unidade, privada, espiritual e vertical, unidade de vértice. E há

---

12.   Cf. *Théodicée*, § 416. Christiane Frémont mostrou em que sentido à história de Sexto é um "relato de fundação" do império romano: "Trois fictions sur le problème du mal", em *René Girard et le problème du mal*, Ed. Grasset.

continuidade não só na base, mas da base ao vértice, pois não se pode dizer onde este começa e acaba. Talvez esse vértice seja a Música, e o teatro que a ele tendia revela-se ópera, levando consigo todas as artes rumo a essa unidade superior. Com efeito, a música não está isenta de ambiguidade, sobretudo desde a Renascença, porque ela é, ao mesmo tempo, o amor intelectual a uma ordem e a uma medida suprassensíveis e o prazer sensível que decorre de vibrações corporais.[13] Mais ainda, ela é melodia horizontal que não para de desenvolver todas as suas linhas em extensão e é, ao mesmo tempo, harmonia vertical que constitui a unidade espiritual interior, ou o vértice, sem que se possa saber bem onde acaba uma e onde a outra começa. Mas, precisamente, é próprio da música barroca *extrair a harmonia da melodia* e sempre restaurar a unidade superior à qual as artes relacionam-se como outras tantas linhas melódicas: é mesmo essa elevação da harmonia que constitui a definição mais geral da música dita barroca.

Harmônica: A mônada como número

Muitos comentadores estimam que o conceito de harmonia em Leibniz permanece muito geral, quase um sinônimo de perfeição e que só remete à música a título de metáfora: "unidade na variedade", "há harmonia quando uma multiplicidade relaciona-se a uma unidade determinável ", *ad quamdam unitatem*.[14] Todavia, duas razões podem levar a acreditar que a referência musical é precisa e concerne ao que se passa na época de Leibniz. A primeira é que a harmonia é sempre

---

13. *Principes de la Nature et de la Grâce*, § 17.
14. *Eléments de la piété véritable* (Grua, p. 12). Yvon Belaval, notadamente, não pensa que a harmonia leibniziana testemunhe uma inspiração musical (*Etudes leibniziennes*, Gallimard, p. 86); e, quando confronta Leibniz com potências de música, ele pensa numa "música algorítmica" moderna, e não na música barroca contemporânea de Leibniz (p. 381 ss.).

pensada como *preestabelecida*, o que implica precisamente um estatuto muito novo; e, se a harmonia opõe-se tão fortemente ao ocasionalismo, é visto que a ocasião desempenha o papel de uma espécie de contraponto que ainda pertence a uma concepção melódica e polifônica da música. É como se Leibniz estivesse atento ao que estava em via de nascer com a música barroca, ao passo que seus adversários permaneciam ligados à antiga concepção. A segunda razão é que a harmonia relaciona a multiplicidade não a uma unidade qualquer, mas "a uma certa unidade" que deve apresentar caracteres distintivos. Com efeito, num texto-programa, que parece retomar de perto um texto neopitagórico de Nicolau de Cusa, Leibniz sugere três caracteres: Existência, Número e Beleza. A unidade harmônica não é a do infinito, mas a que permite pensar o existente como decorrente do infinito; é uma unidade numérica, uma vez que envolve uma multiplicidade ("existir nada mais é do que ser harmônico"); ela constitui-se no sensível, uma vez que os sentidos apreendem-na confusamente, esteticamente.[15] A questão da unidade harmônica vem a ser a questão do número "mais simples", como diz Nicolau de Cusa, o número irracional, segundo ele. Porém, embora Leibniz também chegue a aproximar o irracional e o existente ou a considerar o irracional como número do existente, parece-lhe possível descobrir uma série infinita de racionais envolvidos ou escondidos no incomensurável, sob uma forma particular. Ora, essa forma mais simples é a do *número inverso ou recíproco*, quando um denominador qualquer relaciona-se à unidade numérica como numerador: $1/n$ inverso de n.[16] Considerando os diversos aparecimentos

---

15. *Eléments de philosophie cachée*, Jagodinsky, pp. 35-36 (o texto dos *Eléments de la piété* apresenta um movimento análogo). O texto de Nicolau de Cusa é o *Dialogue sur la pensée*, cap. VI: "Só pode haver um único princípio infinito e só ele é infinitamente simples..." *Oeuvres choisies* por Maurice de Gandillac, pp. 274-276.

16. Para Nicolau de Cusa, o número irracional é "mais simples", porque ele próprio deve ser par e ímpar em vez de ser composto de par e ímpar. Mas, segundo Leibniz, acontece que o irracional envolve uma série infinita de números racionais finitos, sob forma de números inversos: $1/1 - 1/3 + 1/5 - 1/7$ ... (*Nouveaux essais*, IV, cap. 3, § 6;

da palavra "harmônico", nota-se que eles remetem constantemente a números inversos, ou recíprocos: o triângulo harmônico dos números, inventado por Leibniz para completar o triângulo aritmético de Pascal; a média harmônica, que conserva o vértice das inversas; mas também a divisão harmônica, a circulação harmônica e o que será mais tarde descoberto como harmônicos de um movimento periódico.[17]

Por mais simples que sejam, esses exemplos permitem compreender certos caracteres da teoria das mônadas; compreende-se primeiramente por que não se vai das mônadas à harmonia, mas da harmonia às mônadas. A harmonia é monadológica, mas isso porque as mônadas são primeiramente harmônicas. O texto-programa o diz bem: o que o Ser infinito julga harmônico ele o concebe como mônada, isto é, como espelho intelectual ou expressão do mundo. Assim, a mônada é o existente por excelência. É que, conforme a tradição pitagórica e platônica, a mônada é realmente o número mais "simples", isto é, o número inverso, recíproco, harmônico: ela é espelho do mundo, porque é a imagem invertida de Deus, o número inverso do infinito, $1/\infty$, em vez de $\infty/1$ (assim como a razão suficiente é o inverso da identidade infinita). Deus pensa a mônada como seu próprio inverso, e a mônada só expressa o mundo por ser ela harmônica. A harmonia preestabelecida será, então, uma prova original da existência de Deus, uma vez que se reencontra a fórmula divina $\infty/1$: é uma prova pelo inverso.[18]

---

e *De la vraie proportion du cercle au carré circonscrit*, GM, V, pp. 118-122). A harmonia remete a esse tipo de série.

17. Sobre o triângulo harmônico dos números, *Histoire et origine du calcul différentiel*, GM, V, pp. 396-406, e *Nouvelle avancée de l'algèbre*, VII, p. 175 : a base do triângulo é não a sequência dos números naturais, mas a série dos inversos 1/1 , 1/2 , 1/3 ... Serres comentou os caracteres e as leis do triângulo harmônico e mostrou toda a sua importância na teoria da harmonia: I, pp. 186-192, e II, pp. 448-477 (relações com a música). Sobre a circulação harmônica dos planetas e a lei da proposição inversa aos quadrados, pela qual Leibniz integra a gravitação newtoniana, cf. *Essais sur les causes des mouvements celestes*, GM, VI; e Koyré, *Etudes newtoniennes*, Gallimard, pp. 166-179.

18. Lettre à Arnauld, setembro de 1687, GPh, II, p. 115: "... uma das mais fortes provas da

Teoria dos acordos/acordes

O número inverso tem caracteres especiais: ele é infinito ou infinitamente pequeno, mas também individual, distributivo, em oposição ao número natural, que é coletivo. As unidades tomadas como numeradores não são idênticas entre si, pois recebem dos seus respectivos denominadores uma marca distintiva. Eis por que a harmonia de modo algum confirma a hipótese de uma alma do mundo ou de um espírito universal, mas testemunha, ao contrário, a irredutibilidade dos "sopros particulares" distribuídos em tubos diversos: a alma do mundo implica uma confusão própria do panteísmo, confusão entre o número e seu inverso, entre Deus e a mônada.[19] O matemático Robinson propôs considerar a mônada leibniziana como um número infinito muito diferente dos transfinitos, como unidade rodeada por uma zona de infinitamente pequenos que reflete a série convergente do mundo.[20] Com efeito a questão é saber como a unidade de um numerador combina-se ao mesmo tempo com o infinito do denominador (1/à) e, todavia, com um valor variável distintivo (1/n, valendo necessariamente para 1/2, 1/3, ou 1/4...): cada mônada expressa o mundo, mas "não expressa igualmente todas as coisas, pois, de outro modo, não haveria distinção entre as almas".[21] Vimos como Leibniz podia operar por sua conta a conciliação: cada mônada expressa o mundo (1/à), mas só expressa claramente uma zona particular do mundo (1/n, tendo n um valor preciso em cada caso). Cada mônada inclui o mundo como uma série infinita de infinitamente pequenos, mas só pode constituir relações diferenciais e integrações sobre uma porção limitada da série, de modo que as

---

existência de Deus, ou de uma causa comum que cada efeito deve sempre exprimir segundo seu ponto de vista e sua capacidade".

19. *Considérations sur la doctrine d'un Esprit universel unique*, GPh, VI, p. 535.
20. Abraham Robinson, *Non-standard analysis*, Amsterdã, 1966.
21. Lettre à Arnauld, abril de 1687.

próprias mônadas entram numa série infinita de números inversos. Em sua porção de mundo ou em sua zona clara, cada mônada *apresenta, pois, acordos/acordes*, uma vez que se denomina "acordo/ acorde" a relação de um estado com suas diferenciais, isto é, com as relações diferenciais entre infinitamente pequenos que se integram nesse estado. Donde o duplo aspecto do acordo/acorde, uma vez que ele é produto de um cálculo inteligível num estado sensível. Ouvir o ruído do mar é assentar um acordo/acorde, e cada mônada distingue-se intrinsecamente pelos seus acordos/acordes: as mônadas são números inversos, e os acordos/acordes são suas "ações internas".

Expressando o mundo inteiro, cada mônada o inclui sob a forma de uma infinidade de pequenas percepções, pequenas solicitações, pequenas molabilidades: a presença do mundo em mim, meu ser-para o mundo, é "inquietude" (estar à espreita). *Produzo um acordo/ acorde* toda vez que posso estabelecer, num conjunto de infinitamente pequenos, relações diferenciais que tornarão possível uma integração do conjunto, isto é, uma percepção clara e distinta. É um filtro, uma seleção. Ora, de um lado, não sou capaz sempre e em toda parte, mas somente numa zona particular, variável com cada mônada: de modo que, para cada mônada, a maior parte do mundo permanece em estado de aturdimento não ligado, não diferenciado, não integrado, fora de acordo/acorde. Em contrapartida, tudo o que se pode dizer é que não há parte do mundo que não esteja tomada na zona de *uma* mônada determinável e que não comporte acordos/acordes produzidos por essa mônada. Mas, por outro lado, e sobretudo, os acordos/acordes produzidos por uma mônada podem ser muito diferentes. Os textos de Leibniz autorizam certamente uma classificação dos acordos/ acordes. Seria um erro buscar neles uma transposição direta dos acordes musicais, como os elaborados no barroco; e, todavia, seria também um erro concluir por uma indiferença de Leibniz com respeito ao modelo musical: trata-se sobretudo de analogia, uma vez dito que Leibniz não parou de querer levar a analogia a um novo rigor.

No mais alto, uma mônada produz *acordos/acordes maiores e perfeitos:* são aqueles em que as pequenas solicitações da inquietude, longe de desaparecer, integram-se num prazer continuável, prolongável, renovável, multiplicável, proliferante, reflexivo, atraente para outros acordos/acordes, e que nos dão a força para ir sempre mais longe. Esse prazer é uma "felicidade" própria da alma, é harmônico por excelência e pode ser experimentado mesmo entre as piores dores, como a alegria dos mártires. É nesse sentido que os acordos/acordes perfeitos não são paradas, mas, ao contrário, são dinamismos por serem capazes de passar a outros acordos/acordes, de atraí-los, de reaparecer e de se recombinar ao infinito.[22] Em segundo lugar, falamos de acordos/acordes menores quando as relações diferenciais entre infinitamente pequenas só permitem integrações ou combinações instáveis, simples prazeres que se revertem em seu contrário, a menos que sejam atraídos por um acordo/acorde perfeito. Em terceiro lugar, a integração pode ser feita em dor, o que é próprio dos *acordos/acordes dissonantes,* acordo/acorde que consiste aqui em preparar e resolver a dissonância, como na dupla operação da música barroca. Preparar a dissonância é integrar as semidores que já acompanham o prazer, de tal maneira que a dor seguinte não sobrevenha "contra toda espera": assim, o cachorro era musical quando sabia integrar, antes de receber o golpe, a aproximação quase imperceptível do inimigo, o pequeno odor hostil e a silenciosa elevação do porrete.[23] Resolver a dissonância é deslocar a dor, buscar o acordo/acorde maior com o

---

22. Sobre a conciliação dos pequenos elementos de inquietude com os acordos/acordes de felicidade, e a progressão infinita que se segue, cf. *Nouveaux essais,* II, cap. 21, § 36; *Profession de foi du philosophe,* Ed. Vrin-Belaval, p. 87 (e sobre o caráter "harmônico" da felicidade, pp. 31-33).

23. As pequenas solicitações da inquietude já não são dores, mas podem ser integradas em dor: *Nouveaux essais,* II, cap. 20, § 6. A dissonância da dor deve ser preparada: cap. 21, fim do § 36 ("tudo consiste no *pense bem nisso* e no *momento*", lembra-te). Sobre o exemplo do cachorro, cf. *Eclaircissement des difficultés que M. Bayle a trouvées dans le système nouveau de l'âme et du corps,* GPh, IV, p. 532.

qual ela entra em consonância, como o mártir sabe fazê-lo no mais alto grau, com o que ele não suprime a própria dor, certamente, mas suprime sua ressonância ou o ressentimento; evita-se assim a passividade, prosseguindo-se o esforço para suprimir as causas, mesmo que não se atinja a força de oposição do mártir.[24] Toda a teoria leibniziana do mal é um método para preparar e resolver as dissonâncias numa "harmonia universal". Um contraexemplo seria fornecido pelo condenado cuja alma produz uma dissonância com uma única nota, espírito de vingança ou de ressentimento, ódio a Deus que vai ao infinito; mas o que se tem aí é ainda uma música, um acordo/acorde, conquanto diabólico, pois os condenados tiram prazer de suas próprias dores, e sobretudo tornam possível a progressão infinita dos acordos/acordes perfeitos nas outras almas.[25]

Os dois aspectos da harmonia: Espontaneidade e concertação

É esse o primeiro aspecto da harmonia, o qual Leibniz denomina espontaneidade: a mônada produz acordos/acordes que se fazem e se desfazem e que todavia não têm começo nem fim, transformando-se uns nos outros ou em si mesmos e tendendo a uma resolução ou a uma modulação. Mesmo o acordo/acorde diabólico pode transformar-se, segundo Leibniz. É que a mônada é expressão, ela expressa o mundo do seu próprio ponto de vista (e músicos como Rameau não pararão de sublinhar o caráter expressivo do acorde). O ponto de vista significa a seleção que cada mônada exerce sobre o mundo inteiro que ela inclui, de maneira que extraia acordos/acordes de uma parte da linha de inflexão infinita que constitui o mundo. Assim, é do seu próprio fundo que a mônada tira os acordos/acordes. Pouco importa

---

24. Sobre a resolução ativa da dissonância, *Profession de foi*, pp. 45, 89 e 93.
25. Sobre a situação dos condenados e a maneira pela qual são eles inversamente simétricos aos "bem-aventurados", *Profession de foi*, p. 85.

que a seleção interna, em Leibniz, faça-se não ainda pelos primeiros harmônicos mas por relações diferenciais. De qualquer maneira, a alma canta por si mesma, e é esse o fundamento do *self-enjoyment*. A linha do mundo inscreve-se verticalmente sobre a superfície unitária e interior da mônada que dela tira os acordos/acordes superpostos. Eis por que se diz que a harmonia é uma escrita vertical, escrita que expressa a linha horizontal do mundo: o mundo é como o livro de música que se segue sucessiva ou horizontalmente ao cantar, mas a alma canta por si mesma, porque toda a tablatura do livro foi aí gravada verticalmente, virtualmente, "desde o começo da existência da alma" (primeira analogia musical da harmonia leibniziana).[26]

Há um segundo aspecto da harmonia: as mônadas não são apenas expressões, mas expressam o mesmo mundo que não existe fora de suas expressões. "Todas as substâncias simples terão sempre uma harmonia entre si, porque representam sempre o mesmo universo"; por mais que sejam fechadas, as mônadas não são monacais, não são celas de monges, pois incluem o mesmo mundo, solidárias e não solitárias.[27] Podemos dar o nome de *concertação* a esse segundo aspecto – muitos musicólogos preferem falar em estilo concertante mais do que em música barroca. Nesse caso, uma vez que o expresso é um só e mesmo mundo, trata-se de um acordo/acorde das próprias espontaneidades, trata-se de um acordo/acorde entre os acordos/acordes. Mas entre o que há, precisamente, acordo/acorde? A harmonia preestabelecida tem muitas fórmulas em Leibniz, conforme o lugar por onde se faz passar a dobra: ora é entre princípios, mecanismo e finalidade ou continuidade e indiscerníveis; ora entre os andares, entre a Natureza e a Graça, entre o universo material e a alma, ou entre cada alma e seu corpo orgânico; ora entre substâncias, as substâncias simples e as substâncias corporais

---

26. *Eclarcissement des difficultés...* (GPh, IV, p. 549). Recorde-se como Raymond Ruyer insistia a respeito da posição vertical das mônadas ou formas verdadeiras.

27. Correspondance avec Clarke, 5º escrito, § 91. E Lettre à Wagner, março de 1698 (Grua, p. 395): *sunt monades, non monachae.* Cf. André Robinet, *Architectonique...*, Ed. Vrin, p. 361.

ou compostas. Mas, de qualquer modo, é fácil ver que a harmonia está sempre entre as próprias almas ou mônadas: os corpos orgânicos são inseparáveis de mônadas tomadas em multidão, e a harmonia se faz entre as percepções internas dessas mônadas e as percepções internas de sua dominante. Mesmo os corpos inorgânicos são inseparáveis de mônadas instantaneizadas entre as quais há harmonia.[28] Mas, se há acordo/acorde preestabelecido entre todas essas mônadas que expressam um só e mesmo mundo, isso não ocorre porque os acordos/acordes de uma poderiam se transformar nos acordos/acordes de outra ou porque uma mônada poderia produzir acordos/acordes em outra: os acordos/acordes e suas transformações são estritamente interiores a cada mônada, permanecendo sem comunicação as "formas" verticais absolutas que constituem as mônadas; e não se passa de uma a outra, de próximo em próximo, por resolução ou modulação. Conforme uma segunda analogia musical propriamente barroca, Leibniz invoca as condições de um concerto em que duas mônadas cantam suas respectivas partes sem que cada uma conheça ou ouça a da outra, mas que todavia entram "perfeitamente em acorde".[29]

Em que consiste essa concertação? Sabemos que o fundo de uma mônada é como que um marulho de infinitamente pequenos, fundo que ela não pode clarificar ou do qual ela não obtém acordos/acordes: com efeito, sua região clara é muito parcial, seletiva, e constitui tão somente uma pequena zona do mundo que ela inclui. Porém, como essa zona varia de uma a outra mônada, é sempre possível dizer que o que há de obscuro numa dada mônada é tomado na região clara de outra mônada, é tomado num acordo/acorde que se inscreve numa outra superfície vertical. Portanto, há uma espécie de lei dos inversos: aquilo que mônadas expressam obscuramente

---

28. Gueroult, *Dynamique et métaphysique leibniziennes,* Les Belles Lettres, p. 176: a dinâmica "de modo algum implica algo mais do que uma simples coordenação das espontaneidades internas, isto é, a harmonia preestabelecida".

29. Lettre à Arnauld, abril de 1687.

é claramente expresso por pelo menos uma mônada. Sendo o mesmo mundo expresso por todas as mônadas, dir-se-á que aquela que expressa claramente um acontecimento é *causa,* ao passo que aquela que o expressa obscuramente é *efeito:* trata-se de causalidade de uma mônada sobre outra, mas puramente "ideal" e sem ação real, pois o que cada uma das duas expressa remete somente à sua própria espontaneidade. Entretanto seria necessário que essa lei dos inversos fosse menos vaga e se estabelecesse entre mônadas mais bem determinadas. Se é verdade que cada mônada define-se por uma zona clara e distinta, tem-se também que essa zona é mutável, que tende a variar em cada mônada, isto é, a aumentar ou diminuir segundo o momento: a cada instante, a zona privilegiada apresenta vetores espaciais e tensores temporais de aumento ou diminuição. Portanto, um mesmo acontecimento pode ser expresso claramente por duas mônadas, o que não quer dizer que a diferença deixe de subsistir a cada instante, pois uma expressa o acontecimento *mais* claramente ou *menos* confusamente que a outra, segundo um vetor de aumento, ao passo que a outra o expressa segundo um vetor de diminuição. Voltemos ao nível dos corpos ou das substâncias corporais: quando um navio avança sobre a água, dizemos que o movimento da nau é causa dos movimentos da água que vem preencher o lugar que ele deixou. É uma causa apenas ideal, porque a proposição "a proa fende a água" é mais clara que a proposição "a água empurra a popa". A causalidade vai sempre não só do claro ao obscuro mas do mais-claro ao menos-claro ou mais-confuso. Ela vai do mais ao menos estável. É a exigência da razão suficiente: a expressão clara é o que aumenta na causa, mas é também o que diminui no efeito.[30] Quando nossa alma sente uma dor, dizemos que o que se passa no corpo é causa,

---

30. Sobre os exemplos do navio, da dor e do movimento voluntário, cf. Projet de lettre e Lettre à Arnauld, novembro de 1686. Segundo o caso, dir-se-á que "a expressão distinta" de uma substância é "aumentar-se" (ação) ou "diminuir-se" (paixão). Cf. *Discours de métaphysique,* § 15.

porque é uma expressão mais clara e estável, com a qual a dor na alma apenas se assemelha. Inversamente, a alma é que é causa quando nosso corpo faz um movimento dito voluntário. A concertação é o conjunto das relações ideais de causalidade. A causalidade ideal é a própria concertação, e a esse respeito ela se concilia perfeitamente com a espontaneidade: a causalidade ideal vai do mais-claro ao menos-claro, mas o que é mais-claro numa substância é produzido por ela em virtude de sua própria espontaneidade, e o menos-claro em outra substância é produzido por outra em virtude de sua espontaneidade.[31]

Os dois aspectos da harmonia encadeiam-se perfeitamente. A espontaneidade é a produção de acordos/acordes interiores a cada mônada sobre sua superfície absoluta. A concertação é a correspondência segundo a qual *não há acordo/acorde maior e perfeito numa mônada sem que haja acordo/acorde menor ou dissonante numa outra*, e inversamente. Todas as combinações são possíveis, sem jamais haver o mesmo acordo/acorde em duas mônadas: cada mônada produz espontaneamente seus acordos/ acordes, mas em correspondência com os da outra. A espontaneidade é a razão interna ou suficiente aplicada às mônadas. E a concertação é essa mesma razão aplicada às correlações espaço-temporais que decorrem das mônadas: se o espaço-tempo é não um meio vazio mas a ordem de coexistência e de sucessão das próprias mônadas, é preciso que essa ordem seja flechada, orientada, vetorizada, e que se vá, em cada caso, da mônada relativamente mais-clara à mônada relativamente menos-clara ou do acordo/acorde mais perfeito ao menos perfeito, pois o mais claro ou o mais perfeito é a própria razão. Na expressão

---

31. Lettre à Arnauld, setembro de 1687: "Minha mão move-se não porque eu queira... mas porque eu só poderia querer isso com sucesso justamente no momento em que a molabilidade da mão aflorasse para obter devidamente esse efeito... Um sempre acompanha o outro em virtude da correspondência estabelecida acima, mas cada um tem sua causa imediata em si". E Projet, novembro de 1686: "Uma alma nada muda no curso dos pensamentos de uma outra alma, e uma substância particular não tem em geral qualquer influência física sobre a outra..."

"harmonia preestabelecida", preestabelecida não é menos importante que harmonia. A harmonia é duas vezes preestabelecida: em virtude de cada expressão, de cada expressante, que tudo deve à sua própria espontaneidade ou interioridade, e em virtude do expresso comum, que constitui o concerto de todas essas espontaneidades expressivas. É como se Leibniz nos mandasse uma mensagem importante sobre a comunicação: não vos lamenteis por não terdes suficiente comunicação; há sempre o bastante, como uma quantidade constante e preestabelecida no mundo, como uma razão suficiente.

Harmonia, melodia e música barroca

O dado mais geral é que a harmonia vertical em acordos/acordes subordina a melodia horizontal, as linhas horizontais da melodia. Evidentemente, estas não desaparecem, mas são submetidas a um princípio harmônico. É verdade que essa subordinação implica algo distinto da harmonia preestabelecida: é o vínculo, que atua como um "baixo contínuo" e prepara uma tonalidade. Dir-se-ia, portanto, que cada mônada dominante tem um vínculo, um baixo contínuo, assim como uma tonalidade que suporta seus acordos/acordes internos. Mas, como vimos, infinidades de mônadas "dominadas" põem-se a constituir sob cada vínculo multidões capazes de organizar os agregados materiais (agregados que podem passar de uma tonalidade a outra, de um vínculo a outro, reorganizando-se, ou que podem ser mesmo recriados de um instante a outro). Em resumo, o baixo contínuo não impõe uma lei harmônica às linhas de polifonia sem que a melodia encontre aí uma liberdade e uma unidade novas, um fluxo. Com efeito, na polifonia as linhas estavam como que fixadas por pontos, e o contraponto apenas afirmava correspondências biunívocas entre pontos sobre as diversas linhas: o ocasionalismo de Malebranche é precisamente ainda uma polifonia filosófica, na qual a

A dobra 231

ocasião desempenha o papel de contraponto num milagre perpétuo ou numa intervenção constante de Deus. No novo sistema, ao contrário, liberada desse contraponto modal, a melodia ganha uma potência de variação que consiste em introduzir toda a sorte de elementos estranhos na realização do acorde (atrasos, ornamentos, apojaturas etc., de onde deriva um novo contraponto tonal ou "luxuriante"), mas também uma potência de continuidade que desenvolverá um motivo único, mesmo através das eventuais diversidades tonais ("contínuo homófono").[32] No limite, o universo material acede a uma unidade em extensão, horizontal e coletiva, onde as próprias melodias de desenvolvimento entram em relações, cada qual transbordando sua moldura e tornando-se o motivo de outra, de tal modo que a Natureza inteira vem a ser uma imensa melodia dos corpos e dos seus fluxos.[33] Essa unidade coletiva em extensão não contradiz a outra unidade, a unidade subjetiva, conceitual, espiritual, harmônica e distributiva, *mas, ao contrário, dela depende*, uma vez que lhe dá um corpo, exatamente como a mônada exige um corpo e órgãos sem os quais não conheceria a Natureza. A "conformidade dos sentidos" (melodia) é o signo em que reconheço a harmonia no real.[34] Não há somente harmonia na harmonia, mas também entre a harmonia e a melodia. É nesse sentido que a harmonia vai da alma ao corpo, do inteligível ao sensível, e continua no sensível.

---

32. Cf. Manfred Bukofzer , *La musique baroque 1600-1750*, Ed. Lattès, pp. 242-244, 390-391. Sobre o aparecimento de um baixo contínuo, sua relação com a harmonia, com a tonalidade e com um novo contraponto, cf. *Monteverdi*, de Leo Schrade, Ed. Lattès, e o estudo de Pascale Criton sobre o tema.

33. Uexküll traçou um grande quadro, muito leibniziano, da Natureza como melodia: "Théorie de la signification", em *Mondes animaux et monde humain*, Ed. Gonthier. Sobre as "tonalidades vivas", p. 103, e sobre as melodias e motivos, pp. 145-146 ("a flor age como um conjunto de contrapontos sobre a abelha, porque suas melodias de desenvolvimento, tão ricas em motivos, agiram sobre a morfogênese da abelha, e inversamente... Eu poderia afirmar que a natureza inteira participa como motivo na formação da minha personalidade física e espiritual, pois, não fora assim, eu não teria órgãos para conhecer a natureza").

34. *Eléments de philosophie cachée:* "A marca da existência (harmônica) é o fato de que os sentidos são conformes". A citação precedente de Uexküll é como que o comentário dessa fórmula.

Por princípio e por instinto, diz Rameau da harmonia. Quando a casa barroca torna-se musical: o andar de cima compreende as mônadas verticais, harmônicas, os acordes interiores que cada uma produz em sua respectiva câmara, a correspondência ou concertação desses acordes; o andar de baixo estende-se ao longo de uma infinidade de linhas melódicas, horizontais, imbricadas umas nas outras, e onde ele borda suas variações sensíveis e ao mesmo tempo desenvolve sua continuidade sensível; mas isso acontece porque o alto dobra-se sobre o baixo, de acordo com a tonalidade, para aí realizar os acordes. É na melodia que a harmonia se realiza.

Parece difícil permanecer insensível ao conjunto das analogias entre a harmonia leibniziana e a harmonia que se funda na música barroca nesse mesmo momento. Até o concerto das mônadas, invocado por Leibniz na segunda analogia, faz intervir não só a harmonia mas um estado da melodia inexplicável sem referência barroca. Considerem-se os principais caracteres pelos quais os musicólogos puderam definir uma música barroca: a música como representação expressiva – a expressão remete aqui ao sentimento como a um efeito do acorde (por exemplo, uma dissonância não preparada, expressão do desespero e do furor) –; a harmonia vertical, primeira por direito em relação à melodia horizontal, uma vez que ela está em acordes não mais por intervalos, e trata a dissonância em função dos próprios acordes; o estilo concertante, que passa por contrastes em vozes, instrumentos ou grupos de densidade diferente; a melodia e o contraponto que mudam de natureza (contraponto luxuriante e contínuo homófono); o baixo contínuo preparando ou consolidando uma tonalidade que os acordes compreendem e na qual se resolvem, mas também submetendo as linhas melódicas ao princípio harmônico.[35] Nenhum desses caracteres deixa de

---

35.   Sobre a maior parte desses pontos, cf. Bukofzer, notadamente cap. I, e o quadro de comparação Renascença-barroco, p. 24. Pode-se considerar o livro de Rameau, *Observations sur notre instinct pour la musique et sur son principe*, 1754 (reimpressões

testemunhar um "preestabelecimento" da harmonia, nenhum deles deixa de ter seu análogo na harmonia leibniziana. Leibniz gosta de comparar as diversas concepções alma-corpo com os modos de correspondência entre dois relógios: ou o influxo, ou a ocasião, ou a harmonia (que Leibniz julga superior). São essas também as três "idades" da música: monódica, em uníssono; polifônica, ou de contraponto; harmônica, em acordes, isto é, barroca.

Não se trata de contentar-se com correspondências binárias entre o texto e a música, correspondências que seriam forçosamente arbitrárias. Como dobrar o texto para que ele seja envolvido pela música? Esse problema da expressão não é fundamental somente para a ópera. Os barrocos talvez sejam os primeiros a propor uma resposta sistemática: são os acordes que determinam os estados afetivos conformes ao texto e que dão às vozes as inflexões melódicas necessárias. Daí a ideia de Leibniz de que nossa alma canta por si mesma e espontaneamente, em acordes, enquanto nossos olhos leem o texto, e nossa voz segue a melodia. O texto dobra-se segundo os acordes, e é a harmonia que o envolve. O mesmo problema expressivo continuará animando a música até Wagner ou Debussy, e até hoje: Cage, Boulez, Stockhausen, Berio. Não é um problema de correspondência, mas de *fold-in*, ou de "dobra conforme dobra". Que

---

Slatkine), como o manifesto do barroco e do primado da harmonia, insistindo nos valores expressivos dos acordes. A posição de Jean-Jacques Rousseau, frequentemente mal compreendida, é muito interessante, por ser ela resoluta e voluntariamente retrógrada: segundo ele, a decadência começa não apenas com a harmonia dos acordes e sua pretensão de ser "expressivos", mas já com a polifonia e o contraponto. De acordo com Rousseau, é preciso retornar à monodia como única melodia pura, isto é, é preciso retornar a uma pura linha de *inflexão* de vozes, que precede por direito a polifonia e a harmonia: a única harmonia natural é o uníssono. A decadência começa quando as vozes tornam-se "inflexíveis" sob a influência do Norte bárbaro, quando elas perdem suas inflexões em proveito de articulações duras. Cf. Rousseau, *Essai sur l'origine des langues*, Bibliothèque du graphe, caps. 14 e 19. É de se observar que também em Leibniz (e em Rameau, sem dúvida) uma linha de inflexão infinita continua pressuposta pela harmonia e pela melodia; mas estas expressam-na adequadamente, e a linha não existe sem elas, sendo em si mesma "virtual".

sucedeu para que a resposta, ou melhor, para que as mais diversas respostas tenham mudado tanto desde os barrocos? As soluções já não passam pelos acordes. É que o próprio problema mudou de condição: novo barroco, neoleibnizianismo. A mesma construção do ponto de vista sobre a cidade continua a se desenvolver, mas já não é o mesmo ponto de vista nem a mesma cidade, e a figura e o plano estão em movimento no espaço.[36] Entre o antigo modelo, a capela fechada com aberturas imperceptíveis, e o novo modelo invocado por Tony Smith, o carro hermético disparando numa estrada escura, alguma coisa mudou na situação das mônadas. Podemos assinalar sumariamente duas variáveis principais que mudaram.

As mônadas de Leibniz são submetidas a duas condições: clausura e seleção. De um lado, elas incluem um mundo inteiro, mundo que não tem existência fora delas; por outro, esse mundo supõe uma primeira seleção, de convergência, pois ele se distingue de outros mundos possíveis mas divergentes, excluídos pelas mônadas consideradas; e ele leva consigo uma segunda seleção, de consonância, pois cada mônada considerada vai recortar uma zona de expressão clara no mundo que ela inclui (é essa segunda seleção que se faz por relações diferenciais ou próximos harmônicos). Ora, primeiramente, e de qualquer maneira, é a seleção que tende a desaparecer. Se os harmônicos perdem todo privilégio de posto (ou se as relações perdem todo privilégio de ordem), não só as dissonâncias já não têm de ser "resolvidas", como as divergências podem ser afirmadas em

---

36.   Sobre a evolução da relação harmonia-melodia e sobre a formação de uma "diagonal", Boulez, *Relevés d'apprenti,* Ed. du Seuil, pp. 281-293. E o ponto de vista sobre a cidade, *Par volonté et par hazard,* pp. 106-107. Entre os comentadores da obra *Pli selon pli,* de Boulez, Ivanka Stoïanova dá particular atenção à maneira pela qual os textos de Mallarmé são dobrados, segundo novas relações texto-música: *Geste texte musique,* 10-18. E Jehanne Dautrey, *La voix dans la musique contemporaine.* Encontramos a expressão *fold-in* em Gysin e Burroughs, que assim designam um método de dobragem do texto, no prolongamento do corte, do *cut-up* (do mesmo modo, Carl Andre define suas esculturas como cortes ou dobras no espaço).

séries que escapam à escala diatônica e nas quais toda tonalidade se dissolve. Porém, quando a mônada está presa a séries divergentes que pertencem a mônadas incompossíveis, é igualmente a outra condição que desaparece: dir-se-ia que a mônada, a cavaleira de vários mundos, é mantida semiaberta como que por pinças. Uma vez que o mundo é agora constituído de séries divergentes (caosmos) ou que o lance de dados substitui o jogo do Pleno, a mônada já não pode incluir o mundo inteiro como num círculo fechado modificável por projeção, mas ela se abre a uma trajetória ou espiral em expansão, que se distancia cada vez mais de um centro. Já não se pode distinguir entre uma vertical harmônica e uma horizontal melódica, como já não se pode distinguir entre o estado privado de uma mônada dominante (que produz em si mesma seus próprios acordos/acordes) e o estado público das mônadas em multidão (que seguem linhas de melodia), mas as duas entram em fusão numa espécie de diagonal em que as mônadas entrepenetram-se, modificam-se, inseparáveis de blocos de preensão que as levam consigo, constituindo outras tantas capturas transitórias. A questão é sempre habitar o mundo, mas o hábitat musical de Stockhausen e o hábitat plástico de Dubuffet, por exemplo, não deixam subsistir a diferença entre o interior e o exterior, entre privado e público: eles identificam a variação e a trajetória, e duplicam a monadologia com uma "nomadologia". A música continua sendo a casa, mas o que mudou foi a organização da casa e sua natureza. Permanecemos leibnizianos, embora já não sejam os acordos/acordes os que expressam nosso mundo ou nosso texto. Descobrimos novas maneiras de dobrar, assim como novos envoltórios, mas permanecemos leibnizianos, porque se trata sempre de dobrar, desdobrar, redobrar.

ÍNDICE ONOMÁSTICO

Andre, C. 212, 213, 235
Aristóteles 78, 86, 89, 95, 97, 98, 217
Arnauld, A. 23, 24, 26, 32, 50, 75, 93, 94, 98, 112, 114, 138, 141, 148, 149, 152, 156, 157, 164, 172, 181, 186, 194, 195, 196, 202, 222, 223, 228, 229, 230
Assenmaker 213

Baër, A.V. 25
Baltrusaitis 65
Bardon, F. 197
Becco, A. 98
Belaval, Y. 127, 156, 191, 192, 220, 225
Benjamin, W. 215
Bergson, H. 9, 29, 125, 128, 129, 138, 168, 199
Berio, L. 234
Berkeley, G. 163
Bernard, C. 33, 34, 38, 67, 69, 175, 203

Bernini, G.L. 208, 209, 213
Bertram 63
Bettencourt 67
Bettera 211
Blanchot, M. 80, 181
Blankenburg 122
Boehm 45, 190
Bonnefoi 68
Bonnefoy, Y. 215
Bonnet, C. 23
Borges, J.L. 110, 111, 143
Boucher, F. 207
Boulez, P. 65, 144, 234, 235
Boyle, R. 20
Brehier, E. 95
Bresc-Bautier 209
Brochard, V. 95
Brossolet, G. 121
Bruno, G. 47, 197, 215
Brunschwig 121
Buci-Glucksmann 64
Buffon 190

A dobra 237

Bukofzer, M. 232, 233
Burroughs, W.S. 235
Butler, S. 138

Cache, B. 33, 34, 35, 38, 67, 69, 175
Cage, J. 234
Canetti, E. 152
Canguilhem 20, 190
Caravaggio, M.M. 61, 197
Ceccatty, R. 181
Celant 213
Cesselin 133
Ceysson 209
Chatelet, G. 143
Christian, J.J. 209
Clérambault, G.G. de 72, 150, 162
Cocteau, J. 161
Corradini 209
Couturat 14, 78, 82, 94, 103, 106
Coysevox 209
Criqui 213
Criton, P. 232
Cuvier, G. 25

Dalcq, A. 25
Dautrey, J. 235
De Gandillac, M. 47, 221
De Volder 76, 100, 200, 201
Debray, R. 58
Debussy, A.-C. 234
Desargues 29, 42, 62
Descartes, R. 14, 17, 20, 22, 41, 62, 76, 81, 95, 97, 98, 99, 100, 117, 155, 156
Dôgen, K. 181
Donatello 65
Dubuffet, J. 67, 68, 71, 236
Dumoncel 133, 136
Duns Scot, J. 81
Dürer, A. 59

Espinosa, B. 42, 81, 84, 123, 182

Fagiolo dell'Arco 209
Fautrier 67
Fechner, G.T. 159, 167
Fichte, J.G. 153
Fink, E. 119
Fourcade, D. 68
Fréminville 72
Frémont, C. 61, 147, 182, 191, 192, 196, 219
Freud, S. 122
Friedmann, G. 121

Gandillac, M. de 47, 221
Genette, G. 109
Geoffroy Saint-Hilaire, E. 25
Gibbs, W. 19
Gil, J. 161
Gilson, E. 81
Gintz 213
Goethe, J.W. 61
Goldstein, K. 59
Gombrowicz, W. 143
Goujon 209
Gravesande, J.S. 54
Greco, El 57, 58, 66, 208
Grenot, N. 70
Gropius, W.A. 67
Grua, G. 119, 220, 227
Gueroult, M. 19, 30, 41, 106, 112, 117, 153, 200, 201, 228
Gysin 235

Hantaï 65, 68, 69, 150
Hegel 173
Heidegger, M. 8, 50, 51, 58, 142
Heinzen, H. 70, 72
Hocquenghem 35, 215
Husserl, E. 10, 183, 184, 186, 187

Huyghens 16, 177

James, H. 40, 43
James, W. 40, 171
Janet, M. 174
Joyce, J. 143

Kandinsky, W. 31
Kant, E. 40, 63, 81, 117, 121, 153, 154, 203, 204
Kemp, C. 217
Kepler, J. 26
Klaniczay, T. 120
Klee, P. 31, 32, 33, 67
Kleist 215
Knecht, H. 64

Kobro 213
Koch, E. 34
Kofman, S. 54
Koyré, A. 177, 215, 222

Lacan, J. 64
Lagrange, J.-L. 173
Lanfranc, G. 208, 214
Lautman, A. 174
Le Corbusier 55
Leblanc, M. 110, 111, 143
LeWitt 213
Locke, J. 15
Loos, A. 67

Maïmon, S. 153, 154
Malebranche, N. 20, 27, 88, 99, 106, 182, 199, 231
Mallarmé, S. 8, 58, 59, 60, 65, 72, 118, 235
Mandelbrot, 35
Markov, A.A. 197
Merleau-Ponty, M. 51, 64

Michaud, Y. 68
Michaux, H. 65, 161
Milet, J. 188
Morris, R. 213
Mumford, L. 54

Nakamura 181
Newton, I. 168, 174, 177
Nicolau de Cusa 47, 221
Nicole, P. 70, 94
Nietzsche, F. 40, 63, 118, 127, 188

Ortega y Gasset 79, 102

Panofsky, E. 59
Papetti 72
Parmênides 58
Paris, J. 58
Pascal, B. 222
Permozer, B. 35
Perrin, J. 35
Pessoa, F. 161
Platão 71
Pleynet, M. 68
Plotino 48
Pollock, J. 53
Proclo 47

Quevedo y Villegas, F.G. 127
Quincey, T. 162, 163

Rabant, C. 159
Rameau, J.-P. 226, 233, 234
Rauschenberg, R.M. 53
Renonciat 71
Riezler, K. 58, 59
Robinet, A. 98, 163, 202, 227
Robinson, A. 223
Rosso Fiorentino 208
Rousseau, J.-J. 234

A dobra 239

Rousset, J. 56, 127
Russell, B. 41, 96, 171
Ruyer, R. 175, 178, 197, 227

Sarduy, S. 54
Sartre, J.-P. 58
Scala, A. 58, 59
Schrade, L. 232
Scherer 35, 215
Schuhl, P.-M. 123
Schwob, M. 65
Serres, M. 22, 24, 38, 43, 56, 91, 132, 135, 156, 215, 218, 222
Simondon, G. 39
Smith, T. 212, 213, 235
Souchal 209
Spinazzi 209
Stahl, J.E. 203
Steinberg, L. 53
Stockhausen, K. 234, 236
Strzeminski 213
Sznycer, E. 122

Tarde, G. 151, 188
Taton, R. 42
Tesauro, E. 217

Thom, R. 34, 35
Thomson, D'A. 177
Tintoretto, J.R. 57, 58, 61, 132
Tisseron 72
Tromeur 70

Uccello, P. 65
Uexküll, J. von 158, 232

Valier 72
Van Helmont 20
Vanuxem 217
Vuillemin, J. 123

Wagner, W.R. 203, 227, 234
Wahl, J. 133
Welish, M. 213
Weyl, H. 85
Whitehead, A.N. 9, 40, 96, 129, 133, 135, 136, 138, 139, 140, 142, 151, 202
Willis, T. 20
Wittgenstein, L. 133
Wölfflin, H. 15, 56, 57, 62, 210

Zurbarán, F. de 208